R과 함께하는
다변량 자료분석을 위한 추정과 검정

최용석 지음

이 과제는 부산대학교 기본연구지원사업(2년)에 의하여 연구되었음

KM 경문사

머리말

다변량 통계학에서 추정과 검정에 관한 이론은 다변량 정규분포를 바탕으로 일변량 통계학과는 다른 호텔링(Hoteling) T^2-분포, 위샤트(Wishart)분포 또는 U-분포를 따르는 윌크스(Wilks) Λ 등과 같이 다소 복잡한 통계량에 바탕을 둔다.

《R과 함께하는 다변량 자료분석을 위한 추정과 검정》은 Srivastava(2002)의 *Method of Multivariate Statistics,* John Wiley & Sons, INC.에서 1장~7장을 주되게 참고하였다. 이 책은 현재 대학원 과정에서 한 학기용으로 사용하고 있다. 또한 다변량 통계학의 대표적 고전인 Muirhead(1982)의 *Aspects of Multivariate Statistical Theory,* John Wiley & Sons, INC.도 이론적 바탕에 도움을 주었고 국내에 잘 알려진 Johnson과 Wichern(2007)의 *Applied Multivariate Statistical Analysis, 6th Edition*, Prentice Hall Inc.과 Rencher(1995). *Methods of Multivariate Analysis.* John Wiley & Sons, Inc.도 도움이 많이 되었다.

이 책에는 2018년 3월에 출간된《R과 함께하는 다변량 자료분석》에서 소개하는 다양한 다변량 자료, 다변량 정규분포, 주성분분석, 판별분석에서 활용되는 공분산행렬의 동질성 검정도 소개하고 있다. 따라서 이 책은《R과 함께하는 다변량 자료분석》을 제1부로 하면 제2부에 해당한다고 여겨도 된다. 실제 독자는 두 권의 책을 함께 활용한다면 다변량 통계학과 자료분석에 대한 보다 나은 이해를 하리라 여겨진다.

이 책에는 1장 다변량 정규분포에서 5장 다변량 실험계획까지 다음과 같이 구성되어 있다.

1장에서는 다변량 정규분포를 바탕으로 평균벡터와 공분산행렬의 추정과 이를 위한 행렬의 편미분을 소개하고 있다. 2장은 다변량 자료의 다변량 정규성 및 이상치 평가를 시각적으로 수리적으로 하는 다양한 방법을 소개하고 있다. 3장에서는 한 집단 또는 두 집단의 비교와 대응표본의 비교를 위해 호텔링 T^2-검정, 우도비 검정 그리고 공분산행렬의 동질성 검정을 소개한다. 4장은 일원 다변량 분산분석, 다변량 공분산분석, 반복측정 분산분석을 소개한다. 끝으로 5장에서는 이원 다변량 분산분석, 확률화 완전 블록 설계, 라틴방격 설계, 프로파일 분석을 다변량 실험계획의 범주에서 소개하고 있다.

각 장에서 활용하는 R과 관련된 [자료 이름]과 [R-코드]를 본문 중에 추가해서 독자들이 이용하는 데 어려움이 없도록 하였고, 이를 참고 목록 차원에서 부록에도 수록해 두었으며, 저자의 홈페이지(yschoi.pusan.ac.kr)에서 받아갈 수 있다.

끝으로 다변량 통계학을 전공하는 학자로 《R과 함께하는 다변량 자료분석》에 이어 《R과 함께하는 다변량 자료분석을 위한 추정과 검정》을 출간하게 되어 매우 기쁘고 행복하게 생각한다. 다만 부족한 부분이 많으나 독자 여러분에게 다변량 통계학에 대한 깊은 이해와 애정을 부탁드리고 싶다.

연구실에서

최 용 석

차 례

Chapter 01 ❙ 다변량 정규분포(Multivariate Normal Distribution)

Chapter 02 ❙ 다변량 정규성 및 이상치 평가 (Assessing Multivariate Normality and Outliers)

Chapter 03 ❙ 다변량 평균벡터의 검정(Test of Multivariate Mean Vector)

Chapter 04 ❙ 다변량 분산분석(Multivariate ANOVA)

Chapter 05 ❙ 다변량 실험계획(Multivariate Experimental Design)

Chapter 01

다변량 정규분포

(Multivariate Normal Distribution)

다변량 추정과 검정에서는 일변량 통계학에서와 같이 다변량 자료가 정규분포를 따르는 것이 매우 중요하다. 다변량 정규분포와 관련한 선형결합의 분포, 적률생성함수, 조건부분포, 이차형식의 분포 등 다양한 성질을 소개하려 한다. 특히, 다변량 통계학에서 필요한 위샤트분포와 호텔링 T^2-분포 등이 다변량 정규분포로부터 유도된다. 다변량 자료의 특성을 대변할 평균벡터과 공분산행렬의 추정에 대해 알아보고, 특히 정규분포 가정 아래 이들의 최대우도추정값을 소개하려 한다. 끝으로 최대우도추정값을 구할 때 사용하는 행렬의 편미분을 추가하고 있다.

1.1 평균벡터과 공분산행렬

다변량 자료의 요약통계량으로 평균벡터(mean vector)와 공분산행렬(covariance matrix)이 대표적이다. 먼저 p개의 확률변수 $x_1, \cdots, x_p$의 각각의 기댓값은 $E(x_1), E(x_2), \cdots, E(x_p)$이며 확률벡터 $\boldsymbol{x} = (x_1, \cdots, x_p)^T$의 기댓값을 $E(\boldsymbol{x}) = (E(x_1), \cdots, E(x_p))^T$로 정의하자. 일반적으로 확률변수 x_j의 기댓값을 $E(x_j) = \mu_j$라 하면 다음과 같이 (모)평균벡터를 정의하게 된다.

$$E(\boldsymbol{x}) = (\mu_1, \cdots, \mu_p)^T = \boldsymbol{\mu} \tag{1.1.1}$$

j번째 확률변수 x_j의 분산과 두 확률변수 x_k와 x_j의 공분산은 다음과 같다.

$$\sigma_{jj} = \sigma_j^2 = E(x_j - \mu_j)^2 = Var(x_j),\ j = 1, \cdots, p$$
$$\sigma_{kj} = E[(x_k - \mu_k)(x_j - \mu_j)] = Cov(x_k, x_j),\ k \neq j,\ k, j = 1, \cdots, p$$

이들에 의해서 (1.1.2)와 같은 크기가 $p \times p$인 (모분산-)공분산행렬을 구성할 수 있다.

$$\Sigma = (\sigma_{kj}) = \begin{bmatrix} \sigma_{11} & \sigma_{12} & \cdots & \sigma_{1j} & \cdots & \sigma_{1p} \\ & \sigma_{22} & \cdots & \sigma_{2j} & \cdots & \sigma_{2p} \\ & & & \vdots & & \vdots \\ & & & \sigma_{jj} & \cdots & \sigma_{jp} \\ & (\text{대칭}) & & & & \vdots \\ & & & & & \sigma_{pp} \end{bmatrix} \tag{1.1.2}$$

여기서

$$\Sigma = Cov(\boldsymbol{x}) = E[(\boldsymbol{x} - \boldsymbol{\mu})(\boldsymbol{x} - \boldsymbol{\mu})^T] \tag{1.1.3}$$

(1.1.3)으로부터

$$\begin{aligned} \Sigma &= E[(\boldsymbol{x} - \boldsymbol{\mu})(\boldsymbol{x} - \boldsymbol{\mu})^T] \\ &= E[\boldsymbol{x}\boldsymbol{x}^T - \boldsymbol{\mu}\boldsymbol{x}^T - \boldsymbol{x}\boldsymbol{\mu}^T + \boldsymbol{\mu}\boldsymbol{\mu}^T] \\ &= E(\boldsymbol{x}\boldsymbol{x}^T) - \boldsymbol{\mu}\boldsymbol{\mu}^T \end{aligned}$$

따라서

$$E(\boldsymbol{x}\boldsymbol{x}^T) = \Sigma + \boldsymbol{\mu}\boldsymbol{\mu}^T$$

[정리 1.1.1] 공분산행렬은 최소한 양반정치(positive semidefinite) 행렬이다.

임의 $p\times 1$ 벡터 $\boldsymbol{a} = (a_1, \cdots, a_p)^T$에 대하여 확률변수 $x_1, \cdots, x_p$의 선형결합 $l = \boldsymbol{a}^T\boldsymbol{x} = \boldsymbol{x}^T\boldsymbol{a}$의 기댓값과 분산은 다음과 같다.

$$\begin{aligned} E(l) &= \boldsymbol{a}^T\boldsymbol{\mu} = \boldsymbol{\mu}^T\boldsymbol{a} \\ Var(l) &= E\left[(\boldsymbol{a}^T\boldsymbol{x} - \boldsymbol{a}^T\boldsymbol{\mu})^2\right] = E\left[(\boldsymbol{a}^T\boldsymbol{x} - \boldsymbol{a}^T\boldsymbol{\mu})(\boldsymbol{a}^T\boldsymbol{x} - \boldsymbol{a}^T\boldsymbol{\mu})^T\right] \\ &= E\left[(\boldsymbol{a}^T\boldsymbol{x} - \boldsymbol{a}^T\boldsymbol{\mu})(\boldsymbol{x}^T\boldsymbol{a} - \boldsymbol{\mu}^T\boldsymbol{a})\right] \\ &= E\left[\boldsymbol{a}^T(\boldsymbol{x} - \boldsymbol{\mu})(\boldsymbol{x} - \boldsymbol{\mu})^T\boldsymbol{a}\right] \\ &= \boldsymbol{a}^T E\left[(\boldsymbol{x} - \boldsymbol{\mu})(\boldsymbol{x} - \boldsymbol{\mu})^T\right]\boldsymbol{a} \\ &= \boldsymbol{a}^T\Sigma\boldsymbol{a} \end{aligned}$$

따라서 확률변수의 분산은 음(negative)이 아니므로 임의 벡터 $\boldsymbol{a}$에 대하여 $\boldsymbol{a}^T\Sigma\boldsymbol{a} \geq 0$을 만족한다. 이는 행렬의 양반정치 정의를 만족한다.

[정리 1.1.2] 공분산행렬의 성질

임의 $p\times 1$ 확률벡터 $\boldsymbol{x} \sim (\boldsymbol{\mu}, \Sigma)$, $q\times p$ 행렬 A, $p\times 1$ 상수벡터 $\boldsymbol{b}$, 상수 c에 대하여

(1) $E(\boldsymbol{x}\boldsymbol{x}^T) = \Sigma + \boldsymbol{\mu}\boldsymbol{\mu}^T$

(2) $Cov(A\boldsymbol{x} + \boldsymbol{b}) = A\,Cov(\boldsymbol{x})A^T = A\Sigma A^T$

(3) $Cov(c\boldsymbol{x} + \boldsymbol{b}) = c^2 Cov(\boldsymbol{x}) = c^2\Sigma$

(1.1.1)과 (1.1.3)의 정의로부터 [정리 1.1.2]의 성질을 보여줄 수 있다.

$$\begin{aligned} E(A\boldsymbol{x} + \boldsymbol{b}) &= AE(\boldsymbol{x}) + \boldsymbol{b} = A\boldsymbol{\mu} + \boldsymbol{b} \\ Cov(A\boldsymbol{x} + \boldsymbol{b}) &= E\left[(A\boldsymbol{x} + \boldsymbol{b} - A\boldsymbol{\mu} - \boldsymbol{b})(A\boldsymbol{x} + \boldsymbol{b} - A\boldsymbol{\mu} - \boldsymbol{b})^T\right] \\ &= E\left[A(\boldsymbol{x} - \boldsymbol{\mu})(\boldsymbol{x} - \boldsymbol{\mu})^T A^T\right] = AE\left[(\boldsymbol{x} - \boldsymbol{\mu})(\boldsymbol{x} - \boldsymbol{\mu})^T\right]A^T \\ &= A\,Cov(\boldsymbol{x})A^T = A\Sigma A^T \end{aligned}$$

$$
\begin{aligned}
Cov(c\boldsymbol{x}+\boldsymbol{b}) &= E\left[(c\boldsymbol{x}+\boldsymbol{b}-c\boldsymbol{\mu}-\boldsymbol{b})(c\boldsymbol{x}+\boldsymbol{b}-c\boldsymbol{\mu}-\boldsymbol{b})^T\right] \\
&= cE\left[(\boldsymbol{x}-\boldsymbol{\mu})(\boldsymbol{x}-\boldsymbol{\mu})^T\right]c \\
&= c^2 Cov(\boldsymbol{x}) = c^2\Sigma
\end{aligned}
$$

실제 (3)의 경우는 (2)에서 $A = cI$라 두면 쉽게 얻는다.

[정리 1.1.3] 두 확률벡터의 공분산

임의 $p\times 1$과 $q\times 1$ 확률벡터 $\boldsymbol{x} \sim \boldsymbol{\mu}_x$와 $\boldsymbol{y} \sim \boldsymbol{\mu}_y$, $q\times p$와 $p\times q$ 행렬 A와 B, $p\times 1$과 $q\times 1$ 상수벡터 $\boldsymbol{a}$와 $\boldsymbol{b}$에 대하여

(1) $Cov(\boldsymbol{x}, \boldsymbol{y}) = E\left[(\boldsymbol{x}-\boldsymbol{\mu}_x)(\boldsymbol{y}-\boldsymbol{\mu}_y)^T\right] = E\left[(\boldsymbol{x}-\boldsymbol{\mu}_x)\boldsymbol{y}^T\right] = E\left[\boldsymbol{x}(\boldsymbol{y}-\boldsymbol{\mu}_y)^T\right]$: $p\times q$

(2) $Cov(\boldsymbol{y}, \boldsymbol{x}) = E\left[(\boldsymbol{y}-\boldsymbol{\mu}_y)(\boldsymbol{x}-\boldsymbol{\mu}_x)^T\right] = [Cov(\boldsymbol{x}, \boldsymbol{y})]^T$: $q\times p$

(3) $Cov(A\boldsymbol{x}+\boldsymbol{a}, B\boldsymbol{y}+\boldsymbol{b}) = A\,Cov(\boldsymbol{x}, \boldsymbol{y})B^T$: $q\times p$

(4) $\boldsymbol{x} \perp \boldsymbol{y}$ (독립) $\Rightarrow$

$$
\begin{aligned}
Cov(\boldsymbol{x}, \boldsymbol{y}) &= E\left[(\boldsymbol{x}-\boldsymbol{\mu}_x)(\boldsymbol{y}-\boldsymbol{\mu}_y)^T\right] \\
&= E(\boldsymbol{x}-\boldsymbol{\mu}_x)E(\boldsymbol{y}-\boldsymbol{\mu}_y)^T = 0
\end{aligned}
$$

[정리 1.1.4] 독립인 k개 확률벡터의 공분산

임의 $p\times 1$ 확률벡터들이 $\boldsymbol{x}_1 \perp \cdots \perp \boldsymbol{x}_k$(독립)이고 $q\times p$인 행렬 A_j, $j=1, \cdots, k$, $\Rightarrow$

(1) $Cov(\boldsymbol{x}_i, \boldsymbol{x}_j) = 0$, $i \neq j$

(2) $Cov(A_1\boldsymbol{x}_1 + \cdots + A_k\boldsymbol{x}_k) = A_1 Cov(\boldsymbol{x}_1)A_1^T + \cdots + A_k Cov(\boldsymbol{x}_k)A_k^T$

1.2 평균벡터와 공분산행렬의 추정

p개의 확률변수 $x_1, \cdots, x_p$에 의한 확률벡터 $\boldsymbol{x} = (x_1, \cdots, x_p)^T$가 (모)평균벡터 $E(\boldsymbol{x}) = \mu$와 양정치(positive definite)인 크기가 $p \times p$ (모)공분산행렬 $Cov(\boldsymbol{x}) = \Sigma$인 임의의 분포 (μ, Σ)를 따를 때 이로부터 얻는 확률표본인 n명의 개체 $\boldsymbol{x}_i,\ i = 1, \cdots, n$를 고려하자. 이들에 의해서 크기가 $n \times p$인 자료행렬은 다음과 같다.

$$X = (\boldsymbol{x}_1, \cdots, \boldsymbol{x}_n)^T$$

여기서 평균벡터 μ와 공분산행렬 Σ를 추정하기로 하자. 일반적으로 최용석(2018, 1.4절)에 따르면 일변량 통계학에서 같이 모평균과 모분산에 대한 것은 표본평균과 표본분산으로 추정값을 대신한다. 따라서 j번째 변수의 표본평균 $\overline{x}_j = \sum_{i=1}^{n} x_{ij}/n,\ j = 1, \cdots, p$로 이루어지는 평균벡터는 표본평균벡터로 다음과 같다.

$$\overline{\boldsymbol{x}} = (\overline{x}_1, \cdots, \overline{x}_j, \cdots, \overline{x}_p)^T = \frac{1}{n}\sum_{i=1}^{n}\boldsymbol{x}_i = \frac{X^T 1_n}{n} \tag{1.2.1}$$

이것을 평균벡터 μ의 추정값으로 사용한다. 다음으로 (1.2.1)의 표본평균을 이용하여 공분산행렬은 다음과 같이 정의하고 이를 공분산행렬 Σ의 추정값으로 사용한다.

$$S = \frac{1}{n-1}\sum_{i=1}^{n}(\boldsymbol{x}_i - \overline{\boldsymbol{x}})(\boldsymbol{x}_i - \overline{\boldsymbol{x}})^T = \frac{1}{n-1}\left(\sum_{i=1}^{n}\boldsymbol{x}_i\boldsymbol{x}_i^T - n\overline{\boldsymbol{x}}\,\overline{\boldsymbol{x}}^T\right) \tag{1.2.2}$$

(1.2.2)의 공분산행렬을 $S = (s_{kj})$라 하면 대각원소로 표본분산

$$s_{jj} = s_j^2 = \frac{1}{n-1}\sum_{i=1}^{n}(x_{ij} - \overline{x}_j)^2,\ j = 1, \cdots, p$$

과 비대각원소로 표본공분산

$$s_{jk} = s_{kj} = \frac{1}{n-1}\sum_{i=1}^{n}(x_{ik} - \overline{x}_k)(x_{ij} - \overline{x}_j),\ j, k \cdots, \cdots, p$$

으로 이루어져 있다. 더불어 공분산행렬 (1.2.2)는 다음과 같이 대수적 표현이 가능하다.

$$S = \frac{1}{n-1} Y^T Y = \frac{1}{n-1} X^T H X$$

여기서 $Y = HX$는 자료행렬로 X로부터 중심화행렬(centering matrix) $H = I - J/n$에 의해서 중심화 자료행렬이 되며 J는 모든 원소가 1인 정방행렬이고 I는 단위행렬(unit matrix)이다.

[정리 1.2.1]에는 (1.2.1)의 평균벡터와 공분산행렬 (1.2.2)가 μ와 Σ의 추정값으로 가지는 비편향성(unbiasedness)에 대하여 증명하고 있다.

[정리 1.2.1] 비편향 추정값인 평균벡터와 공분산행렬

분포 (μ, Σ)로부터 얻은 확률표본인 n명의 개체 $\boldsymbol{x}_i$, $i = 1, \cdots, n$를 고려하자. μ와 Σ의 비편향 추정값은 (1.2.1)의 표본평균벡터 $\overline{\boldsymbol{x}}$와 (1.2.2)의 공분산행렬 S이다. 더불어 $Cov(\overline{\boldsymbol{x}}) = n^{-1}\Sigma$를 만족한다.

[증명]

(1) $E(\overline{\boldsymbol{x}}) = \frac{1}{n}\sum_{i=1}^{n} E(\boldsymbol{x}_i) = \frac{1}{n}\sum_{i=1}^{n} \mu = \mu \Rightarrow \overline{\boldsymbol{x}}$는 μ의 비편향 추정값이다.

(2) $Cov(\overline{\boldsymbol{x}}) = Cov\left(\frac{1}{n}\sum_{i=1}^{n}\boldsymbol{x}_i\right) = \frac{1}{n^2}\sum_{i=1}^{n} Cov(\boldsymbol{x}_i) = \frac{1}{n^2}(n\Sigma) = n^{-1}\Sigma$

(3) $$\begin{aligned}(n-1)E(S) &= \sum_{i=1}^{n} E(\boldsymbol{x}_i\boldsymbol{x}_i^T) - nE(\overline{\boldsymbol{x}}\,\overline{\boldsymbol{x}}^T) \\ &= \sum_{i=1}^{n}(\Sigma + \mu\mu^T) - n[Cov(\overline{\boldsymbol{x}}) + \mu\mu^T] \\ &= n\Sigma + n\mu\mu^T - nn^{-1}\Sigma - n\mu\mu^T \quad (\because \ Cov(\overline{\boldsymbol{x}}) = n^{-1}\Sigma) \\ &= (n-1)\Sigma\end{aligned}$$

$\Rightarrow S$는 Σ의 비편향 추정값이다.

1.5절에는 확률표본인 n명의 개체 $\boldsymbol{x}_i$, $i = 1, \cdots, n$가 임의의 분포 (μ, Σ)를 따르는 대신에 다변량 정규분포 $N_p(\mu, \Sigma)$를 따를 때 최대우도추정값(maximum likelihood estimate)을 소개하고 있다.

1.3 다변량 정규분포

다변량 통계학에서도 일변량 통계학에서와 같이 많은 기법과 접근 방법들이 다변량 정규분포를 필요로 한다. 일반적으로 다변량 정규분포를 확률변수의 개수가 $p=1$인 일변량 정규분포로부터 $p \geq 2$의 확장으로 볼 수 있다.

먼저 확률변수 x가 평균이 $E(x)=\mu$이고 분산이 $Var(x)=\sigma^2$인 일변량 정규분포 $N(\mu, \sigma^2)$을 따르면 확률밀도함수로 다음을 가진다.

$$f(x)=\frac{1}{\sqrt{2\pi}\,\sigma}\exp\left\{-\frac{1}{2}\left(\frac{x-\mu}{\sigma}\right)^2\right\},\quad -\infty < x < \infty \tag{1.3.1}$$

이번에는 p개의 확률변수 $x_1, \cdots, x_p$에 의한 확률벡터 $\boldsymbol{x}=(x_1, \cdots, x_p)^T$가 평균벡터 $E(\boldsymbol{x})=\boldsymbol{\mu}=(\mu_1, \cdots, \mu_p)^T$와 양정치(positive definite)인 크기가 $p\times p$ 공분산행렬 $Cov(\boldsymbol{x})=\Sigma$인 다변량 정규분포 $N_p(\boldsymbol{\mu}, \Sigma)$를 따를 때는 확률밀도함수로 다음을 가진다.

$$f(\boldsymbol{x})=\frac{1}{(\sqrt{2\pi})^p|\Sigma|^{1/2}}\exp\left\{-\frac{1}{2}(\boldsymbol{x}-\boldsymbol{\mu})^T\Sigma^{-1}(\boldsymbol{x}-\boldsymbol{\mu})\right\},$$
$$-\infty < x_j < \infty,\ j=1, \cdots, p \tag{1.3.2}$$

일반적으로 다변량 정규분포의 확률밀도함수 (1.3.2)는 일변량 정규분포의 확률밀도함수 (1.3.1)의 확장으로 (1.3.1)의 지수부분에서

$$\left(\frac{x-\mu}{\sigma}\right)^2=(x-\mu)(\sigma^2)^{-1}(x-\mu)$$

은 x와 μ 사이의 표준화된 거리의 제곱을 나타내고 있다. 이는 (1.3.2)의 지수부분에서 크기가 $p\times 1$인 $\boldsymbol{x}$와 $\boldsymbol{\mu}$의 마할라노비스거리(Mahalanobis distance)

$$(\boldsymbol{x}-\boldsymbol{\mu})^T\Sigma^{-1}(\boldsymbol{x}-\boldsymbol{\mu}) \tag{1.3.3}$$

로 확장되어 있다. 다음으로 (1.3.1)의 상수항 $(2\pi)^{-1/2}(\sigma^2)^{-1/2}$도 (1.3.2)의 상수항 $(2\pi)^{-p/2}|\Sigma|^{-1/2}$으로 확장되어 있다(최용석, 2018, 1.6절).

다변량 정규분포를 (1.3.2)의 확률밀도함수에 의해서 정의할 수도 있지만 분포를 유일

하게(uniquely) 결정하는 적률생성함수(moment generating function, mgf)로도 가능하다. 만약에 두 확률변수의 적률생성함수가 같다면 이들은 같은 분포를 따르게 된다.

하나의 일변량 확률변수 x의 적률생성함수의 정의는

$$M_x(t) = E[e^{tx}] \tag{1.3.4}$$

이다. 이번에는 p개의 확률변수 $x_1, \cdots, x_p$에 의한 확률벡터 $\boldsymbol{x} = (x_1, \cdots, x_p)^T$의 적률생성함수는 다음과 같다.

$$M_{\boldsymbol{x}}(\boldsymbol{t}) = E\left[e^{\boldsymbol{t}^T \boldsymbol{x}}\right], \ \boldsymbol{t} = (t_1, \cdots, t_p)^T, \ |t_j| < \infty \tag{1.3.5}$$

[정의 1.3.1] 확률변수 $x \sim N(\mu, \sigma^2)$의 적률생성함수

$$M_x(t) = \exp\left(\mu t + \frac{1}{2}\sigma^2 t^2\right), \quad |t| < \infty$$

[증명]

(1) $M_x(t) = E[e^{tx}] = \int_{-\infty}^{\infty} e^{tx} \frac{1}{\sqrt{2\pi}\,\sigma} \exp\left\{-\frac{1}{2}\left(\frac{x-\mu}{\sigma}\right)^2\right\} dx$

$$= \int_{-\infty}^{\infty} \frac{1}{\sqrt{2\pi}\,\sigma} \exp\left\{-\frac{1}{2\sigma^2}\left[x^2 - 2(\mu+\sigma^2 t)x + \mu^2\right]\right\} dx$$

(2) 지수부분: $x^2 - 2(\mu+\sigma^2 t)x + \mu^2 = [x - (\mu+\sigma^2 t)]^2 - 2\mu\sigma^2 t - \sigma^4 t^2$

(3) $M_x(t) = \exp\left(\frac{2\mu\sigma^2 t + \sigma^4 t^2}{2\sigma^2}\right) \int_{-\infty}^{\infty} \frac{1}{\sqrt{2\pi}\,\sigma} \exp\left\{-\frac{1}{2\sigma^2}\left[x - (\mu+\sigma^2 t)\right]^2\right\} dx$

(4) 따라서 $M_x(t) = \exp\left(\frac{2\mu\sigma^2 t + \sigma^4 t^2}{2\sigma^2}\right) = \exp\left(\mu t + \frac{1}{2}\sigma^2 t^2\right)$

확률변수 x의 적률생성함수의 (1.3.4)는 테일러 전개(Taylor expansion)에 의해서 다음과 같이 표현된다.

$$M_x(t) = E[e^{tx}] = E\left[\sum_{k=0}^{\infty} \frac{(tx)^k}{k!}\right] \tag{1.3.6}$$

일반적으로 (1.3.6)의 적률생성함수의 $t=0$에 대하여 r차 미분은 $M_x^{(r)}(0)=E[x^r]$을 만족하며, 이를 x의 r차 적률(moment)이라 한다. 특히, 평균 μ과 분산 σ^2은 1차 적률과 2차 적률로부터 다음과 같이 계산된다.

$$M_x^{(1)}(0)=E[x^1]=E[x]=\mu$$

$$\sigma^2=M_x^{(2)}(0)-[M_x^{(1)}(0)]^2=E(x^2)-[E(x)]^2$$

[정의 1.3.2] 확률벡터 $\boldsymbol{x}=(x_1,\ \cdots,\ x_p)^T\sim N_p(\boldsymbol{\mu},\ \Sigma)$의 적률생성함수

$$M_{\boldsymbol{x}}(\boldsymbol{t})=\exp\left(\boldsymbol{t}^T\boldsymbol{\mu}+\frac{1}{2}\boldsymbol{t}^T\Sigma\boldsymbol{t}\right),\ \boldsymbol{t}=(t_1,\ \cdots,\ t_p)^T,\ |t_j|<\infty$$

[증명]

(1) 확률변수 $u\sim N(0,\ 1)\ \Rightarrow\ E[e^{tu}]=M_u(t)=\exp\left(\frac{1}{2}t^2\right)$ ($\because$ [정의 1.3.1])

(2) 확률변수 $u_1,\ \cdots,\ u_p\sim N(0,\ 1)\ \Rightarrow$

$$\begin{aligned}E[\exp(\boldsymbol{t}^T\boldsymbol{u})]&=E[\exp(t_1u_1+\cdots+t_pu_p)]\\&=\prod_{j=1}^{p}E[e^{t_ju_j}]=\prod_{j=1}^{p}\exp\left(\frac{1}{2}t_j^2\right)\quad(\because(1))\\&=\exp\left(\frac{1}{2}\sum_{j=1}^{p}t_j^2\right)\\&=\exp\left(\frac{1}{2}\boldsymbol{t}^T\boldsymbol{t}\right)\end{aligned}$$

(3) $\Sigma=AA^T>0$을 만족하는 크기가 $p\times k$인 A를 고려(단, $k\le p$) $\Rightarrow\ \boldsymbol{x}=\boldsymbol{\mu}+A\boldsymbol{u}$

$\Rightarrow\ M_{\boldsymbol{x}}(\boldsymbol{t})=E[\exp(\boldsymbol{t}^T\boldsymbol{x})]=\exp(\boldsymbol{t}^T\boldsymbol{\mu})E[\exp(\boldsymbol{t}^TA\boldsymbol{u})]$

(4) $\boldsymbol{t}^TA=\boldsymbol{b}^T=(b_1,\ \cdots,\ b_k)$

$$\begin{aligned}\Rightarrow\ E[\exp(\boldsymbol{t}^TA\boldsymbol{u})]=E[\exp(\boldsymbol{b}^T\boldsymbol{u})]&=\exp\left(\frac{1}{2}\boldsymbol{b}^T\boldsymbol{b}\right)\quad(\because(2))\\&=\exp\left(\frac{1}{2}\boldsymbol{t}^TAA^T\boldsymbol{t}\right)\\&=\exp\left(\frac{1}{2}\boldsymbol{t}^T\Sigma\boldsymbol{t}\right)\end{aligned}$$

(5) 따라서 $M_{\boldsymbol{x}}(\boldsymbol{t}) = E[\exp(\boldsymbol{t}^T\boldsymbol{x})] = \exp(\boldsymbol{t}^T\boldsymbol{\mu})E[\exp(\boldsymbol{t}^T A\boldsymbol{u})]$

$$= \exp(\boldsymbol{t}^T\boldsymbol{\mu})\exp\left(\frac{1}{2}\boldsymbol{t}^T\Sigma\boldsymbol{t}\right)(\because (4))$$

$$= \exp\left(\boldsymbol{t}^T\boldsymbol{\mu} + \frac{1}{2}\boldsymbol{t}^T\Sigma\boldsymbol{t}\right)$$

확률벡터 $\boldsymbol{x} = (x_1, \cdots, x_p)^T$의 적률생성함수 (1.3.5)는 테일러전개에 의해서

$$M_{\boldsymbol{x}}(\boldsymbol{t}) = E[e^{\boldsymbol{t}^T\boldsymbol{x}}] = E\left[\sum_{k=0}^{\infty}\frac{(\boldsymbol{t}^T\boldsymbol{x})^k}{k!}\right] \tag{1.3.7}$$

이다. $\boldsymbol{t}$에 대하여 (1.3.7)의 1차 편미분과 2차 편미분은 각각 다음과 같다.

$$\frac{\partial M}{\partial \boldsymbol{t}} = E[\boldsymbol{x} + (\boldsymbol{x}\boldsymbol{x}^T)\boldsymbol{t} + \cdots]$$

$$\frac{\partial^2 M}{\partial \boldsymbol{t}^T \partial \boldsymbol{t}} = E[\boldsymbol{x}\boldsymbol{x}^T + \cdots]$$

따라서 $\boldsymbol{t}=0$에 대하여 1차 적률과 2차 적률로부터 평균벡터 $\boldsymbol{\mu}$와 공분산행렬 Σ는 다음과 같은 관계를 가진다.

$$\partial M/\partial \boldsymbol{t}|_{\boldsymbol{t}=0} = E(\boldsymbol{x}) = \boldsymbol{\mu}$$

$$\partial^2 M/\partial \boldsymbol{t}^T\partial \boldsymbol{t}|_{\boldsymbol{t}=0} = E[\boldsymbol{x}\boldsymbol{x}^T] = \Sigma + \boldsymbol{\mu}\boldsymbol{\mu}^T$$

끝으로 편미분(partial derivative)에 대해서는 1.7절의 행렬 미분을 참고 바란다.

1.4 다변량 정규분포의 성질

[정리 1.4.1] $\boldsymbol{x} \sim N_p(\boldsymbol{\mu}, \Sigma)$, $\Sigma > 0$일 때 선형결합의 분포

(1) 크기가 $q \times p$인 행렬 A와 $p \times 1$인 벡터 $\boldsymbol{c}$에 대해

$$y = Ax + c \ \sim N_q(A\mu + c,\ A\Sigma A^T)$$

(2) $p \times 1$인 벡터 l에 대해 $y = l^T x \sim N_1(l^T \mu,\ l \Sigma l^T)$

(3) [Cramer-Wold 정리]

$p \times 1$인 모든 벡터 l에 대해

$$l^T x \sim N_1(l^T \mu,\ l\Sigma l^T) \quad \Leftrightarrow \quad x \sim N_p(\mu,\ \Sigma)$$

(4) $y = \Sigma^{-1/2}(x - \mu)$ (마할라노비스 변환) $\Rightarrow$ $y \sim N_p(0,\ I_p)$

[정리 1.4.1]-(1)은 적률생성함수에 의해서 다음과 같이 보여 줄 수 있다.

$$\begin{aligned} M_y(t) &= E[\exp(t^T y)] = \exp(t^T c) E[\exp((A^T t)^T x)] \\ &= \exp(t^T c)\exp\left((A^T t)^T \mu + \frac{1}{2}(A^T t)^T \Sigma A^T t\right) \quad (\because \ [\text{정의 } 1.3.2]\ ) \\ &= \exp\left(t^T (A\mu + c) + \frac{1}{2} t^T A \Sigma A^T t\right) \end{aligned}$$

[보기 1.4.1] 이변량 정규분포에서 선형결합의 분포 Example

(1.3.2)에서 $p = 2$이면 $x = (x_1,\ x_2)^T$는 평균벡터 $\mu = (\mu_1,\ \mu_2)^T$와 공분산행렬

$$\Sigma = \begin{bmatrix} \sigma_{11} & \sigma_{12} \\ \sigma_{21} & \sigma_{22} \end{bmatrix}$$

인 이변량 정규분포 $N_2(\mu,\ \Sigma)$를 따른다. 상관계수를 $\rho_{12} = \sigma_{12}/(\sqrt{\sigma_{11}}\sqrt{\sigma_{22}})$라 하면 $x_1 - x_2$의 분포는 [정리 1.4.1]의 (1)에서 $A = (1,\ -1)$라 하고 $c = 0$인 $N_2(A\mu,\ A\Sigma A^T)$이다. 여기서 평균벡터와 공분산행렬은 다음과 같다.

$$A\mu + c = (1,\ -1)\begin{bmatrix} \mu_1 \\ \mu_2 \end{bmatrix} = \mu_1 - \mu_2,$$

$$\begin{aligned} A\Sigma A^T &= (1,\ -1)\begin{bmatrix} \sigma_{11} & \sigma_{12} \\ \sigma_{21} & \sigma_{22} \end{bmatrix}\begin{pmatrix} 1 \\ -1 \end{pmatrix} = \sigma_{11} - \sigma_{21} - \sigma_{12} + \sigma_{22} \\ &= \sigma_{11} + \sigma_{22} - 2\rho_{12}\sqrt{\sigma_{11}}\sqrt{\sigma_{22}} \end{aligned}$$

[정리 1.4.2] 분할(partition)벡터와 원소 분포

$\boldsymbol{x} \sim N_p(\boldsymbol{\mu}, \Sigma),\ \Sigma > 0$일 때

$p\times 1$인 확률벡터 $\boldsymbol{x}$를 $q\times 1$인 $\boldsymbol{x}_1$과 $(p-q)\times 1$인 $\boldsymbol{x}_2$로 분할

$$\Rightarrow\ \boldsymbol{x} = \begin{bmatrix} \boldsymbol{x}_1 \\ \boldsymbol{x}_2 \end{bmatrix} \sim N_p\left(\boldsymbol{\mu} = \begin{bmatrix} \boldsymbol{\mu}_1 \\ \boldsymbol{\mu}_2 \end{bmatrix},\ \Sigma = \begin{bmatrix} \Sigma_{11} & \Sigma_{12} \\ \Sigma_{21} & \Sigma_{22} \end{bmatrix}\right)$$

여기서 $q < p,\ \Sigma_{11}\text{: } q\times q,\ \Sigma_{22}\text{: } (p-q)\times(p-q),\ \Sigma_{12} = \Sigma_{21}^T\text{: } q\times(p-q).$

(1) $\boldsymbol{x}_1 \sim N_q(\boldsymbol{\mu}_1, \Sigma_{11})$

(2) $x_j \sim N_1(\mu_j, \sigma_{jj})$

[정리 1.4.2]-(1)은 다음과 같이 보인다.

$$\begin{aligned} \boldsymbol{x}_1 = (I_q, 0)\boldsymbol{x}\ &\Rightarrow\ [\text{정리 } 1.4.1]\text{-(1)에서 } A = (I_q, 0),\ \boldsymbol{c} = 0 \\ &\Rightarrow\ A\boldsymbol{\mu} + \boldsymbol{c} = (I_q, 0)\boldsymbol{\mu} = \boldsymbol{\mu}_1, \end{aligned}$$

$$A\Sigma A^T = (I_q, 0)\begin{bmatrix} \Sigma_{11} & \Sigma_{12} \\ \Sigma_{21} & \Sigma_{22} \end{bmatrix}(I_q, 0)^T = \Sigma_{11}$$

$$\Rightarrow\ \boldsymbol{x}_1 \sim N_q(\boldsymbol{\mu}_1, \Sigma_{11})$$

[정리 1.4.2]-(2)는 j번째 원소만 1이고 나머지는 모두 0인 크기가 $p\times 1$ 벡터를 $\boldsymbol{e}_j = (0\cdots 0, 1, 0\cdots, 0)^T$라 하면 다음과 같다.

$$\begin{aligned} x_j = \boldsymbol{e}_j^T\boldsymbol{x}\ &\Rightarrow\ [\text{정리 } 1.4.1]\text{-(1)에서 } A = \boldsymbol{e}_j^T,\ \boldsymbol{c} = 0 \\ &\Rightarrow\ A\boldsymbol{\mu} + \boldsymbol{c} = \boldsymbol{e}_j^T\boldsymbol{\mu} = \mu_j, \end{aligned}$$

$$A\Sigma A^T = \boldsymbol{e}_j^T\begin{bmatrix} \Sigma_{11} & \Sigma_{12} \\ \Sigma_{21} & \Sigma_{22} \end{bmatrix}\boldsymbol{e}_j = \sigma_{jj}$$

[정리 1.4.3] $\boldsymbol{x} \sim N_p(\boldsymbol{\mu}, \Sigma),\ \Sigma > 0$일 때 분할 확률변수의 분포

$p\times 1$인 확률벡터 $\boldsymbol{x}$를 $q\times 1$인 $\boldsymbol{x}_1$과 $(p-q)\times 1$인 $\boldsymbol{x}_2$로 분할

$$\Rightarrow \ \boldsymbol{x} = \begin{bmatrix} \boldsymbol{x}_1 \\ \boldsymbol{x}_2 \end{bmatrix} \sim N_p\left(\boldsymbol{\mu} = \begin{bmatrix} \boldsymbol{\mu}_1 \\ \boldsymbol{\mu}_2 \end{bmatrix}, \ \Sigma = \begin{bmatrix} \Sigma_{11} & \Sigma_{12} \\ \Sigma_{21} & \Sigma_{22} \end{bmatrix}\right)$$

여기서 $q < p$, Σ_{11}: $q \times q$, Σ_{22}: $(p-q) \times (p-q)$, $\Sigma_{12} = \Sigma_{21}^T$: $q \times (p-q)$.

(1) 주변분포(marginal distribution): $\boldsymbol{x}_1 \sim N_q(\boldsymbol{\mu}_1, \Sigma_{11})$

(2) $\boldsymbol{x}_1 \perp \boldsymbol{x}_2 \Leftrightarrow \Sigma_{12} = 0$

(3) 조건부 분포(conditional distribution):

$$\boldsymbol{x}_1 | \boldsymbol{x}_2 \sim N_q(\boldsymbol{\mu}_1 + \Sigma_{12}\Sigma_{22}^{-1}(\boldsymbol{x}_2 - \boldsymbol{\mu}_2), \ \Sigma_{11.2}),$$
$$\boldsymbol{x}_2 | \boldsymbol{x}_1 \sim N_{p-q}(\boldsymbol{\mu}_2 + \Sigma_{21}\Sigma_{11}^{-1}(\boldsymbol{x}_1 - \boldsymbol{\mu}_1), \ \Sigma_{22.1})$$

여기서 $\Sigma_{11.2} = \Sigma_{11} - \Sigma_{12}\Sigma_{22}^{-1}\Sigma_{21}$, $\Sigma_{22.1} = \Sigma_{22} - \Sigma_{21}\Sigma_{11}^{-1}\Sigma_{12}$: 조건부 공분산행렬.

(4) $\boldsymbol{x}_2 \sim N_{p-q}(\boldsymbol{\mu}_2, \Sigma_{22}) \perp \boldsymbol{x}_{1.2} = \boldsymbol{x}_1 - \Sigma_{12}\Sigma_{22}^{-1}\boldsymbol{x}_2 \sim N_q(\boldsymbol{\mu}_{1.2}, \Sigma_{11.2})$

여기서 $\boldsymbol{\mu}_{1.2} = \boldsymbol{\mu}_1 - \Sigma_{12}\Sigma_{22}^{-1}\boldsymbol{\mu}_2$, $\Sigma_{11.2} = \Sigma_{11} - \Sigma_{12}\Sigma_{22}^{-1}\Sigma_{21}$.

[정리 1.4.3]의 증명은 (1.3.2)의 확률벡터 $\boldsymbol{x} = (x_1, \cdots, x_p)^T \sim N_p(\boldsymbol{\mu}, \Sigma)$일 때 확률밀도함수

$$f(\boldsymbol{x}) = \frac{1}{(\sqrt{2\pi})^p |\Sigma|^{1/2}} \exp\left\{-\frac{1}{2}(\boldsymbol{x} - \boldsymbol{\mu})^T \Sigma^{-1} (\boldsymbol{x} - \boldsymbol{\mu})\right\}, \ -\infty < x_j < \infty, \ j = 1, \cdots, p$$

를 활용한다. 특히, (1)의 증명은 [정리 1.4.2]-(1)에 의해서 가능하다. (2)의 증명을 위해서는

$$\Sigma_{12} = 0 \ \Rightarrow \ |\Sigma| = |\Sigma_{11}| \Sigma_{22} - \Sigma_{21}\Sigma_{11}^{-1}\Sigma_{12}| = |\Sigma_{11}||\Sigma_{22}|$$

과 지수부분의 마할라노비스거리

$$(\boldsymbol{x} - \boldsymbol{\mu})^T \Sigma^{-1} (\boldsymbol{x} - \boldsymbol{\mu}) = \left[(\boldsymbol{x}_1 - \boldsymbol{\mu}_1)^T, (\boldsymbol{x}_2 - \boldsymbol{\mu}_2)^T\right] \begin{bmatrix} \Sigma_{11}^{-1} & 0 \\ 0 & \Sigma_{22}^{-1} \end{bmatrix} \begin{bmatrix} \boldsymbol{x}_1 - \boldsymbol{\mu}_1 \\ \boldsymbol{x}_2 - \boldsymbol{\mu}_2 \end{bmatrix}$$

를 이용하면

$$f(\boldsymbol{x}) = \frac{1}{(\sqrt{2\pi})^q |\Sigma_{11}|^{1/2}} \exp\left\{-\frac{1}{2}(\boldsymbol{x}_1 - \boldsymbol{\mu}_1)^T \Sigma_{11}^{-1}(\boldsymbol{x}_1 - \boldsymbol{\mu}_1)\right\}$$

$$\times \frac{1}{(\sqrt{2\pi})^{(p-q)} |\Sigma_{22}|^{1/2}} \exp\left\{-\frac{1}{2}(\boldsymbol{x}_2 - \boldsymbol{\mu}_2)^T \Sigma_{22}^{-1}(\boldsymbol{x}_2 - \boldsymbol{\mu}_2)\right\}$$

$$= f(\boldsymbol{x}_1) \times f(\boldsymbol{x}_2)$$

$$\Leftrightarrow \boldsymbol{x}_1 \sim N_q(\boldsymbol{\mu}_1, \Sigma_{11}) \perp \boldsymbol{x}_2 \sim N_{p-q}(\boldsymbol{\mu}_2, \Sigma_{22})$$

(3)의 조건부 분포의 증명은

$$|\Sigma| = |\Sigma_{22}||\Sigma_{11.2}|$$

$$\Sigma^{-1} = \begin{bmatrix} I & 0 \\ -\Sigma_{22}^{-1}\Sigma_{21} & I \end{bmatrix} \begin{bmatrix} \Sigma_{11.2}^{-1} & 0 \\ 0^T & \Sigma_{22}^{-1} \end{bmatrix} \begin{bmatrix} I & -\Sigma_{12}\Sigma_{22}^{-1} \\ 0 & I \end{bmatrix}$$

$$(\boldsymbol{x} - \boldsymbol{\mu})^T \Sigma^{-1} (\boldsymbol{x} - \boldsymbol{\mu})$$

$$= \left[\boldsymbol{x}_1 - \boldsymbol{\mu}_1 - \Sigma_{12}\Sigma_{22}^{-1}(\boldsymbol{x}_2 - \boldsymbol{\mu}_2)\right]^T \Sigma_{11.2}^{-1} \left[\boldsymbol{x}_1 - \boldsymbol{\mu}_1 - \Sigma_{12}\Sigma_{22}^{-1}(\boldsymbol{x}_2 - \boldsymbol{\mu}_2)\right]$$

$$+ (\boldsymbol{x}_2 - \boldsymbol{\mu}_2)^T \Sigma_{22}^{-1} (\boldsymbol{x}_2 - \boldsymbol{\mu}_2)$$

$$= Q_1 + Q_2$$

에 의해서 확률밀도함수가 다음을 만족한다.

$$f(\boldsymbol{x}) = \frac{1}{(\sqrt{2\pi})^q |\Sigma_{11.2}|^{1/2}} \exp\left\{-\frac{1}{2}Q_1\right\} \times \frac{1}{(\sqrt{2\pi})^{(p-q)} |\Sigma_{22}|^{1/2}} \exp\left\{-\frac{1}{2}Q_2\right\}$$

$$= f(\boldsymbol{x}_1 | \boldsymbol{x}_2) \times f(\boldsymbol{x}_2)$$

$$\Leftrightarrow \boldsymbol{x}_1 | \boldsymbol{x}_2 \sim N_q(\boldsymbol{\mu}_1 + \Sigma_{12}\Sigma_{22}^{-1}(\boldsymbol{x}_2 - \boldsymbol{\mu}_2), \Sigma_{11.2}) \perp \boldsymbol{x}_2 \sim N_{p-q}(\boldsymbol{\mu}_2, \Sigma_{22})$$

이와 유사하게 다음의 조건부 분포를 증명할 수 있다.

$$\boldsymbol{x}_2 | \boldsymbol{x}_1 \sim N_{p-q}(\boldsymbol{\mu}_2 + \Sigma_{21}\Sigma_{11}^{-1}(\boldsymbol{x}_1 - \boldsymbol{\mu}_1), \Sigma_{22.1}) \perp \boldsymbol{x}_1 \sim N_q(\boldsymbol{\mu}_1, \Sigma_{11})$$

(4)는 (3)의 증명에서

$$Q_1 = \left[\boldsymbol{x}_1 - \boldsymbol{\mu}_1 - \Sigma_{12}\Sigma_{22}^{-1}(\boldsymbol{x}_2 - \boldsymbol{\mu}_2)\right]^T \Sigma_{11.2}^{-1} \left[\boldsymbol{x}_1 - \boldsymbol{\mu}_1 - \Sigma_{12}\Sigma_{22}^{-1}(\boldsymbol{x}_2 - \boldsymbol{\mu}_2)\right]$$

$$= \left[\boldsymbol{x}_1 - \Sigma_{12}\Sigma_{22}^{-1}\boldsymbol{x}_2 - (\boldsymbol{\mu}_1 - \Sigma_{12}\Sigma_{22}^{-1}\boldsymbol{\mu}_2)\right]^T \Sigma_{11.2}^{-1} \left[\boldsymbol{x}_1 - \Sigma_{12}\Sigma_{22}^{-1}\boldsymbol{x}_2 - (\boldsymbol{\mu}_1 - \Sigma_{12}\Sigma_{22}^{-1}\boldsymbol{\mu}_2)\right]$$

$$= \left[\boldsymbol{x}_{1.2} - \boldsymbol{\mu}_{1.2}\right]^T \Sigma_{11.2}^{-1} \left[\boldsymbol{x}_{1.2} - \boldsymbol{\mu}_{1.2}\right]$$

이므로 확률밀도함수가 다음을 만족한다.

$$
\begin{aligned}
f(\boldsymbol{x}) &= \frac{1}{(\sqrt{2\pi})^q|\Sigma_{11.2}|^{1/2}}\exp\left\{-\frac{1}{2}Q_1\right\}\times\frac{1}{(\sqrt{2\pi})^{(p-q)}|\Sigma_{22}|^{1/2}}\exp\left\{-\frac{1}{2}Q_2\right\} \\
&= f(\boldsymbol{x}_{1.2})\times f(\boldsymbol{x}_2) \\
&\Leftrightarrow\ \boldsymbol{x}_{1.2}\sim N_q(\boldsymbol{\mu}_{1.2},\ \Sigma_{11.2})\ \perp\ \boldsymbol{x}_2\sim N_{p-q}(\boldsymbol{\mu}_2,\ \Sigma_{22})
\end{aligned}
$$

[보기 1.4.2] 이변량 정규분포에서 조건부 분포 Example

$p=2$이면 $\boldsymbol{x}=(x_1,\ x_2)^T$는 평균벡터 $\boldsymbol{\mu}=(\mu_1,\ \mu_2)^T$와 공분산행렬

$$
\Sigma=\begin{bmatrix}\sigma_{11} & \sigma_{12}\\ \sigma_{21} & \sigma_{22}\end{bmatrix}
$$

인 이변량 정규분포 $N_2(\boldsymbol{\mu},\ \Sigma)$를 따르며 상관계수를 $\rho_{12}=\sigma_{12}/(\sqrt{\sigma_{11}}\sqrt{\sigma_{22}})$라 하면 [정리 1.4.2]-(3) 조건부 분포

$$
\boldsymbol{x}_1|\boldsymbol{x}_2\sim N_q(\boldsymbol{\mu}_1+\Sigma_{12}\Sigma_{22}^{-1}(\boldsymbol{x}_2-\boldsymbol{\mu}_2),\ \Sigma_{11.2})
$$

로부터 $p=1$과 $q=1$인 경우

$$
x_1|x_2\sim N_1(\mu_1+\sigma_{12}\sigma_{22}^{-1}(x_2-\mu_2),\ \sigma_{11.2})
$$

가 된다. 따라서

$$
\begin{aligned}
Var(x_1|x_2) &= \sigma_{11.2}=\sigma_{11}-\sigma_{12}\sigma_{22}^{-1}\sigma_{21}=\sigma_{11}-\rho_{12}^2\sigma_{11}\sigma_{22}\sigma_{22}^{-1}=\sigma_{11}(1-\rho_{12}^2) \\
E(x_1|x_2) &= \mu_1+\sigma_{12}\sigma_{22}^{-1}(x_2-\mu_2)=\mu_1+\rho_{12}\frac{\sqrt{\sigma_{11}}}{\sqrt{\sigma_{22}}}(x_2-\mu_2)
\end{aligned}
$$

특히 조건부 분포의 기댓값은 $E(x_1|x_2)=\beta_0+\beta_1x_2$인 단순회귀모형으로

$$
\beta_0=\mu_1-\rho_{12}\frac{\sqrt{\sigma_{11}}}{\sqrt{\sigma_{22}}}\mu_2,\quad \beta_1=\rho_{12}\frac{\sqrt{\sigma_{11}}}{\sqrt{\sigma_{22}}}
$$

이다. 여기서 x_1은 반응변수 내지는 종속변수이고 x_2는 설명변수 또는 독립변수이다.

만약에 [정리 1.4.2]-(3) 조건부 분포의 기댓값에서 $q=1$이고 $p\geq 2$인 경우

$$E(x_1|\boldsymbol{x}_2) = \mu_1 + \Sigma_{12}\Sigma_{22}^{-1}(\boldsymbol{x}_2 - \boldsymbol{\mu}_2) = \mu_1 - \Sigma_{12}\Sigma_{22}^{-1}\boldsymbol{\mu}_2 + \Sigma_{12}\Sigma_{22}^{-1}\boldsymbol{x}_2$$

으로부터 $\beta_0 = \mu_1 - \Sigma_{12}\Sigma_{22}^{-1}\boldsymbol{\mu}_2$, $\boldsymbol{\beta}^T = \Sigma_{12}\Sigma_{22}^{-1}$라 하면 반응변수가 x_1이고 설명변수가 $p \geq 2$로 이루어진 $\boldsymbol{x}_2$에 대한 다중회귀모형 $E(x_1|\boldsymbol{x}_2) = \beta_0 + \boldsymbol{\beta}^T\boldsymbol{x}_2$을 고려하게 된다.

1.5 평균벡터와 공분산행렬의 최대우도추정

1.2절에서 평균벡터 $\boldsymbol{\mu}$와 공분산행렬 Σ의 추정값으로 임의 분포 $(\boldsymbol{\mu}, \Sigma)$로부터 얻은 확률표본인 n명의 개체 $\boldsymbol{x}_i$, $i = 1, \cdots, n$로부터 표본평균벡터

$$\overline{\boldsymbol{x}} = (\overline{x}_1, \cdots, \overline{x}_j, \cdots, \overline{x}_p)^T = \frac{1}{n}\sum_{i=1}^{n}\boldsymbol{x}_i \tag{1.5.1}$$

와 표본공분산행렬

$$S = \frac{1}{n-1}\sum_{i=1}^{n}(\boldsymbol{x}_i - \overline{\boldsymbol{x}})(\boldsymbol{x}_i - \overline{\boldsymbol{x}})^T = \frac{1}{n-1}\left(\sum_{i=1}^{n}\boldsymbol{x}_i\boldsymbol{x}_i^T - n\overline{\boldsymbol{x}}\overline{\boldsymbol{x}}^T\right) \tag{1.5.2}$$

을 사용함을 소개하였다.

이 절에서는 임의 분포 $(\boldsymbol{\mu}, \Sigma)$ 대신에 다변량 정규분포 $N_p(\boldsymbol{\mu}, \Sigma)$로부터 얻은 확률표본인 n명의 개체 $\boldsymbol{x}_i$, $i = 1, \cdots, n$에 대하여 평균벡터 $\boldsymbol{\mu}$와 공분산행렬 Σ의 최대우도추정값(maximum likelihood estimate)으로 표본평균벡터 $\overline{\boldsymbol{x}}$와 $n^{-1}V$를 각각 사용한다. 여기서 $V = (n-1)S$이다.

[정리 1.5.1] 최대우도추정값

다변량 정규분포 $N_p(\boldsymbol{\mu}, \Sigma)$로부터 얻은 확률표본인 n명의 개체 $\boldsymbol{x}_i$, $i = 1, \cdots, n$를 고려하자. $\boldsymbol{\mu}$와 Σ의 최대우도추정값은 표본평균벡터 $\overline{\boldsymbol{x}}$와 $n^{-1}V$를 각각 사용한다. 여기서 $V = (n-1)S$이다.

[정리 1.5.1]의 최대우도추정값을 구하기 위해서는 다변량 정규분포의 확률밀도함수로부터 우도함수와 로그우도함수를 구하고 평균벡터 μ와 공분산행렬 Σ의 미분을 활용해야 한다. 먼저 n명의 개체 $\boldsymbol{x}_i,\ i=1,\ \cdots,\ n$가 다변량 정규분포 $N_p(\mu,\ \Sigma)$를 따를 때 (1.3.2)의 확률밀도함수에 의한 우도함수는 다음과 같다.

$$L(\mu,\ \Sigma)=\prod_{i=1}^{n} f(\boldsymbol{x}_i)=\frac{1}{(\sqrt{2\pi})^{np}|\Sigma|^{n/2}}\exp\left\{-\frac{1}{2}\sum_{i=1}^{n}(\boldsymbol{x}_i-\mu)^T\Sigma^{-1}(\boldsymbol{x}_i-\mu)\right\} \quad (1.5.3)$$

계산의 편의상 (1.5.3)의 지수부분은

$$\begin{aligned}\sum_{i=1}^{n}(\boldsymbol{x}_i-\mu)^T\Sigma^{-1}(\boldsymbol{x}_i-\mu)&=\sum_{i=1}^{n}(\boldsymbol{x}_i-\overline{\boldsymbol{x}}+\overline{\boldsymbol{x}}-\mu)^T\Sigma^{-1}(\boldsymbol{x}_i-\overline{\boldsymbol{x}}+\overline{\boldsymbol{x}}-\mu)\\&=\sum_{i=1}^{n}(\boldsymbol{x}_i-\overline{\boldsymbol{x}})^T\Sigma^{-1}(\boldsymbol{x}_i-\overline{\boldsymbol{x}})+\sum_{i=1}^{n}(\overline{\boldsymbol{x}}-\mu)^T\Sigma^{-1}(\overline{\boldsymbol{x}}-\mu)\\&=tr\left[\Sigma^{-1}\sum_{i=1}^{n}(\boldsymbol{x}_i-\overline{\boldsymbol{x}})(\boldsymbol{x}_i-\overline{\boldsymbol{x}})^T\right]+n(\overline{\boldsymbol{x}}-\mu)^T\Sigma^{-1}(\overline{\boldsymbol{x}}-\mu)\\&=tr\left[\Sigma^{-1}V\right]+n(\overline{\boldsymbol{x}}-\mu)^T\Sigma^{-1}(\overline{\boldsymbol{x}}-\mu)\end{aligned}$$

여기서 (1.5.2)로부터 $V=(n-1)S$라 하자.

(1.5.3)의 상수 부분은

$$\frac{1}{(\sqrt{2\pi})^{np}|\Sigma|^{n/2}}=(2\pi)^{-np/2}|\Sigma|^{-n/2}$$

이므로 (1.5.3)에 이를 반영하여 로그를 취하면 다음의 로그우도함수를 얻게 된다.

$$\begin{aligned}l(\mu,\ \Sigma)&=\log L(\mu,\ \Sigma)\\&=-\frac{np}{2}\log(2\pi)+\frac{n}{2}\log|\Sigma^{-1}|-\frac{1}{2}\{tr[\Sigma^{-1}V]+n(\overline{\boldsymbol{x}}-\mu)^T\Sigma^{-1}(\overline{\boldsymbol{x}}-\mu)\}\end{aligned} \quad (1.5.4)$$

(1.5.4)의 우도함수는 μ와 Σ^{-1}의 함수로 되어 있어 이에 대하여 편미분을 시도하자. 먼저 μ에 대하여 편미분을 시도하면 μ의 최대우도추정값인 $\overline{\boldsymbol{x}}$를 다음과 같이 얻게 된다.

$$\frac{\partial l}{\partial \mu}=n\Sigma^{-1}(\overline{\boldsymbol{x}}-\mu)=0 \ \Rightarrow\ \hat{\mu}=\overline{\boldsymbol{x}}$$

다음으로 Σ^{-1}에 대하여 편미분을 하면 여기서 $\log(\cdot)$와 $tr(\cdot)$에 대한 편미분을 해야 하는데 이는 [정리 1.8.1]-(5)와 (6)에 의해서 가능하다.

$$\frac{\partial l}{\partial \Sigma^{-1}} = \frac{n}{2}\left\{\frac{\partial}{\partial \Sigma^{-1}}\log|\Sigma^{-1}| - \frac{\partial}{\partial \Sigma^{-1}}tr\left[\Sigma^{-1}n^{-1}V\right] - \frac{\partial}{\partial \Sigma^{-1}}tr\left[\Sigma^{-1}(\overline{\boldsymbol{x}}-\boldsymbol{\mu})(\overline{\boldsymbol{x}}-\boldsymbol{\mu})^T\right]\right\}$$

- $\frac{\partial}{\partial \Sigma^{-1}}\log|\Sigma^{-1}| = 2(\Sigma^{-1})^{-1} - diag((\Sigma^{-1})^{-1}) = 2\Sigma - diag(\Sigma)$
- $\frac{\partial}{\partial \Sigma^{-1}}tr\left[\Sigma^{-1}n^{-1}V\right] = 2n^{-1}V - diag(n^{-1}V)$
- $\frac{\partial}{\partial \Sigma^{-1}}tr\left[\Sigma^{-1}(\overline{\boldsymbol{x}}-\boldsymbol{\mu})(\overline{\boldsymbol{x}}-\boldsymbol{\mu})^T\right] = 2(\overline{\boldsymbol{x}}-\boldsymbol{\mu})(\overline{\boldsymbol{x}}-\boldsymbol{\mu})^T - diag\left[(\overline{\boldsymbol{x}}-\boldsymbol{\mu})(\overline{\boldsymbol{x}}-\boldsymbol{\mu})^T\right]$

따라서

$$\frac{\partial l}{\partial \Sigma^{-1}} = \frac{n}{2}\{2\left[\Sigma - n^{-1}V - (\overline{\boldsymbol{x}}-\boldsymbol{\mu})(\overline{\boldsymbol{x}}-\boldsymbol{\mu})^T\right] - diag\left[\Sigma - n^{-1}V - (\overline{\boldsymbol{x}}-\boldsymbol{\mu})(\overline{\boldsymbol{x}}-\boldsymbol{\mu})^T\right]\} = 0$$

$$\Leftrightarrow \ \Sigma - n^{-1}V - (\overline{\boldsymbol{x}}-\boldsymbol{\mu})(\overline{\boldsymbol{x}}-\boldsymbol{\mu})^T = 0$$

$$\Leftrightarrow \ \hat{\Sigma} = n^{-1}V \ \ (\because \hat{\boldsymbol{\mu}} = \overline{\boldsymbol{x}})$$

[정리 1.5.2] 최대우도추정값의 함수도 최대우도추정값

$\theta \in \Omega$이고 이것의 최대우도추정값을 $\hat{\theta} \in \Omega$이라 하면 θ의 함수 $\delta(\theta)$의 최대우도추정값은 $\delta(\hat{\theta})$이다.

[보기 1.5.1] 이변량 정규분포에서 최대우도추정값

Example

$\boldsymbol{x} = (x_1, x_2)^T \sim N_2(\boldsymbol{\mu}, \Sigma)$라 하면 상관계수 $\rho_{12} = \sigma_{12}/(\sqrt{\sigma_{11}}\sqrt{\sigma_{22}})$의 최대우도추정값을 얻기 위해서는 [정리 1.5.1]에 의해서 다음의 Σ의 최대우도추정값을 고려한다.

$$\hat{\Sigma} = n^{-1}V = n^{-1}\begin{bmatrix} v_{11} & v_{12} \\ v_{21} & v_{22} \end{bmatrix}$$

다음으로 [정리 1.5.2]에 의해서 $\hat{\rho}_{12} = v_{12}/(\sqrt{v_{11}}\sqrt{v_{22}})$가 ρ_{12}의 최대우도추정값이다.

1.6 이차형식의 분포

$\boldsymbol{x} \sim N_p(0, \sigma^2 I)$라면 $\boldsymbol{x}^T\boldsymbol{x}/\sigma^2 \sim \chi^2_{(p)}$이다. 그러나 $\boldsymbol{x} \sim N_p(\boldsymbol{\mu}, \sigma^2 I)$라면 $\boldsymbol{x}^T\boldsymbol{x}/\sigma^2$는 비중심(noncentral) 모수 $\boldsymbol{\mu}^T\boldsymbol{\mu}/\sigma^2$를 갖는 비중심 카이제곱분포 $\chi^2_{(p)}$가 된다. 다음으로 $\boldsymbol{x} \sim N_p(\boldsymbol{\mu}, \Sigma)$일 때 $\boldsymbol{x} - \boldsymbol{\mu} \sim N_p(0, \Sigma)$이며 $\Sigma > 0$이므로 $\Sigma = \Sigma^{1/2}\Sigma^{1/2}$을 만족하고, 따라서

$$\Sigma^{-1/2}(\boldsymbol{x} - \boldsymbol{\mu}) \sim N_p(0, I)$$
$$\Rightarrow (\boldsymbol{x} - \boldsymbol{\mu})^T\Sigma^{-1}(\boldsymbol{x} - \boldsymbol{\mu}) = \left[\Sigma^{-1/2}(\boldsymbol{x} - \boldsymbol{\mu})\right]^T\Sigma^{-1/2}(\boldsymbol{x} - \boldsymbol{\mu}) \sim \chi^2_{(p)}$$

[정리 1.6.1] 이차형식의 카이제곱분포의 조건

$\boldsymbol{x} \sim N_p(\boldsymbol{\mu}, \Sigma)$, $\Sigma > 0$와 대칭행렬 $A \Rightarrow \boldsymbol{x}^T A\boldsymbol{x}$는 비중심모수 $\boldsymbol{\mu}^T A\boldsymbol{\mu}$를 갖는 비중심 카이제곱분포 $\chi^2_{(r)}$가 된다.

$\Leftrightarrow A\Sigma$가 멱등행렬(idempotent matrix)이고 계수(rank)가 $r = tr(A\Sigma)$

[보기 1.6.1] 편차제곱합의 분포 Example

$\boldsymbol{x} = (x_1, \cdots, x_n)^T \sim N_n(\mu\mathbf{1}, I)$라 하면

- $\bar{x} = n^{-1}\mathbf{1}^T\boldsymbol{x} = n^{-1}\boldsymbol{x}^T\mathbf{1}$
- $\sum_{i=1}^{n}(x_i - \bar{x})^2 = \sum_{i=1}^{n}x_i^2 - n\bar{x}^2 = \boldsymbol{x}^T\boldsymbol{x} - n^{-1}\boldsymbol{x}^T\mathbf{1}\mathbf{1}^T\boldsymbol{x} = \boldsymbol{x}^T[I - n^{-1}\mathbf{1}\mathbf{1}^T]\boldsymbol{x}$

$$= \boldsymbol{x}^T A\boldsymbol{x} \quad (\because A = I - n^{-1}\mathbf{1}\mathbf{1}^T)$$

여기서 $AI = A$는 $A^2 = A$를 만족하는 멱등행렬이고 계수가 다음과 같다.

- $tr(AI) = tr(I - n^{-1}\mathbf{1}\mathbf{1}^T) = tr(I) - n^{-1}tr(\mathbf{1}\mathbf{1}^T) = n - n^{-1}\mathbf{1}^T\mathbf{1} = n - 1$

그리고 비중심모수는 $(\mu\mathbf{1})^T A(\mu\mathbf{1}) = \mu^2\mathbf{1}^T[I - n^{-1}\mathbf{1}\mathbf{1}^T]\mathbf{1} = \mu^2[n - n^{-1}n^2] = 0$이다. 따라서

$$\sum_{i=1}^{n}(x_i-\overline{x})^2 \sim \chi^2_{(n-1)}$$

만약에 $\boldsymbol{x} \sim N_n(\boldsymbol{\mu}, I)$라 하면 $\sum_{i=1}^{n}(x_i-\overline{x})^2$는 비중심 모수 $\boldsymbol{\mu}^T A\boldsymbol{\mu}$를 갖는 비중심 카이제곱분포 $\chi^2_{(n-1)}$가 된다.

[정리 1.6.2] 이차형식의 상호독립 조건

$$\boldsymbol{x} \sim N_n(\boldsymbol{\mu}, I) \Rightarrow \boldsymbol{x}^T A_1 \boldsymbol{x} \perp \boldsymbol{x}^T A_2 \boldsymbol{x} \Leftrightarrow A_1 A_2 = 0$$

[보기 1.6.2] 이차형식의 상호독립성과 분포 Example

$\boldsymbol{x} \sim N_2(0, I)$,

$$A_1 = \begin{bmatrix} 1 & -1 \\ -1 & 1 \end{bmatrix},\ A_2 = \begin{bmatrix} 1 & 1 \\ 1 & 1 \end{bmatrix}$$

$$\Rightarrow A_1 A_2 = \begin{bmatrix} 0 & 0 \\ 0 & 0 \end{bmatrix} = 0 \Rightarrow \boldsymbol{x}^T A_1 \boldsymbol{x} \perp \boldsymbol{x}^T A_2 \boldsymbol{x}\ (\because \text{[정리 1.6.2]})$$

[정리 1.6.1]에 의해서 두 이차형식은 다음과 같이 카이제곱분포를 따른다.

$$A_1 I = A_1 \text{이므로 } A_1^2 = A_1,\ tr(A_1) = 2 \Rightarrow \boldsymbol{x}^T A_1 \boldsymbol{x} \sim \chi^2_{(2)}$$

$$A_2 I = A_2 \text{이므로 } A_2^2 = A_2,\ tr(A_2) = 2 \Rightarrow \boldsymbol{x}^T A_2 \boldsymbol{x} \sim \chi^2_{(2)}$$

[보기 1.6.3] 평균과 분산의 이차형식을 통한 카이제곱분포와 F-분포의 유도 Example

$\boldsymbol{x} \sim N_n(0, I),\ \overline{x} = n^{-1}\sum_{i=1}^{n} x_i,\ s^2 = (n-1)^{-1}\sum_{i=1}^{n}(x_i-\overline{x})^2$

- $\overline{x} = n^{-1}\mathbf{1}^T\boldsymbol{x} = n^{-1}\boldsymbol{x}^T\mathbf{1} \Rightarrow n\overline{x}^2 = \boldsymbol{x}^T n^{-1}\mathbf{1}\mathbf{1}^T\boldsymbol{x} = \boldsymbol{x}^T A_1 \boldsymbol{x} \quad (\because A_1 = n^{-1}\mathbf{1}\mathbf{1}^T)$

$$\Rightarrow A_1 I = A_1,\ A_1^2 = A_1 \Rightarrow \quad tr(A_1) = n^{-1}n = 1$$

$$\Rightarrow \boldsymbol{x}^T A_1 \boldsymbol{x} = n\overline{x}^2 \sim \chi^2_{(1)} \quad (\because \text{[정리 1.6.1]})$$

- $\sum_{i=1}^{n}(x_i-\bar{x})^2 = \sum_{i=1}^{n}x_i^2 - n\bar{x}^2 = \boldsymbol{x}^T\boldsymbol{x} - n^{-1}\boldsymbol{x}^T\mathbf{1}\mathbf{1}^T\boldsymbol{x} = \boldsymbol{x}^T[I-n^{-1}\mathbf{1}\mathbf{1}^T]\boldsymbol{x}$

$$= \boldsymbol{x}^T A_2 \boldsymbol{x} \quad (\because A_2 = I - n^{-1}\mathbf{1}\mathbf{1}^T)$$

$\Rightarrow \boldsymbol{x}^T A_2 \boldsymbol{x} = \sum_{i=1}^{n}(x_i-\bar{x}) = (n-1)s^2 \sim \chi^2_{(n-1)}$ ($\because$ [보기 1.6.1])

- $A_1A_2 = n^{-1}\mathbf{1}\mathbf{1}^T(I-n^{-1}\mathbf{1}\mathbf{1}^T) = n^{-1}\mathbf{1}\mathbf{1}^T - n^{-2}\mathbf{1}\mathbf{1}^T\mathbf{1}\mathbf{1}^T = 0$

$\Rightarrow \boldsymbol{x}^T A_1 \boldsymbol{x} \perp \boldsymbol{x}^T A_2 \boldsymbol{x}$ ($\because$ [정리 1.6.2])

따라서 $\dfrac{\boldsymbol{x}^T A_1 \boldsymbol{x}/1}{\boldsymbol{x}^T A_2 \boldsymbol{x}/(n-1)} = \dfrac{n\bar{x}^2}{s^2} \sim F_{1,\,n-1}$ ($\because$ F-분포의 정의)

1.7 위샤트분포와 호텔링 T^2-분포

다변량 분포에서 위샤트분포(Wishart distribution)는 일변량 분포에서 잘 알려진 카이제곱 분포의 다변량적 일반화로 볼 수 있다. 카이제곱분포가 정규분포로부터 유도되듯이 다변량정규분포로부터 위샤트분포가 유도된다. 특히, 표본공분산행렬이 이 분포를 따른다. 이 절에서는 위샤트분포를 정의하고 이와 관련된 몇 가지 성질을 정리하려 한다. 이 절은 최용석(2018, 1.7절)과 Muirhead(1982, 3장)에서 발췌하여 정리하였다.

일반적으로 $x_1, \cdots, x_n$을 (일변량) 정규분포 $N(\mu, \sigma^2)$를 따르는 확률표본이라 하자. 이로부터 변환된 표준확률변수는 다음과 같이 표준정규분포를 따른다.

$$z_i = \frac{x_i - \mu}{\sigma} \sim N(0,\,1),\ i = 1,\ \cdots,\ n.$$

따라서 이들 표준확률변수의 제곱합은 다음과 같이 자유도 n인 카이제곱분포를 따른다.

$$\sum_{i=1}^{n} z_i^2 = \sum_{i=1}^{n}\frac{(x_i-\mu)^2}{\sigma^2} \sim \chi^2_{(n)} \tag{1.7.1}$$

더불어 $v = \sum_{i=1}^{n}(x_i-\mu)^2 \sim \sigma^2\chi^2_{(n)}$을 따른다. 만약에 (1.7.1)에서 μ 대신에 표본평균

$\overline{x}$를 사용하면 다음과 같다.

$$v = \sum_{i=1}^{n}(x_i - \overline{x})^2 = (n-1)s^2 \ \sim \ \sigma^2 \chi^2_{(n-1)} \tag{1.7.2}$$

이와 유사하게 n명의 개체 $\boldsymbol{x}_i$, $i=1, \cdots, n$를 다변량 정규분포 $N_p(\boldsymbol{\mu}, \Sigma)$를 따르는 확률표본이라 하면

$$V = \sum_{i=1}^{n}(\boldsymbol{x}_i - \boldsymbol{\mu})(\boldsymbol{x}_i - \boldsymbol{\mu})^T \sim W_p(n, \Sigma) \tag{1.7.3}$$

는 자유도 n인 위샤트분포 $W_p(n, \Sigma)$를 따른다. (1.7.3)의 평균벡터 $\boldsymbol{\mu}$ 대신에 $\overline{\boldsymbol{x}}$를 사용하면

$$V = \sum_{i=1}^{n}(\boldsymbol{x}_i - \overline{\boldsymbol{x}})(\boldsymbol{x}_i - \overline{\boldsymbol{x}})^T = (n-1)S \sim W_p(n-1, \Sigma) \tag{1.7.4}$$

는 자유도 $n-1$인 위샤트분포 $W_p(n-1, \Sigma)$를 따른다.

(1.7.3)의 자유도 n인 위샤트분포 $W_p(n, \Sigma)$를 만족하는 V의 확률밀도함수는

$$f(V) = \frac{1}{\Gamma_p\left(\frac{n}{2}\right)} |2\Sigma|^{-\frac{n}{2}} |V|^{-\frac{n-p-1}{2}} \exp\left\{-\frac{1}{2}tr\left[\Sigma^{-1}V\right]\right\} \tag{1.7.5}$$

여기서 $\Gamma_p\left(\frac{n}{2}\right) = \pi^{\frac{p(p-1)}{4}} \prod_{j=1}^{p}\Gamma\left(\alpha - \frac{1}{2}(j-1)\right)$, $\Gamma(\alpha) = \int_0^\infty e^{-x}x^{\alpha-1}dx$, $V > 0$, $\Sigma > 0$.

참고로 (1.7.4)에서 $p=1$인 경우 위샤트분포는 $W_1(n-1, \sigma^2)$이 되고 이는 (1.7.2)의 카이제곱분포 $\sigma^2\chi^2_{(n-1)}$와 동일하게 되며 이는 감마분포 $\Gamma((n-1)/2, 2\sigma^2)$에 해당한다. 따라서 (1.7.5)의 위샤트분포의 확률밀도함수로부터 (1.7.2)의 $v=(n-1)s^2$에 대한 확률밀도함수는 일변량 통계학에서 익숙한 다음과 같은 형태로 유도된다.

$$f(v) = \frac{1}{\Gamma\left(\frac{n-1}{2}\right)}(2\sigma^2)^{-\frac{n-1}{2}} v^{-\frac{n-1-1-1}{2}} \exp\left\{-\frac{1}{2}(\sigma^2)^{-1}v\right\}$$

$$= \frac{1}{\Gamma\left(\frac{n-1}{2}\right)(2\sigma^2)^{\frac{n-1}{2}}} v^{-\frac{n-1}{2}-1} e^{-\frac{1}{2\sigma^2}v}$$

지금까지 다변량 정규분포 $N_p(\boldsymbol{\mu}, \Sigma)$를 따르는 n명의 개체 $\boldsymbol{x}_i$, $i=1, \cdots, n$인 확률표본으로부터 평균벡터 $\overline{\boldsymbol{x}}$와 공분산행렬 S를 고려한 몇 가지 중요한 결과를 [정리 1.7.1]에 요약하였다.

[정리 1.7.1] 평균벡터와 공분산행렬의 성질

$\boldsymbol{x}_i$, $i=1, \cdots, n \sim N_p(\boldsymbol{\mu}, \Sigma) \Rightarrow$ 크기가 $n \times p$인 자료행렬 $X = (\boldsymbol{x}_1, \cdots, \boldsymbol{x}_n)^T$

(1) $\overline{\boldsymbol{x}} = \frac{1}{n}\sum_{i=1}^{n}\boldsymbol{x}_i = \frac{X^T 1_n}{n} \sim N_p\left(\boldsymbol{\mu}, \frac{\Sigma}{n}\right)$

(2) $(n-1)S = \sum_{i=1}^{n}(\boldsymbol{x}_i - \overline{\boldsymbol{x}})(\boldsymbol{x}_i - \overline{\boldsymbol{x}})^T \sim W_p(n-1, \Sigma)$

(3) $\overline{\boldsymbol{x}} \perp S$

[정리 1.7.2] 위샤트분포의 몇 가지 성질

(1) $V \sim W_p(m, \Sigma)$, B는 $p \times q$인 행렬 $\Rightarrow B^T V B \sim W_q(m, B^T \Sigma B)$

(2) $V \sim W_p(m, \Sigma) \Rightarrow \Sigma^{-1/2} V \Sigma^{-1/2} \sim W_p(m, I)$

(3) $V \sim W_p(m, \Sigma) \perp$ 임의의 $p \times 1$ 벡터 $\boldsymbol{x}(\neq 0)$

$\Rightarrow \frac{\boldsymbol{x}^T V \boldsymbol{x}}{\boldsymbol{x}^T \Sigma \boldsymbol{x}} \sim \chi^2_{(m)}, \quad \frac{\boldsymbol{x}^T \Sigma^{-1} \boldsymbol{x}}{\boldsymbol{x}^T V^{-1} \boldsymbol{x}} \sim \chi^2_{(m-p+1)}$

(4) $V_1 \sim W_p(m_1, \Sigma) \perp V_2 \sim W_p(m_2, \Sigma) \Rightarrow V_1 + V_2 \sim W_p(m_1 + m_2, \Sigma)$

이번에는 [정리 1.7.2]의 성질을 따르는 위샤트분포와 함께 다변량분포에서 중요한 분포로 Harold Hotelling(1985-1973)에 의해서 소개된 호텔링 T^2-분포가 있다. 이는 일변량 t-분포의 다변량적 일반화이다. 일반적으로 Mardia 외(1979, pp. 73-76)을 따르는 호텔링 T^2-분포의 정의와 몇 가지 형태의 성질을 요약하기로 하자.

일반적으로 평균이 μ이고 분산이 σ^2인 정규모집단으로부터 추출된 크기 n의 표본을 $x_1, \cdots, x_n$이라 할 때, 이들에 대한 표본평균과 표본분산을 각각

$$\bar{x} = \frac{1}{n}\sum_{i=1}^{n} x_i, \quad s^2 = \frac{1}{n-1}\sum_{i=1}^{n}(x_i - \bar{x})^2$$

이라 정의하면, 다음의 확률변수 t는 자유도 $n-1$인 t-분포를 따른다.

$$t = \frac{\bar{x} - \mu}{s/\sqrt{n}} \sim t_{(n-1)}$$

이를 제곱하면 다음과 같다.

$$t^2 = \frac{(\bar{x} - \mu)^2}{(s/\sqrt{n})^2} = n(\bar{x} - \mu)(s^2)^{-1}(\bar{x} - \mu) \tag{1.7.6}$$

(1.7.6)에서 평균 μ, 표본평균 $\bar{x}$과 표본분산 s^2 대신에 다변량 정규분포 $N_p(\boldsymbol{\mu}, \Sigma)$를 따르는 확률표본인 n명의 개체 $\boldsymbol{x}_i$, $i=1, \cdots, n$로부터 얻은 표본평균벡터 $\bar{\boldsymbol{x}}$와 공분산행렬 S 그리고 평균벡터 $\boldsymbol{\mu}$로 대체하고 통계량 t^2 대신에 T^2라 두면

$$T^2 = n(\bar{\boldsymbol{x}} - \boldsymbol{\mu})^T S^{-1}(\bar{\boldsymbol{x}} - \boldsymbol{\mu}) \sim T_p^2(n-1) \tag{1.7.7}$$

는 모수 p와 $n-1$을 가지는 호텔링 T^2-분포를 따르며 $T_p^2(n-1)$로 나타낸다. 이 분포는 성질상 F-분포와 수리적으로 다음과 같은 연관성을 가지고 있다.

$$T_p^2(n-1) = \frac{(n-1)p}{n-p} F_{p,\, n-p} \tag{1.7.8}$$

[정의 1.7.1] 호텔링 T^2-분포의 정의

$$\boldsymbol{y} \sim N_p(\boldsymbol{0}, I) \perp V \sim W_p(m, I) \Rightarrow m\boldsymbol{y}^T V^{-1}\boldsymbol{y} \sim T_p^2(m)$$

(1.7.7)의 호텔링 T^2-분포는 (1.7.6)의 t-분포의 일변량 통계량 t^2의 형태를 따라 만들어진 것인데 실제로 [정리 1.7.1]로부터 $\bar{\boldsymbol{x}} \sim N_p(\boldsymbol{\mu}, \Sigma/n)$이고 이로부터 표준화하면

$$\Sigma^{-1/2}\sqrt{n}(\overline{\boldsymbol{x}}-\mu) \sim N_p(0, I)$$

이고 $(n-1)S \sim W_p(n-1, \Sigma)$이므로 [정리 1.7.2]-(2)에 의해서

$$\Sigma^{-1/2}(n-1)S\Sigma^{-1/2} \sim W_p(n-1, I)$$

이다. 따라서 호텔링 T^2-분포의 [정의 1.7.1]에 의해서 다음과 같이 호텔링 T^2 통계량

$$\begin{aligned} T^2 &= (n-1)[\Sigma^{-1/2}\sqrt{n}(\overline{\boldsymbol{x}}-\mu)]^T[\Sigma^{-1/2}(n-1)S\Sigma^{-1/2}]^{-1}[\Sigma^{-1/2}\sqrt{n}(\overline{\boldsymbol{x}}-\mu)] \\ &= n(\overline{\boldsymbol{x}}-\mu)^T S^{-1}(\overline{\boldsymbol{x}}-\mu) \sim T_p^2(n-1) \end{aligned}$$

를 얻는다.

특히, $p=1$인 일변량의 경우 $F_{1,m}$ 분포와 $T_1^2(m)$ 분포는 동일하다. 일반적으로 일변량 분포에서 자유도 m인 t-분포 $t(m)$을 따르는 통계량 t의 제곱인 t^2는 $F_{1,m}$ 분포임은 잘 알려진 내용이다. 따라서 t^2는 $T_1^2(m)$ 분포를 따르며 $t(m)^2 \sim T_1^2(m) \sim F_{1,m}$관계를 만족한다.

지금까지 살펴본 위샤트분포와 호텔링 T^2-분포는 다변량 정규분포로부터 유도되며 특히 호텔링 T^2-분포는 집단의 평균벡터를 비교하는 등의 MANOVA(Multivariate ANOVA)나 반복측정 분산분석에서 아주 유용하게 사용되는 분포이다.

요약 위샤트분포와 호텔링 T^2-분포

- 위샤트분포:
  - $V=\sum_{i=1}^{n}(\boldsymbol{x}_i-\overline{\boldsymbol{x}})(\boldsymbol{x}_i-\overline{\boldsymbol{x}})^T=(n-1)S \sim W_p(n-1, \Sigma)$
  - $p=1$: $V=v \sim W_1(n-1, \sigma^2) \sim \sigma^2\chi^2_{(n-1)} \sim \Gamma\big((n-1)/2, 2\sigma^2\big)$
- 호텔링 T^2-분포:
  - $T^2=n(\overline{\boldsymbol{x}}-\mu)^T S^{-1}(\overline{\boldsymbol{x}}-\mu) \sim T_p^2(n-1) \sim \dfrac{(n-1)p}{n-p}F_{p,n-p}$
  - $p=1$: $T^2=t^2 \sim T_1^2(n-1) \sim F_{1,n-1}$

1.8 행렬의 편미분

다변량 통계학의 추정에서는 스칼라(scalar), 벡터와 행렬의 편미분(partial derivative)이 빈번하게 사용된다(Mardia 외, 1979, A.9; Seber, 1984, A8). 먼저 $p\times1$ 벡터 $\boldsymbol{v}=(v_1, \cdots, v_p)^T$의 함수 $f(\boldsymbol{v})$의 $\boldsymbol{v}$에 대한 편미분은 다음과 같이 정의된다.

$$\frac{\partial f(\boldsymbol{v})}{\partial \boldsymbol{v}}=\begin{bmatrix}\dfrac{\partial f(\boldsymbol{v})}{\partial v_1}\\ \vdots \\ \dfrac{\partial f(\boldsymbol{v})}{\partial v_p}\end{bmatrix}, \quad \frac{\partial f(\boldsymbol{v})}{\partial \boldsymbol{v}^T}=\left[\frac{\partial f(\boldsymbol{v})}{\partial v_1}, \cdots, \frac{\partial f(\boldsymbol{v})}{\partial v_p}\right] \tag{1.8.1}$$

만약에 $p\times1$인 벡터 $\boldsymbol{a}$에 대하여 $f(\boldsymbol{v})=\boldsymbol{a}^T\boldsymbol{v}=\boldsymbol{v}^T\boldsymbol{a}$라 하면 이는 스칼라이고 (1.8.1)의 편미분 정의를 적용하면 다음과 같다.

$$\frac{\partial \boldsymbol{a}^T\boldsymbol{v}}{\partial \boldsymbol{v}}=\frac{\partial \boldsymbol{v}^T\boldsymbol{a}}{\partial \boldsymbol{v}}=\begin{bmatrix}\dfrac{\partial \boldsymbol{a}^T\boldsymbol{v}}{\partial v_1}\\ \vdots \\ \dfrac{\partial \boldsymbol{a}^T\boldsymbol{v}}{\partial v_p}\end{bmatrix}=\begin{bmatrix}a_1\\ \vdots \\ a_p\end{bmatrix}=\boldsymbol{a} \tag{1.8.2}$$

$$\frac{\partial \boldsymbol{a}^T\boldsymbol{v}}{\partial \boldsymbol{v}^T}=\left[\frac{\partial \boldsymbol{a}^T\boldsymbol{v}}{\partial v_1}, \cdots, \frac{\partial \boldsymbol{a}^T\underline{v}}{\partial v_p}\right]=(a_1, \cdots, a_p)=\boldsymbol{a}^T$$

다음으로 $p\times p$인 대칭행렬 $X=(\boldsymbol{x}_1, \cdots, \boldsymbol{x}_p)$에 대하여 $f(\boldsymbol{v})=\boldsymbol{v}^TX=(\boldsymbol{v}^T\boldsymbol{x}_1, \cdots, \boldsymbol{v}^T\boldsymbol{x}_p)$인 $p\times1$ 벡터의 $\boldsymbol{v}$에 대하여 편미분하면 다음과 같다.

$$\frac{\partial \boldsymbol{v}^tX}{\partial \boldsymbol{v}}=\begin{bmatrix}\dfrac{\partial \boldsymbol{v}^TX}{\partial v_1}\\ \vdots \\ \dfrac{\partial \boldsymbol{v}^TX}{\partial v_p}\end{bmatrix}=(\boldsymbol{x}_1, \cdots, \boldsymbol{x}_p)=X \tag{1.8.3}$$

$p\times p$인 대칭행렬 $X=(\boldsymbol{x}_1, \cdots, \boldsymbol{x}_p)$에 대하여 $f(\boldsymbol{v})=\boldsymbol{v}^TX\boldsymbol{v}$인 이차형식(Quadratic form)의 $\boldsymbol{v}$에 대한 편미분은 이차형식의 원소 표현

$$v^T X v = \sum_{k=1}^{p} x_{kk} v_k^2 + 2\sum_{k<j}^{p} x_{kj} v_k v_j$$

에 의해서 원소 v_1의 편미분

$$\frac{\partial\, v^t X v}{\partial\, v_1} = 2x_{11}v_1 + 2\sum_{j=2}^{p} x_{1j}v_j = 2\sum_{j=1}^{p} x_{1j}v_j = 2x_1^T v$$

로부터 대칭행렬 성질 $X = X^T$에 의해서 다음과 같다.

$$\frac{\partial\, v^t X v}{\partial\, v} = 2\begin{bmatrix} x_1^T v \\ \vdots \\ x_p^T v \end{bmatrix} = 2\begin{bmatrix} x_1^T \\ \vdots \\ x_p^T \end{bmatrix} v = 2X^T v = 2Xv \tag{1.8.4}$$

이번에는 $p \times p$인 대칭행렬 $X = (x_{ij})$에 대하여 $f(X)$의 편미분을 다음과 같이 정의하자.

$$\frac{\partial f(X)}{\partial X} = \left(\frac{\partial f(X)}{\partial x_{ij}}\right)$$

그러면 $f(X)$의 세 가지 종류에 따른 편미분은 다음과 같다.

$$f(X) = |X| \;\Rightarrow\; \frac{\partial |X|}{\partial X} = |X|\left[2X^{-1} - diag(X^{-1})\right] \tag{1.8.5}$$

$$f(X) = \log|X| \;\Rightarrow\; \frac{\partial \log|X|}{\partial X} = \frac{1}{|X|}\frac{\partial |X|}{\partial X} = 2X^{-1} - diag(X^{-1}) \tag{1.8.6}$$

$$f(XY) = tr(XY) \;\Rightarrow\; \frac{\partial tr(XY)}{\partial X} = Y + Y^T - diag(Y) \tag{1.8.7}$$

(1.8.6)과 (1.8.7)은 실제 1.5절의 최대우도추정값을 구할 때 우도함수를 최대화하는 편미분에 사용되었다. [정리 1.8.1]에는 지금까지 살펴본 여러 가지 편미분에 대하여 요약하고 있다.

[정리 1.8.1] 여러 가지 편미분

$p \times 1$ 벡터 v와 a 그리고 $p \times p$인 대칭행렬 $X = (x_1, \cdots, x_p) = (x_{ij})$에 대하여

(1) $\dfrac{\partial a^T v}{\partial v} = \dfrac{\partial v^T a}{\partial v} = a, \quad \dfrac{\partial a^T v}{\partial v^T} = a^T$

(2) $\dfrac{\partial v^T X}{\partial v} = A$

(3) $\dfrac{\partial v^T X v}{\partial v} = 2Xv$

(4) $\dfrac{\partial |X|}{\partial X} = |X|\left[2X^{-1} - diag(X^{-1})\right]$

(5) $\dfrac{\partial \log|X|}{\partial X} = \dfrac{1}{|X|}\dfrac{\partial |X|}{\partial X} = 2X^{-1} - diag(X^{-1})$

(6) $\dfrac{\partial tr(XY)}{\partial X} = Y + Y^T - diag(Y)$

1.9 연습문제

1.9.1 적률생성함수에 대해 설명하라.

1.9.2 공분산행렬이 최소한 양반정치(positive semidefinite)행렬이 되어야 하는 이유를 설명하라.

1.9.3 표본 공분산행렬 S는 모 공분산행렬 Σ의 비편향 추정값이라는 의미에 대해 설명하라.

1.9.4 카이제곱분포와 위샤트분포의 연관성을 기술하라.

1.9.5 t-분포, 호텔링 T^2-분포 그리고 F-분포의 연관성을 기술하라.

1.9.6 $\boldsymbol{x} \sim N_3(0, \Sigma)$,

$$\Sigma = \begin{bmatrix} 1 & \rho & 0 \\ \rho & 1 & \rho \\ 0 & \rho & 1 \end{bmatrix}$$

일 때 $x_1+x_2+x_3$와 $x_1-x_2-x_3$이 서로 독립일 ρ값을 구하라.

1.9.7 평균이 $\mu_1=1$과 $\mu_2=1$이고 분산 $\sigma_{11}=0.5$와 $\sigma_{22}=1$이며 공분산 $\sigma_{12}=0.8$인 이변량 정규분포가 있다.

(1) $(\boldsymbol{x}-\boldsymbol{\mu})^T\Sigma^{-1}(\boldsymbol{x}-\boldsymbol{\mu})$를 계산하라.

(2) 이변량 정규분포의 밀도 함수를 구하라.

1.9.8 $\boldsymbol{x}\sim N_3(\boldsymbol{\mu},\,\Sigma)$,

$$\Sigma=\begin{bmatrix}1&\rho&\rho^2\\ \rho&1&0\\ \rho^2&0&1\end{bmatrix}$$

일 때 $\boldsymbol{x}_1=(x_1,\,x_2)^T$이라 하면 조건부 분포 $\boldsymbol{x}_1|x_3$의 평균벡터와 공분산행렬이 다음과 같이 얻게 됨을 보여라.

$$[\mu_1+\rho^2(x_3-\mu_3),\ \mu_2]^T,\quad \begin{bmatrix}1-\rho^4&\rho\\ \rho&1\end{bmatrix}$$

1.9.9 $\boldsymbol{x}\sim N_p(\boldsymbol{\mu},\,\Sigma)$, $\Sigma>0$일 때 $1^T\Sigma^{-1}\boldsymbol{x}/(1^T\Sigma^{-1}1)^{1/2}$의 분포를 구하라.

1.9.10 $\boldsymbol{x}\sim N_2(\boldsymbol{\mu},\,\Sigma)$, $\Sigma>0$일 때 다음을 증명하라.

(1) $y_1=x_1-(\sigma_{12}/\sigma_{22})x_2$과 $y_2=x_2$의 결합 분포를 구하라.

(2) 평균벡터와 공분산행렬을 기술하라.

(3) $y_1\perp y_2$임을 보여라.

(4) y_1과 y_2 각각의 분포를 기술하라.

1.9.11 $\boldsymbol{x}\sim N_p(\boldsymbol{\mu},\,\Sigma)$, $\Sigma>0$일 때 다음을 증명하라.

(1) $E(\boldsymbol{x}^TA\boldsymbol{x})=tr(A\Sigma)+\boldsymbol{\mu}^TA\boldsymbol{\mu}$

(2) $Var(\boldsymbol{x}^TA\boldsymbol{x})=2[tr(A\Sigma A\Sigma)+2\boldsymbol{\mu}^TA\Sigma A\boldsymbol{\mu}]$

1.9.12 $\boldsymbol{x}\sim N_2(0,\,I)$,

$$A_1 = \begin{bmatrix} 1/2 & 1/2 \\ 1/2 & 1/2 \end{bmatrix},\ A_2 = \begin{bmatrix} 1/2 & -1/2 \\ -1/2 & 1/2 \end{bmatrix}$$

(1) $\boldsymbol{x}^T A_1 \boldsymbol{x}$의 분포를 구하라.

(2) $\boldsymbol{x}^T A_2 \boldsymbol{x}$의 분포를 구하라.

(3) $\boldsymbol{x}^T A_1 \boldsymbol{x} \perp \boldsymbol{x}^T A_2 \boldsymbol{x}$임을 보여라.

1.9.13 확률표본 $\boldsymbol{x}_i,\ i=1,\ \cdots,\ 30$가 다변량 정규분포 $N_{10}(\boldsymbol{\mu},\ \Sigma)$를 따른다고 하자.

(1) $(\boldsymbol{x}-\boldsymbol{\mu})^T \Sigma^{-1} (\boldsymbol{x}-\boldsymbol{\mu})$의 분포를 구하라.

(2) $\overline{\boldsymbol{x}}$와 $\sqrt{n}(\overline{\boldsymbol{x}}-\boldsymbol{\mu})$의 분포를 구하라.

(3) $(n-1)S$의 분포를 구하라.

Chapter 02

다변량 정규성 및 이상치 평가

(Assessing Multivariate Normality and Outliers)

다변량 통계학에서 자료분석을 포함하여 추정과 검정에서 다변량 자료의 정규성은 매우 중요하다. 1장에서 위샤트분포와 호텔링 T^2-분포가 다변량 정규분포로부터 유도되며 이들 분포는 다변량 추정과 검정의 바탕이 되기 때문이다. 먼저 일반적으로 알려진 일변량 정규성 검토를 위한 시각적 방법과 검정 방법을 소개하려 한다. 다변량 정규성 검토의 시각적 방법으로 카이제곱그림과 주성분 점수를 활용한 스리바스타바 방법이 있다. 검정 방법으로는 일변량의 샤피로-윌크 검정의 다변량 확장으로 주성분 점수를 활용한 M_1과 M_2 검정과 다변량 왜도와 첨도 검정이 있다. 때로는 다변량 자료의 이상치(outliers)가 다변량 정규성을 방해하는 경우가 있어 이상치를 어떻게 찾고 이를 어떻게 제어할지에 대한 생각이 필요하다. 본문에는 이와 관련된 다양한 방법과 R-코드 그리고 수행 결과와 해석을 제공하고 있다.

2.1 일변량 정규성 시각적 평가

1.7절에서 다양한 분포를 유도하는 데 일반적으로 통계학에서 일변량과 다변량 정규분포가 선호되는 이유를 요약하였다. 실제로, 많은 변수에 의해서 측정된 다변량 자료의 정규성(normality) 여부를 평가하기란 쉽지 않다. 일반적으로 다변량 자료에서 다변량 정규성이 성립하면 각각의 변수에 대해서 일변량 정규성이 성립하지만 그 역은 성립하지 않는다. 그 이유는 (1) 변수들이 서로 상관되어 있고 (2) 각 변수의 주변 정규성은 변수들의 결합 정규성을 보장하지 못하기 때문이다. 더군다나 p개의 변수들 중 어느 하나도 정규성을 만족하지 못하면 이들로 이루어진 벡터도 다변량 정규성을 만족하지 못하는 것은 당연하다. 그러므로 다변량 자료의 경우도 각 변수에 대한 일변량 정규성을 제일 먼저 알아보는 것이 바람직하다.

일변량 정규성을 검정하기 위한 시각적 방법으로 Q-Q 그림(또는 정규-점수 그림)이 있다. 이 그림은 자료 $x_1, \cdots, x_n$의 분위수(quantile)와 일변량 정규분포의 분위수(정규 점수라고도 함)에 대한 것으로 그림 상의 점들이 직선성을 만족하면 표본이 정규성을 따른다고 판정하는 것이다. Jobson(1992, p. 148), Rencher(1995, pp. 105-107)와 Johnson과 Wichern(2007, pp. 177-187)은 이를 위한 과정을 잘 정리하고 있다.

[표 2.1.1]은 Q-Q 그림을 위한 단계를 요약하고 있다. 특히 [2단계]에서 $i/(n+1)$ 대신에 다음의 다양한 값을 사용할 수 있다.

$$\frac{i-\frac{3}{8}}{n+\frac{1}{4}}, \quad \frac{i-\frac{1}{3}}{n+\frac{1}{3}}, \quad \frac{i-\frac{1}{2}}{n} \tag{2.1.1}$$

(2.1.1)을 사용하여 [표 2.1.1]의 [2단계]에서 구한 분위수 $q_{(i)}$를 이를 제안한 학자들의 이름을 따 각각 BLOM, TUKEY, VW 점수로 불리고 있다.

덧붙여 Q-Q 그림의 점들인 $(q_{(i)}, x_{(i)})$, $i=1, \cdots, n$의 직선성을 눈으로 주관적으로 평가하는 것 대신에 통계적 검정으로 평가하는 방법으로 피어슨의 상관계수

$$r_{qx} = \frac{\sum_{i=1}^{n}(q_{(i)} - \bar{q})(x_{(i)} - \bar{x})}{\sqrt{\sum_{i=1}^{n}(q_{(i)} - \bar{q})^2}\sqrt{\sum_{i=1}^{n}(x_{(i)} - \bar{x})^2}} \tag{2.1.2}$$

를 이용하면 된다. (2.1.2)에서 계산된 r_{qx}의 값이 [표 2.1.2]에 제시된 기각치보다도 아래면 유의수준 α에서 귀무가설 H_0 : 정규성을 기각하게 된다(Johnson과 Wichern, 2007, pp. 177-182).

[표 2.1.1] Q-Q 그림을 위한 단계

[1단계] 자료를 작은 것부터 큰 것까지 순서화한다.

$$x_{(1)} \le x_{(2)} \le \cdots \le x_{(n)}$$

[2단계] $\Phi(q_{(i)}) = P(Z \le q_{(i)}) = i/(n+1)$를 만족하는 $N(0, 1)$의 분위수 $q_{(i)}$를 계산한다. 여기서 $\Phi(\cdot)$는 $N(0, 1)$의 누적분포함수이다.

[3단계] 분위수의 짝 $(q_{(i)}, x_{(i)})$, $i = 1, \cdots, n$의 Q-Q 그림을 얻고 직선성을 평가한다.

[표 2.1.2] Q-Q 그림의 상관계수 검정을 위한 기각치

자료 크기 n	유의 수준 α		
	0.01	0.05	0.10
5	0.8299	0.8788	0.9032
0	0.8801	0.9198	0.9351
15	0.9126	0.9389	0.9503
20	0.9269	0.9508	0.9604
25	0.9410	0.9591	0.9665
30	0.9479	0.9652	0.9715
35	0.9538	0.9682	0.9740
40	0.9599	0.9726	0.9771
45	0.9632	0.9749	0.9792
50	0.9671	0.9768	0.9809
55	0.9695	0.9787	0.9822
60	0.9720	0.9801	0.9836
75	0.9771	0.9838	0.9866
100	0.9822	0.9873	0.9895
150	0.9879	0.9913	0.9928
200	0.9905	0.9931	0.9942
300	0.9935	0.9953	0.9960

[보기 2.1.1] 방사선(radiation)의 양의 Q-Q 그림

Example

전자레인지 생산 공장의 품질관리부는 전자레인지의 문을 닫았을 때 발생되는 방사선의 적절한 양을 평가하고 있다. 공정과정에서 임의로 선택된 $n=42$대의 전자레인지 실험을 통해 얻은 방사선 양의 자료를 고려하자(Johnson과 Wichern, 2007, Table 4.1). 실제 이 자료는 [R-코드 2.1.1](radiation-QQplot.R)에 입력되어 있으며 # Method I은 qnorm() 함수에 의해 분위수를 계산하고 [표 2.1.1]의 단계를 따른 것이다. # Method II는 함수 qqnorm()와 qqline()에 의해서 # Method III은 library("car")의 함수 qqPlot()에 의해 Q-Q 그림이 자동으로 제공된다. 다만 # Method III에서는 직선성을 검정하기 위한 상관계수를 도출하기 어렵다.

[그림 2.1.1]의 세 가지 Q-Q 그림의 수평 축은 [표 2.1.1]-[2단계]의 표준정규분포의 분위수에 해당하고 수직 축은 [표 2.1.1]-[1단계]의 순서화된 자료이다. [그림 2.1.1]-(a), (b), (c)가 동일 한 결과를 보여주며 맨 위 6명, 중간 6명, 아래쪽 4명 정도의 좌표점(◦)이 직선성을 크게 벗어나 이상치(outlier)임을 보여주고 있다. Q-Q 그림의 이러한 직선성은 자료의 정규성을 나타내므로 이를 검토하기 위해서 분위수와 자료의 상관계수에 의한 검정을 하게 된다.

[표 2.1.2]의 유의수준 0.05에서 자료 크기가 $n=42$의 기각치는 표본의 크기 40과 45의 기각치 0.973과 0.975 사이에 있다. 실제 분위수와 자료의 상관계수 $r_{qx}=0.928$는 기각치보다 작으므로 귀무가설 H_0 : 정규성이 기각된다. 이는 Q-Q 그림의 직선성이 만족되지 않으며 앞서 언급한 이상치의 영향으로 볼 수 있다.

[R-코드 2.1.1] [그림 2.1.1]을 위한 R-코드(radiation-QQplot.R)

```
## Q-Q plot for Radiation Data
x=c(0.15, 0.09, 0.18, 0.10, 0.05, 0.12, 0.08, 0.05, 0.08, 0.10,
    0.07, 0.02, 0.01, 0.10, 0.10, 0.10, 0.02, 0.10, 0.01, 0.40,
    0.10, 0.05, 0.03, 0.05, 0.15, 0.10, 0.15, 0.09, 0.08, 0.18,
    0.10, 0.20, 0.11, 0.30, 0.02, 0.20, 0.20, 0.30, 0.30, 0.40,
    0.30, 0.05)

# Method I
# formula k/(n+1), for k = 1,...,n for probabilities
n = length(x)
p = (1:n)/(n+1)
```

```
# calculate normal quantiles using mean and standard deviation from "x"
q = qnorm(p, mean(x, na.rm = T), sd(x, na.rm = T))
#Q-Q plot
plot(sort(q), sort(x) ,
xlab = 'Quantiles from Normal Distribution', ylab = 'Sample Quqnatiles', main = 'Q-Q Plot
')
abline(0,1)
# Correlation Coefficient Test for Normality
cor(cbind(sort(q),   sort(x)))[1,2]

# Method II
norm=qqnorm(x, pch = 1, frame = FALSE);norm
qqline(x, col = "steelblue", lwd = 2)
cor(sort(norm$x), sort(norm$y))

# Method III
library("car")
qqPlot(x)
```

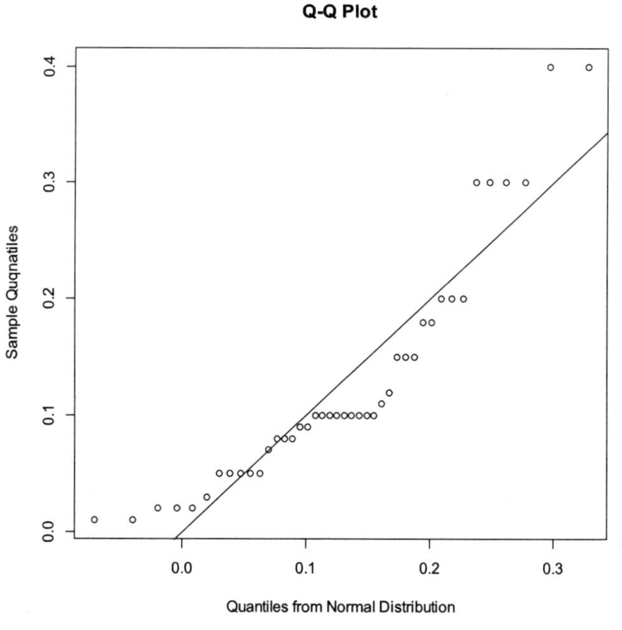

$r_{qx} = 0.928$

(a) 방법 I

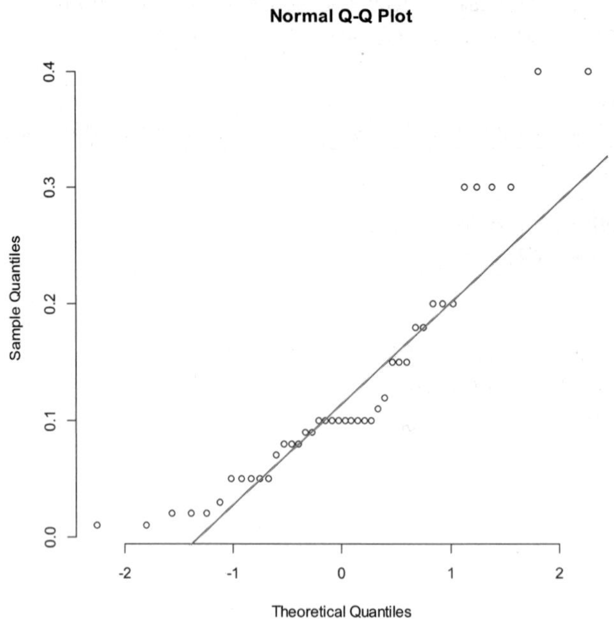

$r_{qx} = 0.928$

(b) 방법 Ⅱ

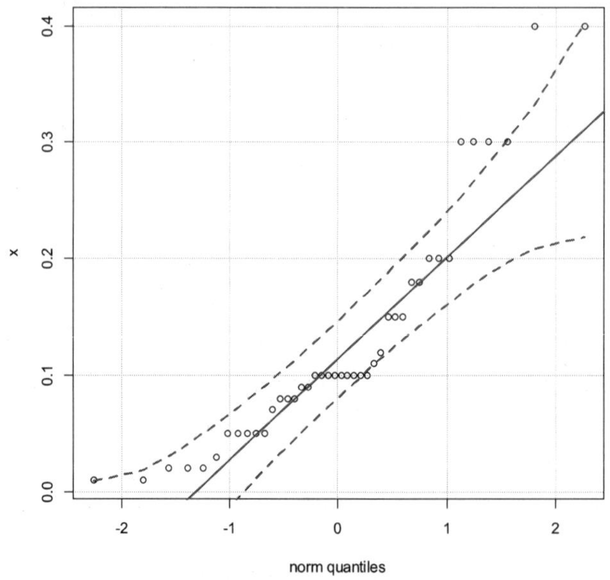

(c) 방법 Ⅲ

[그림 2.1.1] 세 가지 방법에 의한 Q–Q 그림과 상관계수

[보기 2.1.2] 피셔의 붓꽃자료의 정규성 검정

Example

R의 자료 data(iris)는 세 종류의 붓꽃(Setosa, Versicolor, Virginica)을 각각 50포기씩을 꽃받침 길이, 꽃받침 폭, 꽃잎 길이, 꽃잎 폭을 측정한 자료이다. 실제 R에서도 제공되는 자료(data(iris); iris)의 변수이름은 Sepal.Length, Sepal.Width, Petal.Length, Petal.Width, Species로 되어 있다.

세 종류의 붓꽃 자료에서 네 가지 변수 중 꽃잎 길이에 대한 정규성 검토를 위한 [R-코드 2.1.2] (iris-QQplot.R)에 의한 [그림 2.1.2]의 붓꽃 종류별 Q-Q 그림을 살펴보자. [그림 1.8.1]-(a), (b), (c)에서 좌표점(◦)의 위쪽 아래쪽 일부 3 또는 4개의 작은 값 큰 값에서 직선성을 크게 벗어나 있으나 직선성에 크게 영향을 미치지는 않는다고 생각된다. 더군다나 분위수와 자료의 상관계수 (a) $r_{qx} = 0.975$, (b) $r_{qx} = 0.984$, (c) $r_{qx} = 0.982$의 값들은 자료의 수 $n = 50$에서 [표 2.1.2]의 유의수준 0.01에서 기각치 0.9671보다 크므로 그림의 직선성이 인정되고 정규성을 만족한다고 여겨진다.

[R-코드 2.1.2] [그림 2.1.2]를 위한 R-코드(iris-QQplot.R)

```
# Q-Q plot for Iris flower
data(iris)
    setosa = iris[1:50, 1:4]  # Iris data only for setosa
    #versicolor = iris[51:100, 1:4] # Iris data only for versicolor
    #virginica = iris[101:150, 1:4] # Iris data only for virginica

x=setosa[,3] # Petal.Length: 꽃잎 길이
#x=versicolor[,3]
#x=virginica[,3]

#Q-Q plot & r_qx
norm=qqnorm(x, pch = 1, frame = FALSE);norm
qqline(x, col = "steelblue", lwd = 2)
cor(sort(norm$x), sort(norm$y))
```

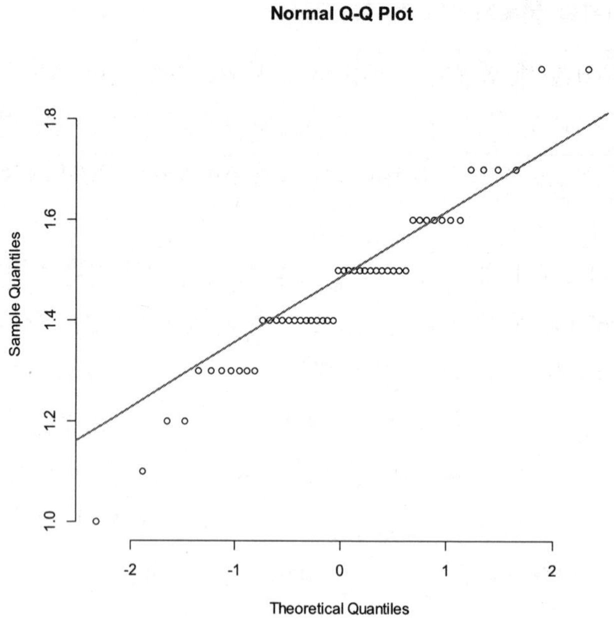

(a) Setosa

$r_{qx} = 0.975$

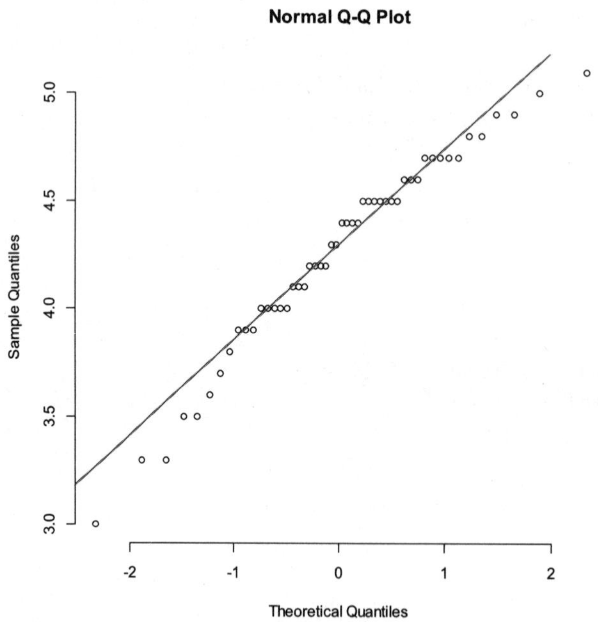

$r_{qx} = 0.984$

(b) Versicolor

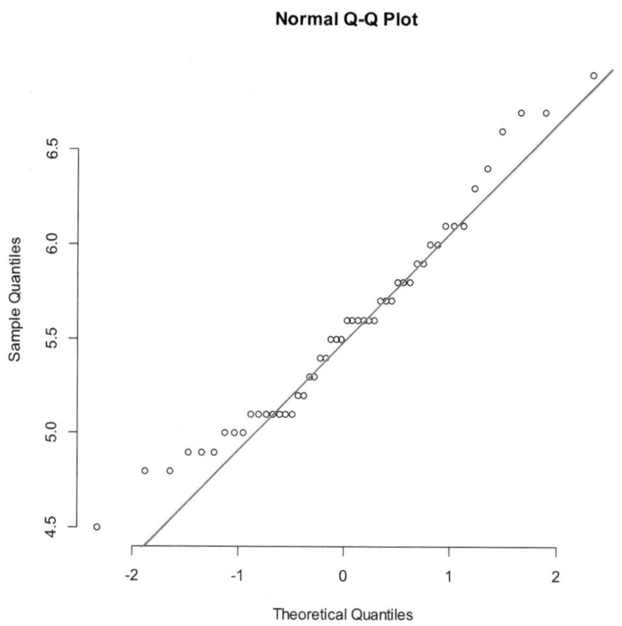

$r_{qx} = 0.982$

(c) Virginica

[그림 2.1.2] 피셔의 붓꽃자료의 꽃잎 길이의 Q–Q 그림과 상관계수

2.2 일변량 정규성 검정

2.1절에서 Q-Q 그림의 점들인 $(q_{(i)}, x_{(i)})$, $i = 1, \cdots, n$의 직선성을 시각적으로 평가하는 것 대신에 피어슨의 상관계수 (2.1.2)를 활용하여 [표 2.1.2]의 표본의 수와 유의수준에 따른 기각치와 비교하여 이보다 작으면 정규성을 기각하는 방법도 일종의 정규성 검정에 해당한다.

일반적으로 정규성에 대한 시각적 판단은 대개 주관적이고 명확하게 판단하기가 애매한 경우가 있다. 이럴 경우 자료가 정규분포로부터 얼마나 심각하게 벗어나 있는지를 판단하게 하는 통계적 유의성 검정을 활용한다. 다만 정규성 검정은 자료의 크기에 민감하므로 Q-Q 그림과 같은 시각적 방법과 통계적 유의성 검정을 통해 통합적으로 판단하는 것이 필요하다.

특히 정규성 검정으로는 잘 알려진 콜모고로프-시미로노프(Kolmogorov-Smirnov, K-S) 방법과 샤피로-윌크(Shapiro-Wilk, S-W)방법이 있으며 후자의 검정력이 더 낫다고 알려져 있다.

확률표본 $x_1, \cdots, x_n$이 모르는 누적분포함수(cumulative distribution function) $F(x)$를 갖는 분포를 따른다고 하자. 그러면 $F(x)$의 추정으로 경험적(empirical) 누적분포함수

$$F_n(x) = \frac{1}{n}\sum_{i=1}^{n} I[x_i \le x]$$

라 하면 $I[x_i \le x]$는 $x_i \le x$를 만족하면 1이고 아니면 0인 지시함수이다.

만약에 자료가 평균 $\overline{x}$와 분산 s^2인 정규분포 $F_o \sim N(\overline{x}, s^2)$로부터 얻어졌다고 하면 귀무가설 H_0 : 정규성에 대한 $K-S$ 검정통계량은 다음과 같다.

$$D = \sup|F_n(x) - F_0(x)| \tag{2.2.1}$$

(2.2.1)의 값이 기각치보다 크다면 귀무가설을 기각한다. 참고로 자료의 수가 $n > 30$인 경우 유의수준 5%에서 기각치는 근사적으로 $0.866/\sqrt{n}$이고 유의수준 10%에서는 $0.805/\sqrt{n}$를 기각치로 이용하면 된다(Srivastava, 2002, Table 3.4.1).

다음으로 확률표본 $x_1, \cdots, x_n$이 정규분포 $N(\mu, \sigma^2)$로부터 얻어지며 이를 다음과 같이 순서화한다.

$$x_{(1)} \le x_{(2)} \le \cdots \le x_{(n)}$$

그러면 $S-W$ 검정통계량은

$$W = \frac{\left(\sum_{i=1}^{n} a_i x_{(i)}\right)^2}{\sum_{i=1}^{n}(x_i - \overline{x})^2} \tag{2.2.2}$$

이고 여기서 a_i는 $a_i = a_{n-i+1}$의 관계를 만족하며 Srivastava(2002, Table B.10)로부터 자료의 수 n에 따라 $n = 2k$ 또는 $n = 2k+1$을 만족하는 k개만큼 계수 a_i가 주어져 있

다. 실제로 (2.2.2) 검정통계량 대신에 카이제곱분포를 따르는

$$M = 2\log[G(W)] \sim \chi^2_{(2)} \tag{2.2.3}$$

에 의해서 큰 값에 대해 귀무가설 H_0 : 정규성을 기각한다. (2.2.3)에서 $G(W) = \gamma + \delta\log[(W-\varepsilon)/(1-W)]$는 근사적으로 표준정규분포를 따르며 γ, δ, ε은 자료 수 n에 따라 Srivastava(2002, Table B.12)에 주어져 있다.

실제 이들 $K-S$ 검정과 $S-W$ 검정은 R에서 함수 ks.test()와 shapiro()에 의해서 제공되며 검정을 위한 유의확률 $p-$값도 제공된다.

[보기 2.2.1] 방사선(radiation)의 양의 $K-S$ 검정과 $S-W$ 검정 Example

[보기 2.1.1]의 전자레인지의 방사선의 양에 대한 적정성 평가를 위해 공정과정에서 임의로 선택된 $n=42$대의 전자레인지 실험을 통해 얻은 방사선 양의 자료에 대한 정규성 검정을 위해 $K-S$ 검정과 $S-W$ 검정을 하려 한다. 이를 위해 [R-코드 2.2.1] (radiation-KS-SWtest.R)에서 함수 ks.test()와 shapiro.test()를 활용하고 있다.

[결과 2.2.1]의 $K-S$ 검정의 결과로부터 검정통계량 D=0.2303의 유의확률 p-value=0.02324는 유의수준 5%보다 작으므로 귀무가설 H_0 : 정규성을 기각한다. 또한 검정통계량 값이 유의수준 5%에서 근사적 기각치 $0.866/\sqrt{24}=0.134$보다 크므로 동일한 검정의 결과를 얻게 된다. 마찬가지로 $S-W$ 검정의 결과도 p-value=9.902e-05는 p-값=9.902×10^{-5}로 매우 작아 유의수준 5%에서 귀무가설 H_0 : 정규성을 기각한다.

[R-코드 2.2.1] [결과 2.2.1]을 위한 R-코드(radiation-KS-SWtest.R)

```
## Normality test for Radiation Data
x=c(0.15, 0.09, 0.18, 0.10, 0.05, 0.12, 0.08, 0.05, 0.08, 0.10,
    0.07, 0.02, 0.01, 0.10, 0.10, 0.10, 0.02, 0.10, 0.01, 0.40,
    0.10, 0.05, 0.03, 0.05, 0.15, 0.10, 0.15, 0.09, 0.08, 0.18,
    0.10, 0.20, 0.11, 0.30, 0.02, 0.20, 0.20, 0.30, 0.30, 0.40,
    0.30, 0.05)

ks.test(x, pnorm, mean(x), sd(x), alternative = "two.sided")
shapiro.test(x)
```

[결과 2.2.1] [R-코2드 2.2.1]의 수행결과

```
> ks.test(x, pnorm, mean(x), sd(x), alternative = "two.sided")

        One-sample Kolmogorov-Smirnov test

data:  x
D = 0.2303, p-value = 0.02324
alternative hypothesis: two-sided

> shapiro.test(x)

        Shapiro-Wilk normality test

data:  x
W = 0.8579, p-value = 9.902e-05
```

[보기 2.2.2] 피셔의 붓꽃자료의 $K-S$ 검정과 $S-W$ 검정

Example

[보기 2.1.2]에서는 세 종류의 붓꽃(Setosa, Versicolor, Virginica)을 각각 50포기씩을 꽃받침 길이, 꽃받침 폭, 꽃잎 길이, 꽃잎 폭을 측정한 자료 data(iris)에서 꽃잎 길이만 고려하여 시각적으로 정규성을 살펴보았다. 여기서는 $K-S$ 검정과 $S-W$ 검정에 의한 정규성 검정을 위해 [R-코드 2.2.2](iris-KS-SWtest.R)를 참고하기 바란다.

[결과 2.2.2]에서는 붓꽃 Setosa에 대한 분석결과로 $K-S$ 검정통계량 $D = 0.1534$가 유의수준 5%에서 기각치 $0.866/\sqrt{50} = 0.122$보다 크므로 귀무가설 H_0 : 정규성을 기각하게 된다. 그러나 유의확률 p-value=0.19은 유의수준 5%보다 크므로 H_0 : 정규성을 기각하지 못하게 된다. $S-W$ 검정의 결과도 p-value=0.05481로 유의수준 5%에서 귀무가설 H_0 : 정규성을 기각하지 못하게 됨을 보여 준다. 이 경우 근사적 기각치를 활용한 경우는 정반대의 결과를 제공하므로 [보기 2.1.2]의 결과와 유의확률을 이용한 두 검정의 결과와 비교해 볼 때 자료는 정규성을 만족하는 것으로 여길 수 있다. 나머지 두 종류의 붓꽃에 대해서도 시도해보기 바란다.

[R-코드 2.2.2] [결과 2.2.2]을 위한 R-코드(iris-KS-SWtest.R)

```
# Q-Q plot for Iris flower
data(iris)
    setosa = iris[1:50, 1:4]  # Iris data only for setosa
    #versicolor = iris[51:100, 1:4] # Iris data only for versicolor
    #virginica = iris[101:150, 1:4] # Iris data only for virginica

x=setosa[,3] # Petal.Length: 꽃잎 길이
#x=versicolor[,3]
#x=virginica[,3]

ks.test(x, pnorm, mean(x), sd(x), alternative = "two.sided")
shapiro.test(x)
```

[결과 2.2.2] [R-코드 2.2.2]의 수행결과

```
> ks.test(x, pnorm, mean(x), sd(x), alternative = "two.sided")

        One-sample Kolmogorov-Smirnov test

data:  x
D = 0.1534, p-value = 0.19
alternative hypothesis: two-sided

> shapiro.test(x)

        Shapiro-Wilk normality test

data:  x
W = 0.955, p-value = 0.05481
```

2.3 다변량 정규성 시각적 평가

일반적으로 다변량 정규성을 검정하는 시각적 방법으로 카이제곱그림(chi-square plot)이 있다. 이 그림은 n명의 개체 $\boldsymbol{x}_i = (x_{i1}, \cdots, x_{ip})^T$, $i = 1, \cdots, n$를 임의의 표본이라 하면 이들의 평균벡터 $\overline{\boldsymbol{x}}$까지의 표준화된 거리인 (제곱)마할라노비스거리(mahalanobis distance)

$$m_i^2 = (\boldsymbol{x}_i - \overline{\boldsymbol{x}})^T S^{-1} (\boldsymbol{x}_i - \overline{\boldsymbol{x}}), \ i = 1, \cdots, n \tag{2.3.1}$$

에 의해서 얻어진다. 여기서 S는 공분산행렬이다. 특히 (2.3.1)의 m_i^2은 표본이 추출된 모집단이 다변량 정규분포이거나 $n \geq 25$이면 근사적으로 카이제곱분포를 따르는 확률변수로 생각할 수 있다. 따라서 이들 n개의 거리들의 분위수와 카이제곱분포의 분위수간의 그림을 카이제곱그림이라 한다. 일반적으로 카이제곱분포는 감마분포(gamma distribution)의 특수한 경우이므로 감마그림(gamma plot)이라고도 한다. [표 2.3.1]에는 카이제곱그림을 위한 단계를 요약하고 있다.

[표 2.3.1] 카이제곱그림을 얻기 위한 단계

[1단계] 거리 m_i^2을 작은 것부터 큰 것까지 순서화한다. $$m_{(1)}^2 \leq m_{(2)}^2 \leq \cdots \leq m_{(n)}^2$$
[2단계] 자유도 p인 카이제곱 분포의 $100\left(i - \frac{1}{2}\right)/n$, $i = 1, \cdots, n$인 분위수 $q_{c(i)}$를 계산한다.
[3단계] 분위수의 짝 $(q_{c(i)}, m_{(i)}^2)$, $i = 1, \cdots, n$의 카이제곱그림을 얻고 직선성을 평가한다.

[표 2.3.1]로부터 분위수의 짝$(q_{c(i)}, m_{(i)}^2)$, $i = 1, \cdots, n$의 카이제곱그림의 직선성은 2.1절의 Q-Q 그림에서와 같이 주관적으로 눈으로 평가하거나 객관적으로 (2.3.2)의 피어슨 상관계수 r_{qm}을 활용하여 수치적으로 평가하는 방법이 있다. 특히 (2.3.2)의 r_{qm} 값이 1에 가까우면 카이제곱그림은 직선성을 만족하며 자료는 다변량 정규분포를 만족한다고 여기게 된다. 더군다나 2.1절의 Q-Q 그림의 직선성을 상관계수 r_{qx}로 검정하는 것과 같이 (2.3.2)에 의한 상관계수 r_{qm}을 이용하여 통계적 유의성 검정을 실시하면 된다.

$$r_{qm} = \frac{\sum_{i=1}^{n}(q_{c(i)} - \bar{q})(m_{(i)}^2 - \overline{m})}{\sqrt{\sum_{i=1}^{n}(q_{c(i)} - \bar{q})^2}\sqrt{\sum_{i=1}^{n}(m_{(i)}^2 - \overline{m})^2}} \tag{2.3.2}$$

Rencher(1995, pp. 110-111)와 특히 Srivastava(2002, 3.5절)에서는 스몰방법(Small method)으로 (2.3.1)의 마할라노비스거리 m_i^2을 변환한

$$t_i = \frac{nm_i^2}{(n-1)^2} \tag{2.3.3}$$

를 이용하여 다변량 정규성을 검토하는 방법을 정리하고 있다. (2.3.3)의 t_i는 n명의 개체 $\boldsymbol{x}_i$, $i=1, \cdots, n$가 다변량 정규분포 $N_p(\boldsymbol{\mu}, \Sigma)$를 따른다고 하면 베타분포(beta distribution)를 따른다. 따라서 이들을 순서화하고 이들의 분위수 $(i-\alpha)/(n-\alpha-\beta+1)$를 이용하여 그림을 얻게 되면 [표 2.3.1]의 카이제곱그림과 유사한 것을 얻게 된다. 여기서 $\alpha=(p-2)/2p$이고 $\beta=(n-p-2)/2(n-p-1)$이다.

다음의 보기에서는 [표 2.3.1]의 단계에 따른 R-코드가 제공되고 수행결과인 카이제곱그림과 (2.3.2)의 상관계수의 활용을 살펴보기로 하자. 실제 [표 2.3.1]의 [1단계]와 [2단계]에서 n명의 개체 $\boldsymbol{x}_i=(x_{i1}, \cdots, x_{ip})^T$, $i=1, \cdots, n$로부터 (2.3.1)의 마할라노비스거리 m_i^2를 계산하는 것과 카이제곱분포의 분위수 계산을 위해서는 R의 함수인 mahalanobis()와 qchisq()가 이용된다.

[보기 2.3.1] 피셔의 붓꽃자료의 정규성 검토 Example

[보기 2.1.2]와 [보기 2.2.2]에서는 세 종류의 붓꽃(Setosa, Versicolor, Virginica)을 각각 50포기씩을 꽃받침 길이, 꽃받침 폭, 꽃잎 길이, 꽃잎 폭을 측정한 자료 data(iris)의 꽃잎 길이 변수만을 이용하였다. 여기에서는 4개의 측정 변수 모두 이용한 다변량 자료를 이용한다. 실제 R에서도 제공되는 data(iris)의 변수이름은 Sepal.Length, Sepal.Width, Petal.Length, Petal.Width, Species로 되어 있다.

[R-코드 2.3.1](iris-chisqplot.R)에 의한 [그림 2.3.1]의 붓꽃 종류별 카이제곱 그림을 살펴보자. 이 그림의 수평 축(Quantile)은 [표 2.3.1]-[2단계]의 카이제곱분포의 분위수에 해당하고 수직 축(Ordered Squared Distance)은 [표 2.3.1]-[1단계]의 마할라노비스거리를

나타낸다. [그림 2.3.1]-(a), (b), (c) 모두의 좌표점(*)이 직선성을 크게 벗어나지 않음을 알 수 있다. 더군다나 분위수와 마할라노비스거리의 상관계수 (a) $r_{qm} = 0.986$, (b) $r_{qm} = 0.994$, (c) $r_{qm} = 0.993$의 값을 보면 거의 1이 되어 카이제곱 그림의 직선성이 매우 인정되며 세 종류의 붓꽃자료는 다변량 정규성을 만족한다고 볼 수 있다. 실제로 이들 상관계수는 동일한 자료의 수 $n = 50$에서 [표 2.1.2]의 유의수준 0.05에서 기각치 $0.977 \simeq 0.98$보다 크다.

[R-코드 2.3.1] [그림 2.3.1]을 위한 R-코드(iris-chisqplot.R)

```
# Multivaiate Normality for Fisher Iirs flower
data(iris)
     setosa = iris[1:50, 1:4]  # Iris data only for setosa
    #versicolor = iris[51:100, 1:4] # Iris data only for versicolor
    #virginica = iris[101:150, 1:4] # Iris data only for virginica

# Chi-squre Plot for Checking MVN
     x=setosa
     n=nrow(x)
     p=ncol(x)
     S=cov(x)
     xbar=colMeans(x)
     m=mahalanobis(x, xbar, S)
     m=sort(m)
     id=seq(1, n)
     pt=(id-0.5)/n
     q=qchisq(pt, p)
     plot(q, m, pch="*", xlab="Quantile", ylab="Ordered Squared Distance")
     abline(0, 1)
# Correlation Coefficient Test for Normailty
     rq=cor(cbind(q, m))[1,2]
     rq
```

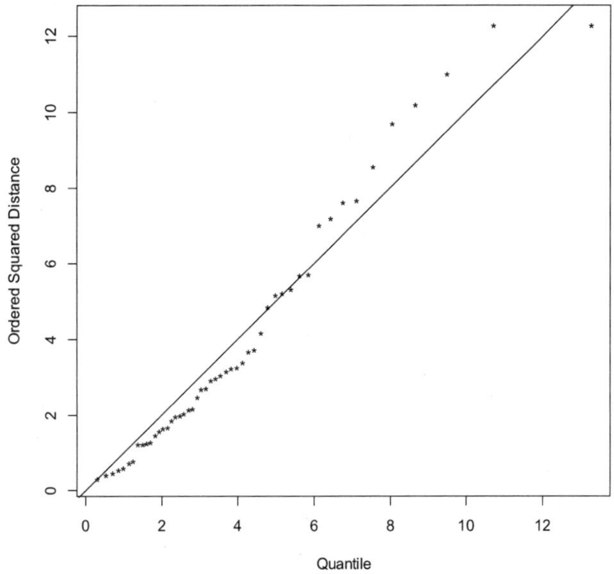

$r_{qm} = 0.986$

(a) Setosa

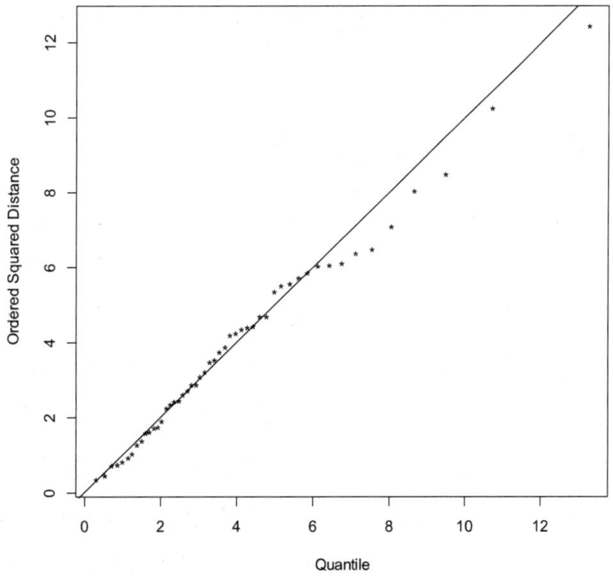

$r_{qm} = 0.994$

(b) Versicolor

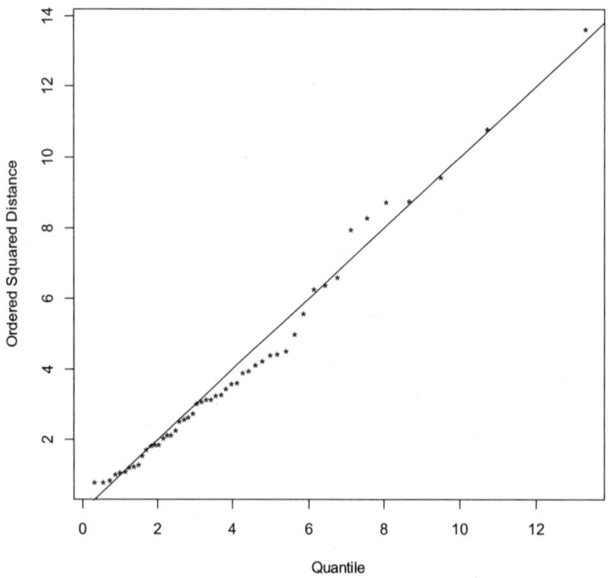

$r_{qm} = 0.993$

(c) Virginica

[그림 2.3.1] 피셔의 붓꽃자료의 카이제곱그림과 상관계수

[보기 2.3.2] 나무줄기의 네 방향에 따른 코르크 무게

Example

Mardia 외(1979, Table 1.4.1)에는 28 그루 나무줄기의 동서남북 네 방향의 코르크 무게(센티그램)를 측정한 자료가 있다. 동서남북 방향을 측정변수로 생각하고 다변량정규성 검토를 위해 [R-코드 2.3.2](cork-chisqplot.R)에 의한 [그림 2.3.2]의 카이제곱 그림을 살펴보자. 이 그림에서 모든 좌표점(*)이 직선성을 크게 벗어나지 않음을 알 수 있다. 더군다나 분위수와 마할라노비스거리의 상관계수는 $r_{qm} = 0.988$로 거의 1이 되어 카이제곱그림의 직선성이 매우 인정되며 다변량 정규성을 만족한다고 볼 수 있다. 이 상관계수를 이용한 검정에서는 [표 2.1.2]의 유의수준 0.01에서 자료 크기가 $n = 28$의 기각치는 표본의 크기 25과 30의 기각치 0.9410과 0.9479 사이에 있다. 상관계수 $r_{qx} = 0.988$은 기각치보다 크므로 귀무가설 H_0 : 정규성이 기각되지 않아 그림의 직선성이 인정되고 정규성을 만족한다고 여겨진다.

[R-코드 2.3.2] [그림 2.3.2]를 위한 R-코드(cork-chisqplot.R)

```
# Multivariate Normality for Cork Data
north <- c(72,60,56,41,32,30,39,42,37,33,32,63,54,47,91,56,79,81,78,46,39,32,60,35,39,50,43,48)
east  <- c(66,53,57,29,32,35,39,43,40,29,30,45,46,51,79,68,65,80,55,38,35,30,50,37,36,34,37,54)
south <- c(76,66,64,36,35,34,31,31,31,27,34,74,60,52,100,47,70,68,67,37,34,30,67,48,39,37,39,57)
west  <- c(77,63,58,38,36,26,27,25,25,36,28,63,52,45,75,50,61,58,60,38,37,32,54,39,31,40,50,43)
# Chi-squre Plot for Checking MVN
     x= cbind(north,east,south,west)
     n=nrow(x)
     p=ncol(x)
     S=cov(x)
     xbar=colMeans(x)
     m=mahalanobis(x, xbar, S)
     m=sort(m)
     id=seq(1, n)
     pt=(id-0.5)/n
     q=qchisq(pt, p)
     plot(q, m, pch="*", xlab="Quantile", ylab="Ordered Squared Distance")
     abline(0, 1)
# Correlation Coefficient Test for Normailty
     rq=cor(cbind(q, m))[1,2]
     rq
```

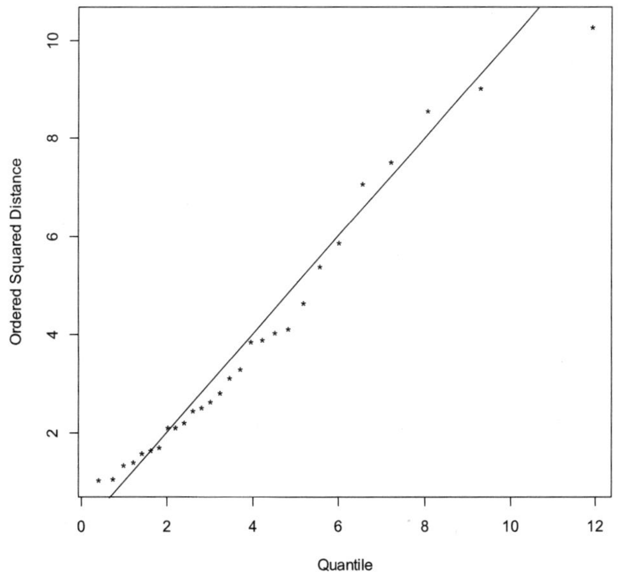

$r_{qm} = 0.988$

[그림 2.3.2] 코르크 무게의 카이제곱그림과 상관계수

끝으로 Srivastava(2002, 3.5절)에서는 그의 이름을 딴 스리바스타바 방법을 소개하고 있다. 이 방법은 다변량 분석기법인 주성분 분석(principal component analysis)에서 모든 주성분 점수(PCs scores)를 구하여 각각의 Q-Q 그림을 통해 직선성을 만족하는지를 살펴보는 것이다. 이론적으로 $p\times 1$ 확률벡터 $\boldsymbol{x}$의 일차 선형결합이 일변량 정규분포를 따르면 $\boldsymbol{x}$는 다변량 정규분포를 따른다는 [정리 1.4.1]-(3) [Cramer-Wold 정리]을 주성분 점수에 적용한 것에 바탕을 둔 것이다.

일반적으로 최용석(2018, 2장)에 따르면 n명의 개체 $\boldsymbol{x}_i=(x_{i1},\ \cdots,\ x_{ip})^T,\ i=1,\ \cdots,\ n$가 다변량 정규분포 $N_p(\boldsymbol{\mu},\ \Sigma)$를 따르면 주성분 분석의 주성분은 대수적으로 Σ의 스펙트럼분해 $\Sigma=VDV^T$를 통해 주성분벡터 $\boldsymbol{p}=(p_1,\ \cdots,\ p_p)^T=V^T\boldsymbol{x}$를 구하는 것이었다. 여기서 $V=(\boldsymbol{v}_1,\ \cdots,\ \boldsymbol{v}_p)$는 고유벡터행렬로 직교정규성 $V^TV=VV^T=I$를 만족하며 $D=diag(l_1,\ \cdots,\ l_p)$는 $l_1\geq\ \cdots\geq l_p>0$를 만족하는 고윳값을 대각원소를 가지는 대각행렬이다. 여기서 n명의 개체 $\boldsymbol{x}_i=(x_{i1},\ \cdots,\ x_{ip})^T,\ i=1,\ \cdots,\ n$에 따른 주성분 점수 벡터는 다음과 같다.

$$\boldsymbol{p}_i=(p_{i1},\ \cdots,\ p_{ip})^T=V^T\boldsymbol{x}_i,\ i=1,\ \cdots,\ n \tag{2.3.4}$$

그러면 (2.3.4)의 주성분 점수 벡터들은 $E(\boldsymbol{p}_i)=V^T\boldsymbol{\mu}$와 $Var(\boldsymbol{p}_i)=V^T\Sigma V=D$인 다변량 정규분포를 따른다. 실제 다변량 자료에서는 $\boldsymbol{x}_i=(x_{i1},\ \cdots,\ x_{ip})^T$ 대신에 각 변수의 표본평균 $\overline{x}_j$에 대해 중심화 $(x_{ij}-\overline{x}_j)=y_{ij}$한 $\boldsymbol{y}_i=(y_{i1},\ \cdots,\ y_{ip})^T$를 이용하거나 표본표준편차 s_j를 함께 고려한 표준화 $(x_{ij}-\overline{x}_j)/s_j=z_{ij}$한 $\boldsymbol{z}_i=(z_{i1},\ \cdots,\ z_{ip})^T$를 이용한다. 그러면 Σ의 스펙트럼분해 대신에 (표본)공분산행렬 S 또는 상관행렬 R의 스펙트럼분해를 이용하여 (2.3.4)의 주성분 점수 벡터 대신에 $\boldsymbol{p}_i=(p_{i1},\ \cdots,\ p_{ip})^T=V^T\boldsymbol{y}_i$ 또는 $\boldsymbol{p}_i=(p_{i1},\ \cdots,\ p_{ip})^T=V^T\boldsymbol{z}_i$를 구하게 된다. 편의상 Σ의 스펙트럼분해의 대수적 표기를 S 또는 R의 스펙트럼분해에도 그대로 사용하기로 하자. 따라서 $V=(\boldsymbol{v}_1,\ \cdots,\ \boldsymbol{v}_p)$의 $\boldsymbol{v}_j$, $j=1,\ \cdots,\ p$에 해당하는 각각의 주성분 점수 $p_{ji}=\boldsymbol{v}_j^T\boldsymbol{y}_i$ 또는 $p_{ji}=\boldsymbol{v}_j^T\boldsymbol{z}_i,\ i=1,\ \cdots,\ n$에 대하여 p개의 Q-Q 그림을 얻고, 이들 가운데 하나라도 직선성을 보이지 않으면 자료는 다변량 정규분포를 만족하지 않는다. 직선성의 객관적 평가는 2.1.절의 분위수와 자료의 상관계수에 의한 검정을 적용하면 된다.

[보기 2.3.3] 피셔의 붓꽃자료의 스리바스타바 방법에 의한 정규성 검토 Example

[보기 2.3.1]에서는 세 종류의 붓꽃(Setosa, Versicolor, Virginica)을 각각 50포기씩을 꽃받침 길이, 꽃받침 폭, 꽃잎 길이, 꽃잎 폭을 측정한 자료 data(iris)의 다변량 정규성 검토를 위해 카이제곱그림을 이용하였다. 여기서는 주성분 분석에 기초한 스리바스타바 방법에 의한 각 주성분 점수에 따른 [그림 2.3.3]의 Q-Q 그림 (a) ~ (d)를 살펴보자. 이를 위한 [R-코드 2.3.3](iris-Srivastavaplot.R)를 참고하기 바란다. 특히 (a)의 그림에서는 좌표점의 모두가 직선성을 벗어나지 있으며 분위수와 자료의 상관계수도 0.997로 1에 가깝다. 나머지는 그림의 상관계수는 다소 (a)에 비해 작지만 이들 상관계수들은 [표 2.1.2]의 유의수준 0.05에서 자료의 크기가 $n = 50$일 때 기각치 0.9768보다 크므로 모든 주성분에 따른 Q-Q 그림의 직선성이 인정되며 다변량 정규성을 만족한다고 여겨진다. 그러나 엄밀히 말하자면 [그림 2.3.3]-(b)와 (c)의 두 번째와 세 번째 주성분 점수에 대한 Q-Q 그림에서는 상관계수는 높으나 전체적으로 직선성을 벗어나는 이상치가 다소 존재함을 볼 수 있다.

[R-코드 2.3.3] [그림 2.3.3]을 위한 R-코드(iris-Srivastavaplot.R)

```
## Srivastava Graphical Method based on the PCA for Iris Flower
data(iris)
     setosa = iris[1:50, 1:4]  # Iris data only for setosa
     #versicolor = iris[51:100, 1:4] # Iris data only for versicolor
     #virginica = iris[101:150, 1:4] # Iris data only for virginica
x=setosa
n <- nrow(x); p <- ncol(x)
R=cor(x)
V <- eigen(R)$vectors
z <- scale(x, scale=T)%*%V
z1i <- sort(z[,1]); z2i <- sort(z[,2]); z3i <- sort(z[,3]); z4i <- sort(z[,4])
qi  <- NULL
for(i in 1:n){
          qi[i]  <- qnorm((i)/(n+1))
}
zx <- cbind(z1i,z2i,z3i,z4i,qi)

par(mfrow=c(2,2))
#Q-Q plot
plot(qi,z1i,pch=16,xlim=c(-3,3),ylim=c(-3,3), main="(a) 1st PC: r_qx=0.997"); abline(lm(z1i~qi))
plot(qi,z2i,pch=16,xlim=c(-2,2),ylim=c(-2,1), main="(b) 2nd PC:  r_qx=0.990"); abline(lm(z2i~qi))
```

```
plot(qi,z3i,pch=16,xlim=c(-1,1),ylim=c(-0.5,0.7), main="(c) 3rd PC: r_qx=0.992"); abline(lm(z3i~qi))
plot(qi,z4i,pch=16,xlim=c(-1,2),ylim=c(-0.1,1), main="(d) 4th PC:  r_qx=0.993"); abline(lm(z4i~qi))

#Correlaton coefficients between quantiles and data
cor(qi,z1i);cor(qi,z2i);cor(qi,z3i);cor(qi,z4i)
```

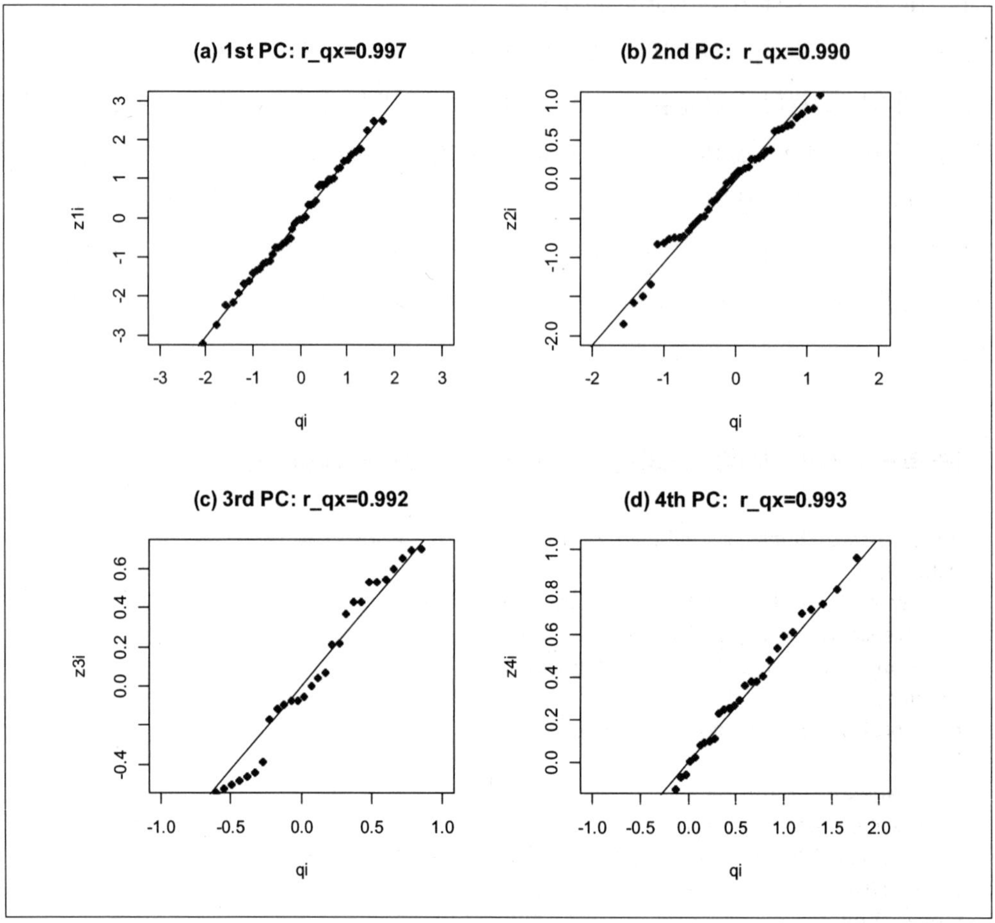

[그림 2.3.3] 피셔의 붓꽃자료의 주성분 점수의 Q-Q 그림과 상관계수

[보기 2.3.4] 나무줄기의 코르크 무게에 대한 스리바스타바 방법에 의한 정규성 검토

Example

[보기 2.3.2]의 28 그루 나무줄기의 동서남북 네 방향의 코르크 무게(센티그램)를 측정

한 자료에 대한 카이제곱그림을 통한 다변량 정규성 검토를 하였다. 여기서는 주성분 분석에 기초한 스리바스타바 방법에 의한 [R-코드 2.3.4](cork-Srivastavaplot.R)가 제공하는 [그림 2.3.4]의 각 주성분 점수에 따른 Q-Q 그림 (a) ~ (d)를 살펴보자. 특히 (a)와 (d)의 그림에서 좌표점의 일부가 직선성을 다소 벗어나 있으며 더군다나 분위수와 자료의 상관계수도 0.955와 0.968로 다소 떨어진다. 그러나 이들 상관계수를 이용한 검정에서는 [표 2.1.2]의 유의수준 0.01에서 자료 크기가 $n=28$의 기각치는 표본의 크기 25과 30의 기각치 0.9410과 0.9479 사이에 있다. 따라서 (a) ~ (d)의 모든 상관계수는 기각치보다 크므로 귀무가설 H_0 : 정규성이 기각되지 않아 그림의 직선성이 인정되고 다변량 정규성을 만족한다고 여겨진다. 이는 [보기 2.3.2]의 카이제곱그림의 결과와 동일하다.

[R-코드 2.3.4] [그림 2.3.4]를 위한 R-코드(cork-Srivastavaplot.R)

```
## Srivastava Graphical Method based on the PCA for Cork Data
north <- c(72,60,56,41,32,30,39,42,37,33,32,63,54,47,91,56,79,81,78,46,39,32,60,35,39,50,43,48)
east  <- c(66,53,57,29,32,35,39,43,40,29,30,45,46,51,79,68,65,80,55,38,35,30,50,37,36,34,37,54)
south <- c(76,66,64,36,35,34,31,31,31,27,34,74,60,52,100,47,70,68,67,37,34,30,67,48,39,37,39,57)
west  <- c(77,63,58,38,36,26,27,25,25,36,28,63,52,45,75,50,61,58,60,38,37,32,54,39,31,40,50,43)
x <- cbind(north,east,south,west)
n <- nrow(x); p <- ncol(x)
R=cor(x)
V <- eigen(R)$vectors
z <- scale(x, scale=T)%*%V
V <- eigen(R)$vectors
z <- scale(x, scale=T)%*%V
z1i <- sort(z[,1]); z2i <- sort(z[,2]); z3i <- sort(z[,3]); z4i <- sort(z[,4])
qi  <- NULL
for(i in 1:n){
        qi[i]  <- qnorm((i)/(n+1))
}
zx <- cbind(z1i,z2i,z3i,z4i,qi)

z1i
par(mfrow=c(2,2))
#Q-Q plot
plot(qi,z1i,pch=16,xlim=c(-3,3),ylim=c(-5,3), main="(a) 1st PC: r_qx=0.955"); abline(lm(z1i~qi))
plot(qi,z2i,pch=16,xlim=c(-3,3),ylim=c(-2,2), main="(b) 2nd PC:  r_qx=0.972"); abline(lm(z2i~qi))
plot(qi,z3i,pch=16,xlim=c(-3,3),ylim=c(-0.5,0.7), main="(c) 3rd PC: r_qx=0.987"); abline(lm(z3i~qi))
plot(qi,z4i,pch=16,xlim=c(-2,2),ylim=c(-1,1), main="(d) 4th PC:  r_qx=0.968"); abline(lm(z4i~qi))

#Correlaton coefficients between quantiles and data
cor(qi,z1i);cor(qi,z2i);cor(qi,z3i);cor(qi,z4i)
```

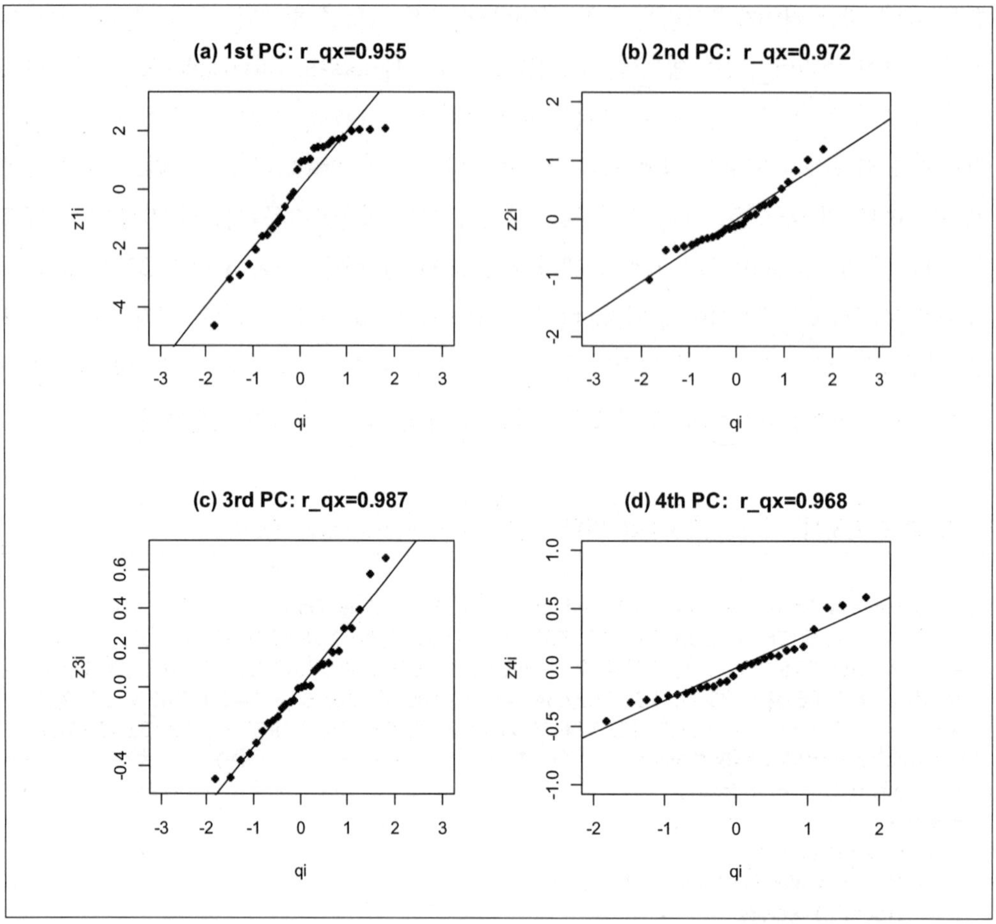

[그림 2.3.4] 코르크 무게의 주성분 점수의 Q-Q 그림과 상관계수

2.4 다변량 정규성 검정

이 절에서는 다변량 정규성 검정으로 일변량 정규성 검정에 사용한 샤피로-윌크(S-W) 방법과 주성분 분석에 기초한 다변량 버전의 방법을 소개하려 한다. 다음으로 다변량 첨도(kurtosis)와 왜도(skweness)에 의한 검정 방법을 소개하려 한다.

n명의 개체에 의한 자료 $\boldsymbol{x}_i = (x_{i1},\ \cdots,\ x_{ip})^T,\ i = 1,\ \cdots,\ n$로부터 각 변수의 표본평균

$\bar{x}_j$에 대해 중심화 $(x_{ij} - \bar{x}_j) = y_{ij}$한 자료 $\boldsymbol{y}_i = (y_{i1}, \cdots, y_{ip})^T$를 고려하자. 공분산행렬 S의 스펙트럼분해 $S = VDV^T$를 통해 주성분 점수 벡터는 다음과 같다.

$$\boldsymbol{p}_i = (p_{i1}, \cdots, p_{ip})^T = V^T \boldsymbol{y}_i, \ i = 1, \cdots, n$$

여기서 $V = (\boldsymbol{v}_1, \cdots, \boldsymbol{v}_p)$는 고유벡터행렬로 직교정규성 $V^T V = VV^T = I$를 만족하며 $D = diag(l_1, \cdots, l_p)$는 $l_1 \geq \cdots \geq l_p > 0$를 만족하는 고윳값을 대각원소를 가지는 대각행렬이다. 따라서 $V = (\boldsymbol{v}_1, \cdots, \boldsymbol{v}_p)$의 $\boldsymbol{v}_j, \ j = 1, \cdots, p$에 해당하는 각각의 주성분 점수

$$p_{ji} = \boldsymbol{v}_j^T \boldsymbol{y}_i, \ j = 1, \cdots, p, \ i = 1, \cdots, n \tag{2.4.1}$$

에 대하여 이를 다음과 같이 순서화한다.

$$p_{j(1)} \leq p_{j(2)} \leq \cdots \leq p_{j(n)}$$

그러면

$$W(j) = \frac{1}{nl_j} \left(\sum_{i=1}^{n} a_i p_{j(i)} \right)^2 \tag{2.4.2}$$

이고, 여기서 a_i는 (2.2.2)에서 정의하였으며 Srivastava(2002, Table B.10)에서 자료의 수 n에 따라 $n = 2k$ 또는 $n = 2k + 1$을 만족하는 k개만큼 계수 a_i가 주어져 있다. 따라서 (2.4.2)를 이용한 근사적으로 표준정규분포를 따르는 다음의 $G(W(j))$를 고려하게 된다.

$$G(W(j)) = \gamma + \delta \log \left[\frac{W(j) - \varepsilon}{1 - W(j)} \right]$$

여기서 $\gamma, \delta, \varepsilon$은 자료 수 n에 따라 Srivastava(2002, Table B.12)에 주어져 있다.

실제로 검정통계량은 카이제곱분포를 따르는

$$M_1 = -2 \sum_{j=1}^{p} \log[\Phi\{G(W(j))\}] \sim \chi^2_{(2p)} \tag{2.4.3}$$

에 의해서 $M_1 > \chi^2_{(2p)}(\alpha)$에 대해 유의수준 α에서 귀무가설 H_0 : 다변량 정규성을 기각한다. (2.4.3)에서 $\Phi(\cdot)$는 표준정규분포의 누적함수이다.

이번에는 또 다른 검정통계량으로 다음을 고려하자.

$$M_2 = Min\{W(1),\ \cdots,\ W(p)\} \tag{2.4.4}$$

유의수준 α에서 $\alpha_0 = 1-(1-\alpha)^{1/p}$일 때 $\Phi[G(m_\alpha)] = \alpha_0$를 만족하는 m_α에 대해 (2.4.4)의 검정통계량이 $M_2 < m_\alpha$이면 유의수준 α에서 귀무가설 H_0 : 다변량 정규성을 기각한다. 특히 m의 여러 값을 통해 $G(m)$을 계산하고 $G(m)$이 $G(m_\alpha)$에 근접하는 m을 찾고 이것의 하한과 상한 값이 m_α의 값이 속하는 구간이 된다.

중심화한 자료 대신에 표본표준편차 s_j를 함께 고려한 표준화 $(x_{ij}-\overline{x}_j)/s_j = z_{ij}$한 표준화 자료 $\boldsymbol{z}_i = (z_{i1},\ \cdots,\ z_{ip})^T$를 이용한다. 그러면 공분산행렬 S 대신 상관행렬 R의 스펙트럼분해를 이용하여 (2.4.1) 대신에 주성분 점수 $p_{ji} = \boldsymbol{v}_j^T \boldsymbol{z}_i,\ j=1,\ \cdots,\ p,\ i=1,\ \cdots,\ n$를 이용하고 검정통계량 (2.4.3)과 (2.4.4)의 유도과정은 동일하다.

[보기 2.4.1] 피셔의 붓꽃자료의 M_1과 M_2 방법에 의한 정규성 검토 Example

세 종류의 붓꽃(Setosa, Versicolor, Virginica)을 각각 50포기씩을 꽃받침 길이, 꽃받침 폭, 꽃잎 길이, 꽃잎 폭을 측정한 자료 data(iris)에서 Setosa 품종의 다변량 정규성 검토를 위해 [보기 2.3.1]에서는 카이제곱그림을 이용하였고, [보기 2.3.3]에서는 주성분 분석에 기초한 스리바스타바 방법에 의한 각 주성분 점수에 따른 Q-Q 그림을 살펴보았다. 여기서는 M_1과 M_2 검정통계량을 활용한 [R-코드 2.4.1](iris-generalizedS-Wtest.R)과 [결과 2.4.1]을 참고하기 바란다.

특히 $M_1 = 94.944 > 15.507$로 유의수준 5%에서 H_0 : 다변량 정규성을 기각한다. 다음으로 $\alpha_0 = 0.013$보다 큰 것은 없고 제일 작은 것은 $\Phi[G(1)] = 1.127\times 10^{-6}$이므로 $1 < m_{0.05}$이다. 따라서 검정통계량은 $M_2 = 0.821 < m_{0.05}$로 유의수준 5%에서 H_0 : 다변량 정규성을 기각한다. 이는 [보기 2.3.1]과 [보기 2.3.3]의 다변량 정규성을 만족한다는 결과와는 정반대의 결과를 보여주고 있다. 특히, Setosa 품종의 카이제곱그림 [그림 2.3.1]-(a)의 상관계수는 0.986으로 유의수준 0.05에서 기각치 0.98과 대동소이하며, 이 그림에서 실제로 직선성을 벗어나는 이상치 개체가 다소 보여 이런 결과를 가져왔다고 여겨진다.

[R-코드 2.4.1] [결과 2.4.1]을 위한 R-코드(iris-generalizedS-Wtest.R)

```
#Generalized S-W Test for Iris Flower
data(iris)
      setosa = iris[1:50, 1:4]  # Iris data only for setosa
     #versicolor = iris[51:100, 1:4] # Iris data only for versicolor
     #virginica = iris[101:150, 1:4] # Iris data only for virginica
x=setosa
n <- nrow(x); p <- ncol(x)
R=cor(x)
dl <- eigen(R)$values
V  <- eigen(R)$vectors

z=scale(x, scale=T)
p1i <- NULL; p2i <- NULL; p3i <- NULL; p4i <- NULL
for(i in 1:n){
            p1i[i] <- t(V[,1])%*%(z[i,])
            p2i[i] <- t(V[,2])%*%(z[i,])
            p3i[i] <- t(V[,3])%*%(z[i,])
            p4i[i] <- t(V[,4])%*%(z[i,])
}
pij <- cbind(sort(p1i),sort(p2i),sort(p3i),sort(p4i))
a <- c(-0.3751, -0.2547, -0.2260, -0.2032, -0.1847, -0.1691, -0.1554, -0.1430,
        -0.1317, -0.1212, -0.1113, -0.1020, -0.0932, -0.0846, -0.0764, -0.0685,
        -0.0608, -0.0532, -0.0459, -0.0386, -0.0314, -0.0244, -0.0174, -0.0104,
        -0.0035,  0.0104,  0.0174,  0.0244,  0.0314,  0.0386,  0.0459,  0.0532,
         0.0608,  0.0685,  0.0764,  0.0846,  0.0932,  0.1020,  0.1113,  0.1212,
         0.1317,  0.1430,  0.1554,  0.1691,  0.1847,  0.2032,  0.2260,  0.2547,
         0.3751, 0.0035)
ggama <- -7.677; ddelta <- 2.212; eepsilon <- 0.1436
M1 <- 0; M2 <- 10**5; alpha <- 0.05
Res.PHiGi <- matrix(NA,p,3)
            colnames(Res.PHiGi) <- c("PHiGi","M1","M2")
            rownames(Res.PHiGi) <- paste0("PHi(G(",1:p,"))")
wi <- NULL; Gi <- NULL
for(j in 1:p){
            wi[j] <- 1/(n*dl[j])*(t(a)%*%pij[,j])**2
            Gi[j] <- ggama+ddelta*log((wi[j]-eepsilon)/(1-wi[j]))
            Res.PHiGi[j,1] <- pnorm(Gi[j])
            Res.PHiGi[j,2] <- M1+(-2*log(pnorm(Gi[j])))
            Res.PHiGi[j,3] <- min(M2,wi[j])
}

M1  <- sum(Res.PHiGi[,2])
chi <- qchisq(1-0.05, 2*p)
test.M1 <- function(M1, chi){
```

```
            if(M1 > chi){"M1>chi: Reject H0: Multivariate Normality"}
            else{"M1<chi: accept normality"}
}
M1; chi; test.M1(M1, chi)

M2 <- min(wi)
Res.PHiGi[,1]=sort(Res.PHiGi[,1])
alpha0 <- 1-exp(1/p*log(1-alpha))
maxpoint <- names(which(alpha0 < Res.PHiGi[,1])[1])
minpoint <- names(which(alpha0 > Res.PHiGi[,1])[1])
M2; alpha0;Res.PHiGi[,1]; maxpoint; minpoint;
# M2 < malpha: Reject H0: Multivariate Normality
```

[결과 2.4.1] [R-코드 2.4.1]의 수행결과

```
> M1; chi; test.M1(M1, chi)
[1] 94.94389
[1] 15.50731
[1] "M1>chi: Reject H0: Multivariate Normality"

> M2; alpha0;Res.PHiGi[,1]; maxpoint; minpoint;
[1] 0.8212522
[1] 0.01274146
     PHi(G(1))     PHi(G(2))     PHi(G(3))     PHi(G(4))
1.127252e-06 1.167165e-05 1.205982e-05 1.523008e-05
[1] NA
[1] "PHi(G(1))"
```

[보기 2.4.2] 나무줄기의 코르크 무게에 대한 M_1과 M_2 방법에 의한 정규성 검토 Example

[보기 2.3.2]와 [보기 2.3.4]에서는 28 그루 나무줄기의 동서남북 네 방향의 코르크 무게(센티그램)를 측정한 자료의 다변량 정규성 검토를 위해 카이제곱그림과 주성분 분석에 기초한 스리바스타바 방법을 적용하였다. 여기서는 M_1과 M_2 검정통계량을 활용한 [R-코드 2.4.2](cork-generalizedS-Wtest.R)과 [결과 2.4.2]을 참고하기 바란다.

먼저 $M_1 = 34.916 > 15.507$로 유의수준 5%에서 H_0 : 다변량 정규성을 기각한다. 다음으로 $\alpha_0 = 0.013$보다 제일 큰 것은 $\Phi[G(3)] = 0.017$이고, 제일 작은 것은 $\Phi[G(1)] =$

0.002이므로 $1 < m_{0.05} < 3$이다. 따라서 검정통계량은 $M_2 = 0.863 < m_{0.05}$로 유의수준 5%에서 H_0 : 다변량 정규성을 기각한다. 이는 [보기 2.3.2]과 [보기 2.3.4]의 다변량 정규성을 만족한다는 결과와는 정반대의 결과를 보여주고 있다. 이는 카이제곱그림 [그림 2.3.2]와 [그림 2.3.4]-(a)에서 직선성을 벗어나는 3개 또는 4개의 이상치가 존재하며 실제 상관계수는 0.955로 엄밀히 말하자면 다소 작음을 알 수 있다.

[R-코드 2.4.2] [결과 2.4.2]를 위한 R-코드(cork-Srivastavaplot.R)

```
#Generalized S-W Test for Cork Data
north <- c(72,60,56,41,32,30,39,42,37,33,32,63,54,47,91,56,79,81,78,46,39,32,60,35,39,50,43,48)
east  <- c(66,53,57,29,32,35,39,43,40,29,30,45,46,51,79,68,65,80,55,38,35,30,50,37,36,34,37,54)
south <- c(76,66,64,36,35,34,31,31,31,27,34,74,60,52,100,47,70,68,67,37,34,30,67,48,39,37,39,57)
west  <- c(77,63,58,38,36,26,27,25,25,36,28,63,52,45,75,50,61,58,60,38,37,32,54,39,31,40,50,43)
x <- cbind(north,east,south,west)
n <- nrow(x); p <- ncol(x)
S=var(x)
dl <- eigen(S)$values
V  <- eigen(S)$vectors
y=scale(x, scale=F)
p1i <- NULL; p2i <- NULL; p3i <- NULL; p4i <- NULL
for(i in 1:n){
        p1i[i] <- t(V[,1])%*%(y[i,])
        p2i[i] <- t(V[,2])%*%(y[i,])
        p3i[i] <- t(V[,3])%*%(y[i,])
        p4i[i] <- t(V[,4])%*%(y[i,])
}
pij <- cbind(sort(p1i),sort(p2i),sort(p3i),sort(p4i))
a   <- c(-.4328,-.2992,-.2510,-.2151,-.1857,-.1601,-.1372,-.1162,-.0965,-.0778,-.0598,-.0424,-.0253,-.0084,
        .0084,.0253,.0424,.0598,.0778,.0965,.1162,.1372,.1601,.1857,.2151,.2510,.2992,.4328)
ggama <- -5.988; ddelta <- 1.919; eepsilon <- 0.1907
M1 <- 0; M2 <- 10**5; alpha <- 0.05
Res.PHiGi <- matrix(NA,p,3)
        colnames(Res.PHiGi) <- c("PHiGi","M1","M2")
        rownames(Res.PHiGi) <- paste0("PHi(G(",1:p,"))")
wi <- NULL; Gi <- NULL
for(j in 1:p){
        wi[j] <- 1/(n*dl[j])*(t(a)%*%pij[,j])**2
        Gi[j] <- ggama+ddelta*log((wi[j]-eepsilon)/(1-wi[j]))
        Res.PHiGi[j,1] <- pnorm(Gi[j])
        Res.PHiGi[j,2] <- M1+(-2*log(pnorm(Gi[j])))
        Res.PHiGi[j,3] <- min(M2,wi[j])
}
```

```
M1   <- sum(Res.PHiGi[,2])
chi  <- qchisq(1-0.05, 2*p)
test.M1 <- function(M1, chi){
           if(M1 > chi){"M1>chi: Reject H0:  Multivariate Normality"}
           else{"M1<chi: accept normality"}
}
M1; chi; test.M1(M1, chi)

M2        <- min(wi)
Res.PHiGi[,1]=sort(Res.PHiGi[,1])
alpha0  <- 1-exp(1/p*log(1-alpha))
maxpoint  <- names(which(alpha0 < Res.PHiGi[,1])[1])
minpoint  <- names(which(alpha0 > Res.PHiGi[,1])[1])
M2; alpha0;Res.PHiGi[,1]; maxpoint; minpoint;
# M2 < malpha: Reject H0:  Multivariate Normality
```

[결과 2.4.2] [R-코드 2.4.2]의 수행결과

```
> M1; chi; test.M1(M1, chi)
[1] 34.91615
[1] 15.50731
[1] "M1>chi: Reject H0: Multivariate Normality"

> M2; alpha0; Res.PHiGi[,1]; maxpoint; minpoint;
[1] 0.8629791
[1] 0.01274146
    PHi(G(1))   PHi(G(2))   PHi(G(3))   PHi(G(4))
0.001663690 0.007334932 0.017438369 0.123049562
[1] "PHi(G(3))"
[1] "PHi(G(1))"
```

이외에도 library(MVN)에서 mardiaTest() 함수를 활용하면 쉽게 [표 2.3.1]의 카이제곱 그림과 다변량 왜도(skewness)와 첨도(kurtosis)를 활용한 정규성 평가를 위한 검정을 제공하며 검정통계량의 유의확률 p-값을 제공하므로 분석자는 유의수준 α만 결정하면 된다. 버전에 따라서 옵션 multivariatePlot="qq"을 지정한 mvn() 함수를 사용해야 할 때도 있으나 동일한 결과를 제공한다. 이는 n명의 개체들의 자료 $\boldsymbol{x}_i = (x_{i1}, \cdots, x_{ip})^T$, $i = 1, \cdots, n$와 공분산행렬 S를 고려할 때 Mardia(1970)가 제안한 다음의 두 통계량인 왜도 b_{1p}와 첨도

b_{2p}의 정의와 분포를 정의하자.

$$b_{1p} = \frac{1}{n^2}\sum_{r=1}^{n}\sum_{s=1}^{n} m_{rs}^3 \simeq \frac{6}{n}\chi^2_{(p(p+1)(p+2)/6)} \tag{2.4.5}$$

$$b_{2p} = \frac{1}{n}\sum_{r=1}^{n} m_{rr}^2 \simeq N\left(p(p+1),\ \frac{8p(p+2)}{n}\right) \tag{2.4.6}$$

여기서 $m_{rs} = (\boldsymbol{x}_r - \overline{\boldsymbol{x}})^T S^{-1}(\boldsymbol{x}_s - \overline{\boldsymbol{x}}),\ r,\ s = 1,\ \cdots,\ n$는 두 개체 간의 제곱 마할라노비스거리이고 p는 변수 개수이다.

자료의 수가 $n < 20$으로 작은 경우 $k = (p+1)(n+1)(n+3)/(n(n+1)(p+1)-6)$라 하면 왜도 통계량은 다음을 만족한다.

$$b_{1p} = \frac{1}{n^2}\sum_{r=1}^{n}\sum_{s=1}^{n} m_{rs}^3 \sim \frac{6}{nk}\chi^2_{(p(p+1)(p+2)/6)}$$

Srivastava(2002, p. 73)는 (2.4.5)와 (2.4.6)을 주성분 점수에 의해서 다음과 같이 나타내고 있다.

$$\gamma_{1p} = \frac{1}{p}\sum_{j=1}^{p}\left\{l_j^{-3/2}\sum_{i=1}^{n}(p_{ji} - \overline{p}_j)^3/n\right\}^2 \simeq \frac{6}{np}\chi^2_{(p)} \tag{2.4.7}$$

$$\gamma_{2p} = \frac{1}{np}\sum_{j=1}^{p} l_j^{-2}\sum_{i=1}^{n}(p_{ji} - \overline{p}_j)^4 \simeq N\left(3,\ \frac{24}{np}\right) \tag{2.4.8}$$

여기서 주성분 점수 $p_{ji} = \boldsymbol{v}_j^T\boldsymbol{y}_i,\ j = 1,\ \cdots,\ p,\ i = 1,\ \cdots,\ n$는 각 변수의 표본평균 $\overline{x}_j$에 대해 중심화 $(x_{ij} - \overline{x}_j) = y_{ij}$한 자료 $\boldsymbol{y}_i = (y_{i1},\ \cdots,\ y_{ip})^T$와 공분산행렬 S의 스펙트럼분해 $S = VDV^T$로부터 얻는다. 여기서 $V = (\boldsymbol{v}_1,\ \cdots,\ \boldsymbol{v}_p)$는 고유벡터행렬로 직교정규성 $V^TV = VV^T = I$를 만족하며 $D = diag(l_1,\ \cdots,\ l_p)$는 $l_1 \ge \cdots \ge l_p > 0$를 만족하는 고윳값을 대각원소를 가지는 대각행렬이다.

왜도와 첨도에 대한 검정통계량의 근사적 분포로부터 유의확률 p-값을 유도할 수 있으며 유의수준 α와의 비교에서 유의확률이 작으면 귀무가설 H_0 : 다변량 정규성을 기각하게 된다. 다만 첨도의 경우에는 정규분포의 성질에 의해서 양측검정을 하게 된다.

[보기 2.3.1], [보기 2.3.3]과 [보기 2.4.1]에서 살펴본 붓꽃(iris flower)에 대한 카이제곱그림, 주성분 분석에 기초한 스리바스타바 방법, M_1과 M_2 검정법 대신에 (2.4.5)과

(2.4.6)에 의한 왜도와 첨도에 의한 검정을 살펴보기로 하자.

[보기 2.4.3] 붓꽃자료의 왜도와 첨도에 의한 다변량 정규성 검정

Example

세 종류의 붓꽃자료에 대해 왜도와 첨도에 의한 다변량 정규성을 검토하기 위한 [R-코드 2.4.3](iris-SkewnessKurtosis.R)에 의한 [결과 2.4.3]의 붓꽃 종류별 검정결과를 살펴보자.

[R-코드 2.4.3] [결과 2.4.3]를 위한 R-코드(iris-SkewnessKurtosis.R)

```
llibrary("MVN")
iris
# MVN tests based on the Skewness and Kurtosis Ststistics
par(mfrow=c(1,3))
setosa = iris[1:50, 1:4] # Iris data only for setosa and four variables
versicolor = iris[51:100, 1:4] # Iris data only for versicolor and four variables
virginica = iris[101:150, 1:4] # Iris data only for virginica and four variables

mardiaTest(setosa, qqplot = TRUE)#mvn(setosa, multivariatePlot="qq")
mardiaTest(versicolor, qqplot = TRUE)#mvn(versicolor, multivariatePlot="qq")
mardiaTest(virginica, qqplot = TRUE)#mvn(virginica, multivariatePlot="qq")
```

[결과 2.4.3] [R-코드 2.4.3]의 수행결과

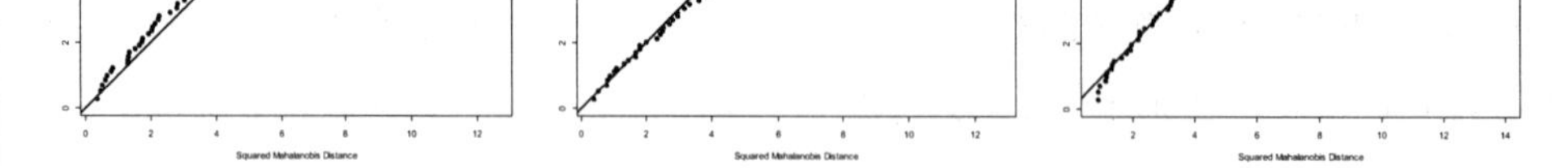

```
Mardia's Multivariate Normality Test
---------------------------------------
   data : setosa

   g1p             : 3.079721
   chi.skew        : 25.66434
   p.value.skew    : 0.1771859

   g2p             : 26.53766
   z.kurtosis      : 1.294992
   p.value.kurt    : 0.1953229

   chi.small.skew  : 27.85973
   p.value.small   : 0.1127617

   Result   : Data are multivariate normal.
---------------------------------------
```

```
Mardia's Multivariate Normality Test
---------------------------------------
   data : versicolor

   g1p             : 3.022201
   chi.skew        : 25.18501
   p.value.skew    : 0.1944445

   g2p             : 22.87938
   z.kurtosis      : -0.5718664
   p.value.kurt    : 0.5674125

   chi.small.skew  : 27.33939
   p.value.small   : 0.1259826

   Result   : Data are multivariate normal.
---------------------------------------
```

```
Mardia's Multivariate Normality Test
---------------------------------------
   data : virginica

   g1p             : 3.152472
   chi.skew        : 26.2706
   p.value.skew    : 0.1570597

   g2p             : 24.29906
   z.kurtosis      : 0.1526142
   p.value.kurt    : 0.8787025

   chi.small.skew  : 28.51784
   p.value.small   : 0.09769648

   Result   : Data are multivariate normal.
---------------------------------------
```

[결과 2.4.3]에는 [R-코드 2.4.3]의 함수 mardiaTest()에서 옵션 qqplot=TRUE이 카이제곱 그림을 제공한다. 다만 [표 2.3.1]의 단계에 의한 [그림 2.3.1]과는 수평축과 수직축 반대로 나타나 있으나 직선성에 의한 다변량 정규성을 살펴보는 것에는 변함이 없다. 다음으로 세 종류의 붓꽃자료에 대해 (2.4.5) 왜도와 (2.4.6) 첨도 검정통계량 b_{1p}와 b_{2p}가 각각 g1p와 g2p로 나타나 있으며 이들의 p-값이 p.value.skew와 p.value.kurt에 나타나 있다. 전체적으로 유의수준 $\alpha = 0.05$보다 크므로 이는 다변량 정규성이 통계적으로 만족됨을 나타낸다. 이는 [보기 2.3.2]과 [보기 2.3.4]의 다변량 정규성을 만족한다는 동일한 결과를 제공하고 있으며 [보기 2.4.1]과는 정반대의 결과로 이에 대해선 이미 이상치의 영향임을 논의한 바가 있다.

앞서 언급한 바가 있지만 함수 mardiaTest()가 버전에 따라 경고 메시지가('mardiaTest' is deprecated. Use 'mvn' instead.)가 뜨면 함수 mvn(data, multivariatePlot="qq")을 사용하면 된다. 예를 들자면 [R-코드 2.4.3]에서 mvn(setosa, multivariatePlot="qq")을 실행하면 결과 중에서 다음을 보면 이는 [결과 2.4.3]의 data:setosa의 결과와 동일하며 단지 형태와 통계량의 소수점 이하 자릿수만 다르다.

```
$`multivariateNormality`
             Test          Statistic           p value  Result
1 Mardia Skewness   25.6643445196298 0.177185884467652     YES
2 Mardia Kurtosis   1.29499223711605 0.195322907441935     YES
3             MVN               <NA>              <NA>     YES
```

[보기 2.4.4] 나무줄기의 코르크 무게에 대한 왜도와 첨도에 의한 다변량 정규성 검정
Example

28 그루 나무줄기의 동서남북 네 방향의 코르크 무게(센티그램)를 측정한 자료의 왜도와 첨도에 의한 다변량 정규성 검정을 위해 주성분 점수를 활용한 왜도와 첨도 통계량에 의한 [R-코드 2.4.4](cork-SkewnessKurtosis-PCs.R)과 [결과 2.4.4]을 참고하기 바란다.

먼저 [결과 2.4.4]의 왜도와 첨도에 의한 검정을 위한 유의확률 p-값이 pv1=0.120과 pv2=0.244로 유의수준 5%에서 H_0 : 다변량 정규성을 기각하지 못한다. 이는 [보기 2.3.2]과 [보기 2.3.4]의 다변량 정규성을 만족한다는 동일한 결과를 보여주고 있다.

[결과 2.4.4] [R-코드 2.4.4]의 수행결과

```
> list.bsk
    bskew       chi       pv1
7.3105334 9.4877290 0.1203601
> test.bsk(bsk,chi)
[1] "bskew < chi: accept H0: Multivariate Normality"
> list.bku
    bkurt    zahalf       pv2
0.6925403 1.9599640 0.2442990
> test.bku(bku,zahalf)
[1] "bkurt < zahalf: accept H0: Multivariate Normality"
```

[R-코드 2.4.4] [결과 2.4.4]를 위한 R-코드(cork-SkewnessKurtosis-PCs.R)

```
#Skewness and Kurtosis Tests for Cork Data
north <- c(72,60,56,41,32,30,39,42,37,33,32,63,54,47,91,56,79,81,78,46,39,32,60,35,39,50,43,48)
east  <- c(66,53,57,29,32,35,39,43,40,29,30,45,46,51,79,68,65,80,55,38,35,30,50,37,36,34,37,54)
south <- c(76,66,64,36,35,34,31,31,31,27,34,74,60,52,100,47,70,68,67,37,34,30,67,48,39,37,39,57)
west  <- c(77,63,58,38,36,26,27,25,25,36,28,63,52,45,75,50,61,58,60,38,37,32,54,39,31,40,50,43)
x <- cbind(north,east,south,west)
n <- nrow(x); p <- ncol(x)
S=var(x)
x=scale(x, scale=F)
dl <- eigen(S)$values
V  <- eigen(S)$vectors

pb  <- t(V)%*%t(x)%*%matrix(1/n,n,1)
```

```
b1p <- NULL; b2p <- NULL
for(j in 1:p){
            p1 <- t(V[,j])%*%t(x)-pb[j,]
            p3 <- (p1^3)%*%matrix(1/n,n,1)
            p4 <- (p1^4)%*%matrix(1/n,n,1)/(p*dl[j]^2)
            b1p[j] <- {(p3/sqrt(dl[j]^3))^2}/p
            b2p[j] <- p4
}
b1p <- sum(b1p);  b2p <- sum(b2p)
bsk <- n*p*b1p/6; bku <- abs(sqrt(n*p/24)*(b2p-3))

alpha=0.05
chi <- qchisq(1-0.05, p); zahalf <- qnorm(1-alpha/2)
pv1 <- 1-pchisq(bsk,p);  pv2 <- 1-pnorm(bku)

list.bsk <- c(bsk,chi,pv1); names(list.bsk) <- c("bskew","chi","pv1")
test.bsk <- function(bsk, chi){
            if(bsk > chi){"bskew > chi: reject H0: Multivariate Normality"}
            else{"bskew < chi: accept H0: Multivariate Normality"}
}
list.bku <- c(bku,zahalf,pv2); names(list.bku) <- c("bkurt","zahalf","pv2")
test.bku <- function(bku, zahalf){
            if(bku > zahalf){"bkurt > zahalf: reject H0: Multivariate Normality"}
            else{"bkurt < zahalf: accept H0: Multivariate Normality"}
}
list.bsk
test.bsk(bsk,chi)
list.bku
test.bku(bku,zahalf)
```

지금까지 다변량 정규성을 평가하는 방법에서 시각적 방법과 검정통계량을 이용하는 검정방법에 따라 다소 다른 결과를 얻음을 알 수 있다. 독자들은 한 가지 방법에 의존하지 말고 여러 가지 방법의 결과를 비교하여 객관적으로 다변량 정규성을 판단하기를 바란다. 때로는 다변량 자료 자체에 이상치가 영향을 미쳐 다변량 정규성을 방해하는 경우가 종종 있으니 이상치를 어떻게 제어할지에 대한 생각이 필요하다.

일반적으로 카이제곱그림은 주로 정규성 평가를 위한 것이지만 이상치를 찾아내는 검색 기능도 가지고 있다. 즉, 그림에서 직선성을 크게 벗어나는 좌표점에 해당하는 개체는 이에 해당한다. 이상치 검색에 대한 다양한 방법들이 Jobson(1992, pp. 150-155), Rencher(1995, pp. 115-118), 그리고 Srivastava(2002, 3장)에 소개되고 있고, 2.5절에서 이들을 살펴보기로 하자.

요약 정규성 검토 방법

정규성 검토	시각적 방법	검정 방법
일변량	Q-Q 그림	상관계수 검정 콜모고로프-시미로노프($K-S$) 검정 샤피로-윌크($S-W$) 검정
다변량	카이제곱그림 스리바스타바 방법	상관계수 검정 M_1과 M_2 검정 다변량 왜도와 첨도 검정
PCA 응용	스리바스타바 방법	M_1과 M_2 검정 다변량 왜도와 첨도 검정

2.5 이상치 평가

이 절에서는 다변량 정규성에 영향을 미치는 이상치를 평가하는 방법으로 마할라노비스거리에 의한 검정 등에 대하여 살펴보려 한다(Rencher, 1995, 4.5절, Jobson, 1992, 7.3.2절, Srivastava, 2002, 3.2절). 이미 2.3절에서는 다변량 정규성을 평가하는 시각적 방법인 카이제곱그림과 주성분 분석의 주성분 점수의 Q-Q 그림에서 직선성을 벗어나는 개체를 이상치로 고려할 수 있음을 설명하였다.

n명의 개체 $\boldsymbol{x}_i$, $i=1, \cdots, n$가 다변량 정규분포 $N_p(\mu, \Sigma)$를 따른다고 하고 공분산행렬 S를 고려할 때 평균벡터 $\overline{\boldsymbol{x}}$와의 마할라노비스거리

$$m_i^2 = (\boldsymbol{x}_i - \overline{\boldsymbol{x}})^T S^{-1} (\boldsymbol{x}_i - \overline{\boldsymbol{x}}), \quad i = 1, \cdots, n \tag{2.5.1}$$

를 고려하자. 이는 (2.3.1)에서 정의한 바 있다. 이 거리 m_i^2을 작은 것부터 큰 것까지 다음과 같이 순서화

$$m_{(1)}^2 \le m_{(2)}^2 \le \cdots \le m_{(n)}^2$$

한다면 최소한 $m^2_{(n)}$이 잠재적으로 이상치가 될 가능성이 높다. Jobson(1992, p. 152)에 따르면 동일한 개념으로 일반화 분산의 비

$$r_i^2 = \frac{|S_{(-i)}|}{|S|}, \ i = 1, \ \cdots, n \tag{2.5.2}$$

를 이용하기도 한다. 여기서 i번째 개체 $\boldsymbol{x}_i$를 제외한 평균벡터와 공분산행렬을 각각

$$\overline{\boldsymbol{x}}_{(-i)} = \frac{1}{n-1}\sum_{j \neq i}^{n} \boldsymbol{x}_j, \ S_{(-i)} = \sum_{j \neq i}^{n} (\boldsymbol{x}_j - \overline{\boldsymbol{x}}_{(-i)})(\boldsymbol{x}_j - \overline{\boldsymbol{x}}_{(-i)})^T$$

라 하고 S는 전체 개체에 대한 공분산행렬이다. 따라서 (2.5.2)의 순서화를 고려한다면 상대적으로 가장 작은 $r^2_{(1)}$이 잠재적 이상치가 될 가능성이 높다. n개의 짝 $((i), \ r^2_{(i)})$, $i = 1, \ \cdots, n$의 산점도는 잠재적 이상치를 그림으로 보여주게 된다. 실제로 (2.5.1)의 m_i^2와 (2.5.2) r_i^2 사이에는 $r_i^2 = 1 - nm_i^2/(n-1)^2$의 관계가 성립하여 순서화해서 최댓값 또는 최솟값을 갖는 개체를 잠재적 이상치로 찾는 두 방법은 수리적으로 동일하다.

비록 마할라노비스거리 m_i^2가 상대적으로 사용하기가 쉬워도, 실제로 i번째 개체 $\boldsymbol{x}_i$를 제외했을 때 영향을 평가할 수 있는 측도

$$b_i^2 = \left(\boldsymbol{x}_i - \overline{\boldsymbol{x}}_{(-i)}\right)^T S^{-1}_{(-i)} \left(\boldsymbol{x}_i - \overline{\boldsymbol{x}}_{(-i)}\right), \ i = 1, \ \cdots, n \tag{2.5.3}$$

를 활용할 수 있다. 다만 $m_i^2 = (n-1)^3 b_i^2 / [n^2(n-2) + n(n-1)b_i^2]$에 따라 m_i^2의 순서화와 b_i^2의 순서화는 동일함을 알 수 있다.

이번에는 (2.5.3)을 활용한 이상치에 대한 검정으로 호텔링 $T_p^2(n-2)$ 분포를 따르는 통계량

$$\frac{n-1}{n} b_i^2 = T_i^2 \sim T_p^2(n-2) \tag{2.5.4}$$

을 활용하자. 여기서 $\boldsymbol{x}_i - \overline{\boldsymbol{x}}_{(-i)} \sim N_p(0, n\Sigma/(n-1))$이고 $(n-2)S_{(-i)} \sim W_p(n-2, \Sigma)$이므로 (2.5.4)는 [정리 1.7.1]에 의해서 성립한다. 더군다나 호텔링 $T_p^2(n-2)$ 분포는 1.7절로부터 $(n-2)p/(n-p-1)F_{p, \, n-p-1}$와 동일하며

$$t_i = \frac{n}{(n-1)^2} m_i^2, \quad b_i^2 = \frac{1}{n-1} \frac{n^2 (n-2) m_i^2}{(n-1)^2 - n m_i^2}$$

라 하면 (2.5.4)는

$$T_i^2 = \frac{n-1}{n} b_i^2 = (n-2) \frac{t_i}{1-t_i} \sim \frac{(n-2)p}{n-p-1} F_{p,\, n-p-1}$$

이 성립한다. 따라서

$$F = \frac{n-p-1}{p} \frac{t_i}{1-t_i} \sim F_{p,\, n-p-1}$$

특히 본페로니(Bonferroni) 유의수준에 따라 $c_\alpha = [p/(n-p-1)] F_{p,\, n-p-1}(\alpha/n)$라 하면

$$\begin{aligned} \frac{\alpha}{n} &= P[F > F_{p,\, n-p-1}(\alpha/n)] \\ &= P\left[t_i > \frac{c_\alpha}{1+c_\alpha}\right] \\ &= P\left[m_i^2 > \frac{(n-1)^2}{n} \frac{c_\alpha}{1+c_\alpha}\right] \end{aligned}$$

따라서

$$Q = m_{(n)}^2 > \frac{(n-1)^2}{n} \frac{c_\alpha}{1+c_\alpha} \Rightarrow Q \text{ 값에 대응하는 개체는 이상치이다.} \qquad (2.5.5)$$

지금까지는 하나의 이상치만 찾는 방법을 설명하였다. Rencher(1995, 4.5절)에 따르면 (2.5.5)를 이용하여 이상치라고 판정되는 개체를 제거하고 그 다음의 이상치를 찾아보는 반복검정을 해서 다중 이상치(multiple outliers)를 찾는 방법을 제안하고 있다.

다음의 보기에서는 먼저 다변량 왜도와 첨도에 의한 다변량 정규성을 검토하고 이를 만족하지 못할 때 일반화 분산비에 의한 그림을 통해 잠재적 이상치를 찾기로 하자. 또한 이상치 검정을 통해 이를 검토하는 과정을 살펴보자.

[보기 2.5.1] 시카고 시의 이동시간의 이상치 검토

Example

시카고 시의 중심에서 버스 정류장까지 시간당 3마일 속도로 걸어서 걸리는 시간과 버스를 기다리는 평균 시간에 의한 버스 시간표로부터 계산된 이동 시간 x와 이 구간에 대한 32명의 실제 평균 이동시간 y에 대한 측정한 자료가 [표 2.5.1]에 있다. 이 자료에 대하여 먼저 2.4절에서 살펴본 library(MVN)의 함수 mardiaTest() 또는 mvn()에서 제공하는 다변량 왜도와 첨도에 의한 다변량 정규성 검정을 실시하려한다. 만약에 다변량 정규성이 만족되지 못할 경우 일반화 분산비에 의한 잠재적 이상치를 찾아내고 (2.5.5)의 검정을 적용하여 이상치로 여기는 개체를 찾아보자.

[표 2.5.1] 시카고시 도심에서 버스 정류장간의 이동 시간

x	26	60	32	36	27	39	29	22	34	25	37	36	20	26	31	22
	25	29	24	34	28	21	40	35	24	35	31	21	36	36	35	24
y	35.0	57.0	34.3	38.3	37.5	36.3	31.3	35.0	30.0	30.0	40.5	47.5	30.0	40.0	30.0	26.7
	34.0	32.5	28.3	40.8	29.3	26.0	47.0	40.0	30.0	45.0	37.5	25.0	51.1	42.5	45.0	25.0

여기서는 [R-코드 2.5.1](traveltime-Outlier-Test.R)과 [결과 2.5.1]을 참고하기 바란다. [결과 2.5.1]에서 먼저 다변량 정규성의 결과 카이제곱그림을 보면 직선성이 만족되지 않으며 첨도와 왜도 검정의 결과도 유의확률이 작아 다변량 정규성을 만족하지 않고 있다. 실제로 잠재적 이상치를 평가하는 그림에서도 자료에서 두 번째 개체 (60, 57.0)가 잠재적 이상치가 됨을 보여주며 검정에서도 이상치가 됨을 알 수 있다.

실제 이상치로 판정된 두 번째 개체를 제외하고 다변량 정규성이 만족됨을 독자들은 [R-코드 2.5.1]을 활용하면 쉽게 확인 가능하다.

[R-코드 2.5.1] [결과 2.5.1]을 위한 R-코드(traveltime-Outlier-Test.R)

```
## Detecting Outliers for Travel Times in Chicago
x = c(26,60,32,36,27,39,29,22,34,25,37,36,20,
      26,31,22,25,29,24,34,28,21,40,35,24,35,
      31,21,36,36,35,24)
y = c(35.0,57.0,34.3,38.3,37.5,36.3,31.3,35.0,
      30.0,30.0,40.5,47.5,30.0,40.0,30.0,26.7,
      34.0,32.5,28.3,40.8,29.3,26.0,47.0,40.0,
      30.0,45.0,37.5,25.0,51.1,42.5,45.0,25.0)
z = cbind(x,y)
n = nrow(z); p =ncol(z)
```

```
# Mradia's MVN Test: Skewness and Kurtosis
library(MVN)
mardiaTest(z, qqplot=TRUE) #mvn(z, multivariatePlot="qq")

# S
I = diag(n)
J = matrix(1,n,n)
H = I-1/n*J
Y = H%*%z
S = t(Y)%*%Y/(n-1)

# S_(-i)
I_1 = diag(n-1)
J_1 = matrix(1,n-1,n-1)
H_1 = I_1 -1/(n-1)*J_1
Y_1 = H_1 %*% z[-1,]
S_1 = t(Y_1)%*%Y_1/(n-2)

# r_i^2 = |S_(-i)|/|S|
Yi = Si =  as.list(1:n); ri = as.numeric()
for (i in 1:n){
  Yi[[i]] = H_1 %*% z[-i,]
  Si[[i]] = t(Yi[[i]])%*%Yi[[i]]/(n-2)
  ri[i] = det(Si[[i]])/det(S)
}

# Method I: Sorting and Detecting Outlier
sort(ri);order(ri)[1]
plot(sort(ri), xlab = "(i)th observation", ylab = "r_(i)^2", main="Outlier")
text(1,sort(ri)[1],order(ri)[1],pos=3)

#Method II: Test based ont he Hotelling's T^2 Statistics
m = numeric()
for (i in 1:n){
 m[i] = t(z[i,]-colMeans(z))%*%solve(S)%*%(z[i,]-colMeans(z))
}
ca = p/(n-p-1)*qf(0.05/n,p,n-p-1)
Fa = ((n-1)^2)/n * ca/(1-ca)
Q = max(m)
ith=order(m)[n]
test<-function(Q, Fa, ith){
        values<-c(Q, Fa,ith); names(values)<-c("Q", "Fa", "Outlier's Position")
        if(Q > Fa) {result<-c("Q>Fa: Outlier")}
         if(Q < Fa) {result<-c("Q<Fa: No Outlier")}
         list(values=values,result=result)
}
test(Q, Fa,ith)
```

[결과 2.5.1] [R-코드 2.5.1]의 수행결과

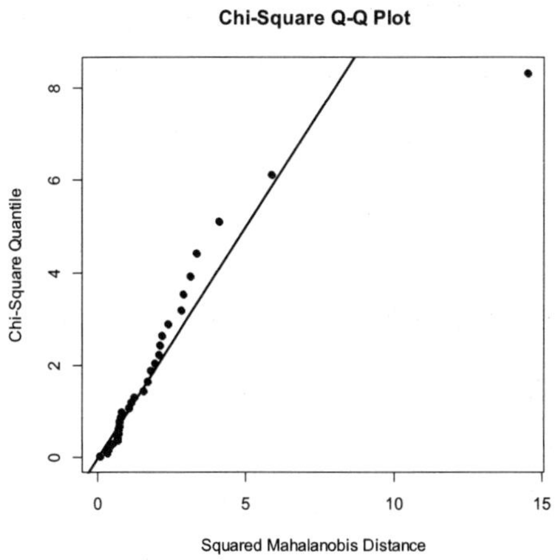


```
> mardiaTest(z)
   Mardia's Multivariate Normality Test
---------------------------------------
   data : z

   g1p            : 2.447669
   chi.skew       : 13.05424
   p.value.skew   : 0.0110138

   g2p            : 10.59085
   z.kurtosis     : 1.832004
   p.value.kurt   : 0.06695078

   chi.small.skew : 15.19924
   p.value.small  : 0.004305334

   Result    : Data are not multivariate normal.
---------------------------------------
```

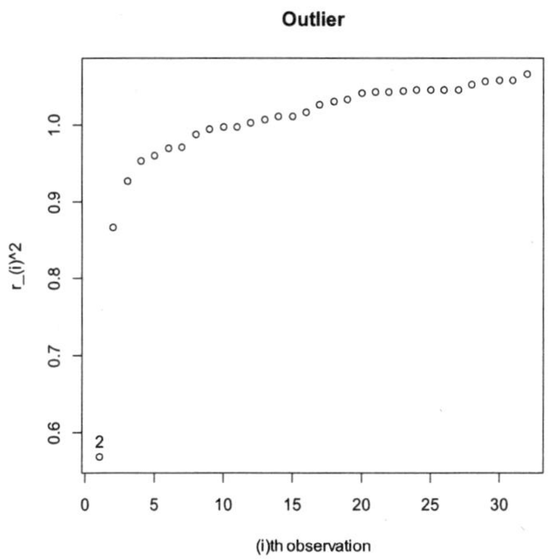


```
> test(Q, Fa,ith)
$values
      Q        Fa    Outlier's Position
14.044     0.003                 2.000

$result
[1] "Q>Fa: Outlier"
```

[보기 2.5.2] 세 종류 와인의 두 번째 군집 자료의 이상치 검토

Example

최용석(2018, 보기 6.5.2)에서는 이탈리아의 같은 지역에서 3가지 다른 품종의 총 178가지 와인의 화학분석한 R에서 제공하는 자료(library(HDclassif), data(wine))에 대해 판별분석을 소개하고 있다. 사용된 변수는 V1=알코올, V2=사과산, V3=화산재, V4=화산재의 알칼리성분, V5=마그네슘, V6=총 페놀, V7=플라바노이드(혈관과 심장 보호효과), V8=비플라바노이드페놀, V9=프로안토사이아닌, V10=색의 농도, V11=색상, V12=희

석와인의 OD280/OD315, V13=프롤린(아미노산의 일종)이다. 판별분석을 위해 3가지 품종의 다변량 정규성 검토가 왜도와 첨도에 의한 검정으로 이루졌는데 특히 71가지 종류의 개체로 이루어진 두 번째 군집 와인이 [결과 2.5.2]와 같이 다변량 정규성을 만족하지 못하였다. 실제로 이러한 결과에 영향을 미치는 이상치를 찾아내어 보자. 이를 위한 [R-코드 2.5.2] (wine-Outlier-Test.R)와 [결과 2.5.2]를 참고하기 바란다. 실제로 잠재적 이상치를 평가하는 그림에서 자료의 63번째 개체가 잠재적 이상치가 됨을 보여주며 검정에서도 이상치가 됨을 알 수 있다. 따라서 [R-코드 2.5.2]에서는 71개 개체에서 이 개체를 제외(z=z[-63,])하고 70가지 개체에 대하여 다변량 정규성을 실시하고 만족되지 않아 잠재적 이상치를 찾고, 이를 제외(z=z[-63,])한 69개 개체에 대해 다변량 정규성을 실시하고, 이를 반복하여 최종 8개 개체를 제외하고 63개로 이루어진 와인이 다변량 정규성을 만족함을 알 수 있었다. 이는 독자들이 차근차근해 반복적으로 해나가면 쉽게 확인 가능하다.

[R-코드 2.5.2] [결과 2.5.2]을 위한 R-코드(wine-Outlier-Test.R)

```
## Detecting Outliers for Wine
library(HDclassif)
data(wine)
c2 = wine[60:130, 2:14]
z=as.matrix(c2)
z=z[-63,]
z=z[-15,]
z=z[-36,]
z=z[-11,]
z=z[-17,]
z=z[-46,]
z=z[-13,]
z=z[-10,]
n = nrow(z); p =ncol(z)

# Mradia's MVN Test: Skewness and Kurtosis
library(MVN)
mardiaTest(z, qqplot=TRUE) # mvn(z, multivariatePlot="qq")

# S
I = diag(n)
J = matrix(1,n,n)
H = I-1/n*J
Y = H%*%z
S = t(Y)%*%Y/(n-1)
```

```
# S_(-i)
I_1 = diag(n-1)
J_1 = matrix(1,n-1,n-1)
H_1 = I_1 -1/(n-1)*J_1
Y_1 = H_1 %*% z[-1,]
S_1 = t(Y_1)%*%Y_1/(n-2)

# r_i^2 = |S_(-i)|/|S|
Yi = Si =  as.list(1:n); ri = as.numeric()
for (i in 1:n){
  Yi[[i]] = H_1 %*% z[-i,]
  Si[[i]] = t(Yi[[i]])%*%Yi[[i]]/(n-2)
  ri[i] = det(Si[[i]])/det(S)
}

# Method I: Sorting and Detecting Outlier
sort(ri);order(ri)[1]
plot(sort(ri), xlab = "(i)th observation", ylab = "r_(i)^2", main="Outlier")
text(1,sort(ri)[1],order(ri)[1],pos=3)

#Method II: Test based ont he Hotelling's T^2 Statistics
m = numeric()
for (i in 1:n){
 m[i] = t(z[i,]-colMeans(z))%*%solve(S)%*%(z[i,]-colMeans(z))
}
ca = p/(n-p-1)*qf(0.05/n,p,n-p-1)
Fa = ((n-1)^2)/n * ca/(1-ca)
Q = max(m)
ith=order(m)[n]
test<-function(Q, Fa, ith){
        values<-c(Q, Fa,ith); names(values)<-c("Q", "Fa", "Outlier's Position")
        if(Q > Fa) {result<-c("Q>Fa: Outlier")}
         if(Q < Fa) {result<-c("Q<Fa: No Outlier")}
         list(values=round(values, 3),result=result)
}
test(Q, Fa,ith)
```

[결과 2.5.2] [R-코드 2.5.2]의 수행결과

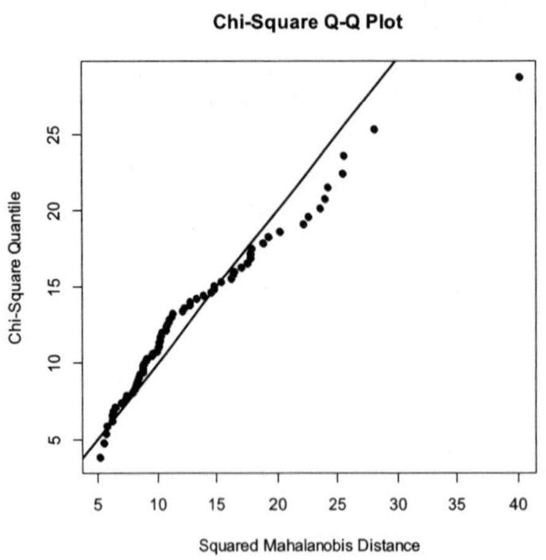


```
> mardiaTest(z, qqplot=TRUE)
Mardia's Multivariate Normality Test
---------------------------------------
data : z

g1p             : 60.18472
chi.skew        : 712.1859
p.value.skew    : 1.205757e-13

g2p             : 211.1312
z.kurtosis      : 3.441382
p.value.kurt    : 0.0005787517

chi.small.skew  : 746.723
p.value.small   : 1.611745e-16

Result  : Data are not multivariate normal.
---------------------------------------
```

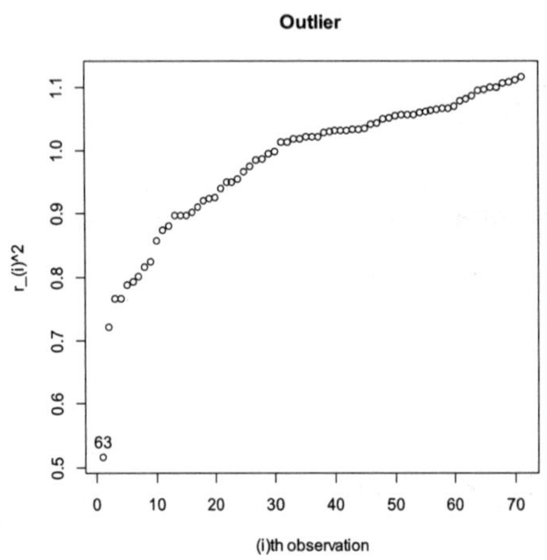


```
> test(Q, Fa,ith)
$values
   Q       Fa Outlier's Position
 9.492   2.885             63.000

$result
[1] "Q>Fa: Outlier"
```

2.4절에서 다변량 정규성을 평가하는 다양한 방법을 통해 다변량 정규성에 영향을 미치는 잠재적 이상치를 찾아내고 검정하는 방법을 살펴보았다. 이 과정을 [보기 2.5.2]에서는 다변량 정규성이 만족되도록 이상치로 판정된 개체를 제거하여 반복적으로 적용하고 있다. 다만 잠재적 이상치에 대한 검정을 위해 검정통계량으로 사용되는 마할라노비스거리는 늘 기각치에 비해 매우 큰 값을 가지고 있어 이 검정에만 의존하기보다는 어느 정도 다변량 정규성이 만족이 되는 다변량 자료 확보에 관심을 두는 것이 필요하다.

R의 library(MVN) 제공하는 함수 mvOutlier()는 마할라노비스거리를 이용할 경우 다

변량 자료행렬 z에 대해 mvOutlier(z, qqplot=TRUE, alpha=0.5, method="quan")라 지정하면 다중 이상치를 찾아준다. 다만 이 함수는 다소 과도 하게 다중 이상치를 찾아내는 경향이 있다. 실제로 [보기 2.5.1]의 이동 시간 자료의 경우 동일하게 1개의 이상치를 검출하나 [보기 2.5.2]의 와인 자료에서는 24개 이상치를 검출하기도 한다.

2.6 연습문제

2.6.1 다변량 정규성이 다른 다변량 분포의 유도에 미치는 중요성에 대해 설명하라.

2.6.2 다변량 자료분석에서 다변량 정규성 가정이 필요한 경우를 설명하라.

2.6.3 왜도와 첨도가 다변량 정규성 검정에 사용되는 이유를 설명하라.

2.6.4 Q-Q 그림과 카이제곱그림을 수식을 사용하지 않고 설명하여 보라.

2.6.5 이상치를 검토하는 방법의 차이점을 설명하라.

2.6.6 n명의 개체 $\boldsymbol{x}_i,\ i=1,\ \cdots,\ n$가 다변량 정규분포 $N_p(\mu,\ \Sigma)$를 따른다고 하고 i번째 개체 $\boldsymbol{x}_i$를 제외한 평균벡터 $\overline{\boldsymbol{x}}_{(-i)}$와 공분산행렬 $S_{(-i)}$을 이용하여 다음의 거리를 정의한다고 하자.

$$b_i^2 = \left(\boldsymbol{x}_i - \overline{\boldsymbol{x}}_{(-i)}\right)^T S_{(-i)}^{-1} \left(\boldsymbol{x}_i - \overline{\boldsymbol{x}}_{(-i)}\right),\ i=1,\ \cdots,\ n$$

다음의 문제를 증명하여라.

(1) $\boldsymbol{x}_i - \overline{\boldsymbol{x}}_{(-i)} \sim N_p(0,\ n\Sigma/(n-1))$

(2) $(n-2)S_{(-i)} \sim W_p(n-2,\ \Sigma)$

(3) $\dfrac{n-1}{n} b_i^2 = T_i^2 \ \sim T_p^2(n-2)$

(4) $T_p^2(n-2) \sim (n-2)p/(n-p-1)F_{p,\ n-p-1}$

2.6.7 [자료 2.5.1](5subjects.txt)에는 학생 88명을 대상으로 두 가지 방식(open-book, closed-book)에 따라 치른 다섯 과목 Mechanics(c), Vectors(c), Algebra(o), Analysis(o), Statistics(o)의 성적이 있다. 여기서 (c)와 (o)는 두 가지 방식을 나타낸다. 이 자료는 R의 library(MVT); data(examScor)에서도 제공된다.

(1) 각 과목별 일변량 정규성 검토를 시각적 방법과 검정방법으로 해보라.

(2) 두 가지 방식 (c)와 (o)에 따라 이변량 정규분포와 삼변량 정규분포를 검토하라.

(3) 다변량 정규성을 만족하는지를 시각적 방법과 다양한 검정 방법으로 검토하라.

(4) (1)~(3)의 결과를 서로 비교 설명하라.

(5) 다변량 정규성에 영향을 미치는 이상치를 검토하라.

(6) 이상치를 제거하여 다변량 정규분포를 만족하는 자료를 제공하여 보라.

[자료 2.5.1] 두 가지 방식의 시험성적(5subjects.txt)

Student	Mechanics(c)	Vectors(c)	Algebra(o)	Analysis(o)	Statistics(o)
1	77	82	67	67	81
2	63	78	80	70	81
3	75	73	71	66	81
4	55	72	63	70	68
5	63	63	65	70	63
6	53	61	72	64	73
7	51	67	65	65	68
8	59	70	68	62	56
9	62	60	58	62	70
10	64	72	60	62	45
11	52	64	60	63	54
12	55	67	59	62	44
13	50	50	64	55	63
14	65	63	58	56	37
15	31	55	60	57	73
16	60	64	56	54	40
17	44	69	53	53	53
18	42	69	61	55	45
19	62	46	61	57	45
20	31	49	62	63	62
21	44	61	52	62	46
22	49	41	61	49	64
23	12	58	61	63	67
24	49	53	49	62	47

Student	Mechanics(c)	Vectors(c)	Algebra(o)	Analysis(o)	Statistics(o)
25	54	49	56	47	53
26	54	53	46	59	44
27	44	56	55	61	36
28	18	44	50	57	81
29	46	52	65	50	35
30	32	45	49	57	64
31	30	69	50	52	45
32	46	49	53	59	37
33	40	27	54	61	61
34	31	42	48	54	68
35	36	59	51	45	51
36	56	40	56	54	35
37	46	56	57	49	32
38	45	42	55	56	40
39	42	60	54	49	33
40	40	63	53	54	25
41	23	55	59	53	44
42	48	48	49	51	37
43	41	63	49	46	34
44	46	52	53	41	40
45	46	61	46	38	41
46	40	57	51	52	31
47	49	49	45	48	39
48	22	58	53	56	41
49	35	60	47	54	33
50	48	56	49	42	32
51	31	57	50	54	34
52	17	53	57	43	51
53	49	57	47	39	26
54	59	50	47	15	46
55	37	56	49	28	45
56	40	43	48	21	61
57	35	35	41	51	50
58	38	44	54	47	24
59	43	43	38	34	49
60	39	46	46	32	43
61	62	44	36	22	42
62	48	38	41	44	33
63	34	42	50	47	29
64	18	51	40	56	30

Student	Mechanics(c)	Vectors(c)	Algebra(o)	Analysis(o)	Statistics(o)
65	35	36	46	48	29
66	59	53	37	22	19
67	41	41	43	30	33
68	31	52	37	27	40
69	17	51	52	35	31
70	34	30	50	47	36
71	46	40	47	29	17
72	10	46	36	47	36
73	46	37	45	15	30
74	30	34	43	46	18
75	13	51	50	25	31
76	49	50	38	23	9
77	18	32	31	45	40
78	8	42	48	26	40
79	23	38	36	48	15
80	30	24	43	33	25
81	3	9	51	47	40
82	7	51	43	17	22
83	15	40	43	23	18
84	15	38	39	28	17
85	5	30	44	36	18
86	12	30	32	35	21
87	5	26	15	20	20
88	0	40	21	9	14

2.6.8 [자료 2.5.2](klpga.txt)에는 KLPGA 선수성적은 기술요인변수군(평균 퍼팅수, 그린 적중률, 파 세이브율, 파 브레이크율)과 경기성적요인변수군(상금, 평균 타수)으로 나눌 수 있다(최태훈과 최용석, 2008).

(1) 기술요인변수군과 경기성적요인변수군의 각각의 다변량 정규성을 카이제곱그림으로 살펴보라.

(2) 자료 전체의 다변량 정규성을 만족하는지를 카이제곱그림으로 검토하라.

(3) (1)과 (2)의 시각적 방법에서 직선성을 상관계수 검정을 통해 검토하라.

(4) 주성분 분석을 활용한 시각적 방법과 검정방법에서 설명력이 높은 두 주성분을 활용하여 다변량 정규성을 검토하라.

(5) 다변량 정규성에 영향을 미치는 이상치를 검토하라.

(6) 이상치를 제거하여 다변량 정규분포를 만족하는 자료를 제공하여 보라.

[자료 2.5.2] KLPGA 선수 성적(klpga.txt)

선수	평균퍼팅수	그린적중률	파세이브율	파브레이크율	평균타수	상금률
1	30.36	82.72	90.12	23.77	69.58	100.0
2	30.85	76.94	85.29	23.69	70.85	63.7
3	31.33	79.63	88.52	19.26	70.93	59.4
4	30.64	79.32	87.65	21.30	70.47	50.2
5	30.97	68.86	79.97	17.17	72.79	44.0
6	31.09	78.59	86.03	20.48	71.23	38.0
7	31.25	77.47	86.88	16.82	71.61	30.5
8	29.81	69.53	85.94	15.63	71.84	21.8
9	30.36	70.37	83.95	16.82	71.97	21.1
10	31.91	78.28	87.71	15.32	71.73	19.2
11	31.67	73.40	83.00	17.34	72.15	19.1
12	30.55	73.84	82.64	19.79	71.97	18.1
13	31.40	70.19	83.33	15.05	72.39	16.4
14	30.79	69.70	80.39	17.32	72.91	16.0
15	30.48	64.81	80.04	13.37	73.44	15.5
16	32.18	79.41	83.17	16.67	72.18	14.9
17	30.46	68.10	81.75	16.19	72.57	14.4
18	31.47	72.88	82.52	15.36	72.74	13.2
19	30.87	68.10	80.29	16.31	72.90	12.9
20	31.17	73.49	84.72	15.59	72.22	12.9
21	30.80	61.30	76.67	12.04	74.73	11.1
22	31.47	74.07	81.94	16.98	72.61	11.1
23	31.73	71.21	80.47	14.65	73.27	10.0
24	31.75	68.85	78.77	12.00	74.07	9.8
25	30.87	68.15	82.96	13.15	73.00	9.0
26	30.88	63.37	78.82	12.67	73.84	9.0
27	31.97	69.63	81.30	14.07	73.43	8.5
28	31.00	64.58	80.03	12.67	74.03	8.5
29	31.56	67.88	77.60	13.89	73.75	8.4
30	32.78	73.77	80.86	13.43	73.44	8.3
31	31.25	69.97	76.43	17.51	73.45	8.1
32	31.91	71.90	79.74	13.24	73.53	8.0
33	31.94	71.55	79.46	14.31	73.73	7.9
34	31.58	68.35	78.76	13.40	73.79	7.9
35	31.55	68.86	78.62	13.97	74.00	7.8
36	31.82	69.28	79.08	13.24	73.82	7.7
37	32.08	70.52	79.48	12.96	73.69	7.6
38	32.03	69.97	80.21	12.15	73.78	7.5

39	31.59	64.93	78.47	12.15	74.38	7.3
40	31.00	66.88	80.77	14.74	73.50	7.3
41	31.10	71.51	79.57	16.31	73.06	7.1
42	32.67	72.39	76.94	13.47	74.36	6.8
43	31.81	68.23	77.08	12.85	74.38	6.8
44	32.32	72.62	78.37	13.89	73.64	6.7
45	31.73	71.79	81.84	13.25	73.38	6.6
46	30.79	63.07	78.59	11.76	74.06	6.5
47	31.70	65.66	76.26	12.63	74.52	6.3
48	31.20	70.19	80.19	14.44	73.53	6.2
49	32.50	71.35	78.13	12.67	74.06	5.9
50	31.07	68.72	80.36	14.88	73.39	5.1

2.6.9 [자료 2.5.3](admission.txt)는 경영대학원 입학성적 자료는 지원자들이 합격, 불합격, 경계로 분류된 세 군집의 학부평균학점(GPA)와 적성검사(GMAT)점수이다(최용석, 2019, 자료 6.12.2).

(1) 세 군집의 이변량정규분포를 카이제곱그림을 통해 검토하고 그림의 직선성 검정을 통해 정규성을 확정하라.

(2) 세 군집의 스리바스타바방법에 의해 이변량정규분포를 검토하라.

(3) 세 군집의 이변량정규분포의 검토를 위해 M_1과 M_2 검정과 다변량 왜도와 첨도 검정의 결과를 비교하라.

(4) 각 군집에서 이상치를 찾아내고 이변량정규분포를 만족하는 자료를 제공하라.

[자료 2.5.3] 경영대학원 입학성적 자료(admission.txt)

합격			불합격			경계		
지원자	GPA	GMAT	지원자	GPA	GMAT	지원자	GPA	GMAT
1	2.96	596	32	2.54	446	60	2.86	494
2	3.14	473	33	2.43	425	61	2.85	496
3	3.22	482	34	2.20	474	62	3.14	419
4	3.29	527	35	2.36	531	63	3.28	371
5	3.69	505	36	2.57	542	64	2.89	447
6	3.46	693	37	2.35	406	65	3.15	313
7	3.03	626	38	2.51	412	66	3.50	402
8	3.19	663	39	2.51	458	67	2.89	485
9	3.63	447	40	2.36	399	68	2.80	444
10	3.59	588	41	2.36	482	69	3.13	416
11	3.30	563	42	2.66	420	70	3.01	471
12	3.40	553	43	2.68	414	71	2.79	490
13	3.50	572	44	2.48	533	72	2.89	431
14	3.78	591	45	2.46	509	73	2.91	446
15	3.44	692	46	2.63	504	74	2.75	546
16	3.48	528	47	2.44	336	75	2.73	467
17	3.47	552	48	2.13	408	76	3.12	463
18	3.35	520	49	2.41	469	77	3.08	440
19	3.39	543	50	2.55	538	78	3.03	419
20	3.28	523	51	2.31	505	79	3.00	509
21	3.21	530	52	2.41	489	80	3.03	438
22	3.58	564	53	2.19	411	81	3.05	399
23	3.33	565	54	2.35	321	82	2.85	483
24	3.40	431	55	2.60	394	83	3.01	453
25	3.38	605	56	2.55	528	84	3.03	414
26	3.26	664	57	2.72	399	85	3.04	446
27	3.60	609	58	2.85	381			
28	3.37	559	59	2.90	384			
29	3.80	521						
30	3.76	646						
31	3.24	467						

Chapter 03

다변량 평균벡터의 검정

(Test of Multivariate Mean Vector)

다변량 통계학에서 여러 개의 변수로 측정된 집단의 비교를 위해 평균벡터에 대한 검정을 하게 된다. 이럴 경우 집단의 다변량 정규성 검토와 공분산행렬에 대한 정보가 검정통계량의 모양과 분포를 결정하게 된다. 일반적으로 호텔링 T^2-통계량을 사용하게 되며 검정을 위해 F-분포가 사용된다. 호텔링 T^2-통계량은 우도비 검정통계량이 됨을 수리적으로 보이기도 한다. 두 집단의 경우에는 우선 다변량 정규성 검토와 함께 공분산행렬의 동질성 검토가 반드시 선행되어야 한다. 공분산행렬의 동질성이 만족되지 않는 베렌스-피셔 문제(Behrens-Fisher Problem)에서 특별한 자유도와 카이제곱분포를 활용한 검정을 활용하게 된다. 실제로 독립인 두 집단과 충분한 대상을 확보하기가 쉽지 않다. 이럴 경우 동일한 대상에 대하여 시간을 두고 측정한 대응표본(paired sample)에서 측정 간의 차이벡터에 대한 검정을 하게 된다.

3.1 한 집단의 비교

일변량 통계학에서 한 집단의 비교는 일반적으로 모평균에 대한 귀무가설 $H_0 : \mu = \mu_0$에 대한 검정으로 이루어진다. 대립가설로는 단측(one-sided) $H_1 : \mu > \mu_0$, $H_1 : \mu < \mu_0$과 양측(two-sided) $H_1 : \mu \neq \mu_0$을 고려한다. 일반적으로 표본의 크기 n이 30보다 큰 대표본의 경우 평균이 μ이고 표준편차가 σ인 모집단의 분포에 관계없이 n명의 개체로 이루어진 표본 $x_1, \cdots, x_n$의 평균 $\overline{x}$의 분포는 근사적으로 평균이 μ이고 표준편차가 $\sigma / \sqrt{n}$인 정규분포를 따른다는 사실을 알고 있다. σ를 모를 경우 표본표준편차 s를 사용해도 된다. 따라서 $\overline{x}$의 표준화된 통계량

$$Z = \frac{\overline{x} - \mu}{\sigma / \sqrt{n}} \quad \text{또는} \quad Z = \frac{\overline{x} - \mu}{s / \sqrt{n}} \tag{3.1.1}$$

은 근사적으로 표준정규분포 $N(0, 1)$을 따르게 된다. (3.1.1)의 표준화된 통계량 Z를 검정통계량(test statistic)이라 하며 z를 이것의 관측값이라 하면 대립가설의 형태에 따라 기각역은 $z \leq -z_\alpha$와 $z \geq z_\alpha$ 그리고 $|z| \leq z_{\alpha/2}$이다. 여기서 α는 유의수준(significance level)이다. 그러나 유의수준에 따라 검정의 결과가 달라지기 때문에 여러 상황에서 적절한 유의수준을 정하는 것은 쉽지 않다. 따라서 관측값 z의 유의확률(significance probability) 또는 p-값(p-value)으로 $P[Z \geq z]$, $P[Z \leq z]$, $P[|Z| \geq z]$를 고려한다. 이는 H_0가 참일 때 검정통계량이 실제 표본을 통한 대립가설의 형태에 따른 검정통계량의 관측값과 같거나 더 지나친 값을 취할 확률이다. 아주 작은 p-값은 H_0를 기각하는 강력한 기준이 되고 검정 결과는 통계적으로 아주 유의하게 된다.

이번에는 표본의 크기가 작은 소표본($n \leq 30$) 경우에도 모집단의 분포가 정규분포 $N(\mu, \sigma^2)$라는 가정이 있다면 검정통계량만 바꾸면 Z-검정과 전체적으로 동일한 절차로 검정을 할 수 있다. 즉, 소표본인 경우 귀무가설 $H_0 : \mu = \mu_0$에서 검정통계량

$$T = \frac{\overline{x} - \mu_0}{s / \sqrt{n}} \sim t_{(n-1)} \tag{3.1.2}$$

는 자유도 $df = n - 1$인 t-분포를 따른다. 따라서 실제 자료인 표본을 통한 (3.1.2)의 검정통계량의 관측값 t에 의한 모평균에 대한 가설 검정을 위한 p-값으로 $P[T \geq t]$,

$P[T \le t]$, $P[|T| \ge t]$을 고려한다. 이를 소표본의 모평균에 대한 유의수준 α에서 t-검정이라 한다.

지금까지 설명한 자료의 측정 변수가 $p=1$인 일변량에서 귀무가설과 대립가설 $H_0 : \mu = \mu_0$, $H_1 : \mu \neq \mu_0$ 대신 p개 측정 변수에 의한 다변량 상황에서는 다음의 가설을 고려한다.

$$H_0 : \boldsymbol{\mu} = \boldsymbol{\mu}_0, \quad H_1 : \boldsymbol{\mu} \neq \boldsymbol{\mu}_0 \tag{3.1.3}$$

이다. 여기서 $\boldsymbol{\mu} = (\mu_1, \cdots, \mu_p)^T$이고 $\boldsymbol{\mu}_0 = (\mu_{10}, \cdots, \mu_{p0})^T$이다. 대립가설은 다변량에서는 일반적으로 (3.1.3)과 같은 양측형태를 사용하며 특수한 경우 단측형태를 사용하기도 한다. 이는 우도비 검정(likelihood test)을 통해 검정통계량이 유도되는 데 Srivastava (2002, 4.3.6절)에서 세 가지 검정을 소개하고 있으며 경우에 따라서 수치해석 방법이 적용되어야 한다. 따라서 이 책에서는 편의상 양측대립 가설을 고려하자.

n명의 개체로 이루어진 표본 $\boldsymbol{x}_i = (x_{i1}, \cdots, x_{ip})^T$, $i=1, \cdots, n$가 다변량 정규분포 $N_p(\boldsymbol{\mu}, \Sigma)$를 따르며 공분산행렬 Σ를 모른다고 하자. 그러면 (3.1.3)의 가설은 귀무가설 $H_0 : \boldsymbol{\mu} = \boldsymbol{\mu}_0$에서 (1.7.7)의 호텔링 T^2-통계량

$$T^2 = n(\overline{\boldsymbol{x}} - \boldsymbol{\mu}_0)^T S^{-1} (\overline{\boldsymbol{x}} - \boldsymbol{\mu}_0) \sim T_p^2(n-1) \sim \frac{(n-1)p}{n-p} F_{p,\, n-p} \tag{3.1.4}$$

로부터 다음의 검정통계량

$$F_0 = \frac{n-p}{(n-1)p} T^2 \sim F_{p,\, n-p} \tag{3.1.5}$$

으로 검정된다. 즉,

$$F_0 \ge F_{p,\, n-p}(\alpha) \;\Rightarrow\; H_0 : \boldsymbol{\mu} = \boldsymbol{\mu}_0\text{가 유의수준 } \alpha\text{에서 기각된다.} \tag{3.1.6}$$

(3.1.5) 대신에 (3.1.4)를 이용해도 다음과 같이 동일한 가설 검정을 한다.

$$T^2 \;\ge\; \frac{(n-1)p}{n-p} F_{p,\, n-p}(\alpha) \;\Rightarrow\; H_0 : \boldsymbol{\mu} = \boldsymbol{\mu}_0\text{가 유의수준 } \alpha\text{에서 기각된다.}$$

이번에는 n명의 개체로 이루어진 표본 $\boldsymbol{x}_i = (x_{i1}, \cdots, x_{ip})^T$, $i=1, \cdots, n$가 다변량 정규분포 $N_p(\boldsymbol{\mu}, \Sigma)$를 따르며 공분산행렬 $\Sigma = \Sigma_0$로 안다고 하면 [정리 1.6.1]에 의해서 자

유도 $df = p$인 카이제곱분포를 따르는 검정통계량으로

$$Q = n(\overline{x} - \mu_0)^T \Sigma_0^{-1} (\overline{x} - \mu_0) \sim \chi^2_{(p)} \tag{3.1.7}$$

를 사용하게 된다.

다음의 [보기 3.1.1]과 [보기 3.1.2]에서 다변량 정규성 검정에 따른 한 집단의 평균벡터 검정을 위한 R-코드가 제공되고 수행결과에서 기각치를 이용하거나 유의확률 p-값에 의한 검정을 보이고자 한자.

[보기 3.1.1] 8명 남자 환자들의 혈당, 수축기 혈압과 이완기 혈압의 평균벡터 검정

Example

[표 3.1.1]의 8명 남자 환자들의 혈당, 수축기 혈압과 이완기 혈압 자료에 대해 다음의 가설에 대하여 검정하고자 한다.

$$H_0 : \mu = 0, \quad H_1 : \mu \neq 0$$

[표 3.1.1] 8명 남자 환자들의 혈당과 수축기와 이완기 혈압

특징	환자							
	1	2	3	4	5	6	7	8
혈당	30	90	-10	10	30	60	0	40
수축기 혈압	-8	7	-2	0	-2	0	-2	1
이완기 혈압	-1	6	4	2	5	3	4	2

이를 위한 [R-코드 3.1.1](blood-onegroup-HotellingT2.R)과 [결과 3.1.1]을 참고하기 바란다. 먼저 자료의 다변량 정규성을 2.4절의 왜도와 첨도의 검정으로 검토하기 위해 R의 library("MVN")에서 mardiaTest(x) 또는 mvn(x)가 제공하는 결과에서 자료는 다변량 정규분포를 따름을 알 수 있다. 다음으로 호텔링 T^2 통계량에 의한 검정의 결과 검정통계량과 기각치가 유의수준 5%에서

F0 = 18.825 > Fa = 5.410

을 만족하고 유의확률 p-value = 0.004로 매우 작아 귀무가설 $H_0 : \mu = 0$를 기각하게 됨을 보여주고 있다. 실제 혈당, 수축기, 이완기 혈압의 자료의 평균벡터

$$\bar{x} = (31.25,\ -0.75,\ 3.125)^T$$

를 보면 귀무가설 $H_0 : \mu = 0$와 다소 차이가 있음을 알 수 있다.

[R-코드 3.1.1] [결과 3.1.1.]을 위한 R-코드(blood-onegroup-HotellingT2.R)

```
## H0: mu=mu0 for Blood sugar and Blood Pressures
sugar   <- c(30,90,-10,10,30,60,0,40)
systol  <- c(-8,7,-2,0,-2,0,-2,1)
diastol <- c(-1,6,4,2,5,3,4,2)
x <- cbind(sugar,systol,diastol); rownames(x) <- c(1:8)
n <- nrow(x); p <- ncol(x);
library("MVN")
mardiaTest(x) #mvn(x)

xb <- matrix(1/n,1, n)%*%x;xb
S=cov(x);S
Tsq <- n*(xb)%*%solve(S)%*%t(xb)
F0 <- (n-p)/((n-1)*p)*Tsq; Fa <- qf(0.95,3,5); pv <- 1-pf(F0,3,5)
list.test <- cbind(F0,Fa,pv); colnames(list.test) <- c("F0","Fa","p-value")
test <- function(F0, Fa){
        if(F0 > Fa){"F0 > Fa: reject H0: mu=mu0 at alpha=0.05"}
        else{"F0 < Fa: accept H0: mu=mu0 at alpha=0.05"}
}
list.test
test(F0,Fa)
```

[결과 3.1.1] [R-코드 3.1.1]의 수행결과

```
> mardiaTest(x)
  Mardia's Multivariate Normality Test
---------------------------------------
  data : x

  g1p            : 4.217707
  chi.skew       : 5.623609
  p.value.skew   : 0.845833

  g2p            : 11.24373
  z.kurtosis     : -0.9698646
```

```
  p.value.kurt      : 0.332114

  chi.small.skew    : 9.278955
  p.value.small     : 0.5058503

  Result            : Data are multivariate normal.
------------------------------------------------------------

> xb <- matrix(1/n,1, n)%*%x;xb
     sugar systol diastol
[1,] 31.25  -0.75   3.125

> list.test
           F0        Fa      p-value
[1,] 18.82467 5.409451 0.003730021

> test(F0,Fa)
[1] "F0 > Fa: reject H0: mu=mu0 at alpha=0.05"
```

[보기 3.1.2] 나무줄기의 네 방향에 따른 코르크 무게

Example

[보기 2.3.2], [보기 2.3.4], [보기 2.4.4]에는 Mardia 외(1979, Table 1.4.1)의 28 그루 나무줄기의 동서남북 네 방향의 코르크 무게(센티그램)를 측정한 자료에 대해 다양한 방법에 의한 다변량 정규성이 만족됨을 보여 주었다. 여기서는 다음의 가설에 대하여 검정하고자 한다.

$$H_0 : \boldsymbol{\mu} = (50,\ 45,\ \cdots,\ 45)^T, \quad H_1 : \boldsymbol{\mu} \neq (50,\ 45,\ \cdots,\ 45)^T$$

[R-코드 3.1.2](cork-onegroup-HotellingT2.R)에 의한 [결과 3.1.2]를 살펴보자. 호텔링 T^2 통계량에 의한 검정의 결과 검정통계량과 기각치가 유의수준 5%에서

$$\text{F0} = 0.212 < \text{Fa} = 5.409$$

을 만족하고 유의확률 p-value = 0.884로 유의수준 0.05보다 크므로 귀무가설 H_0를 기각하지 못하게 된다. 실제 북쪽, 동쪽, 남쪽, 서쪽의 코르코 평균벡터

$$\overline{x} = (50.536,\ 46.179,\ 49.679,\ 45.250)^T$$

를 보면 귀무가설 $H_0 : \mu = (50, 45, \cdots, 45)^T$과 차이가 없음을 알 수 있다.

[R-코드 3.1.2] [결과 3.1.2]를 위한 R-코드(cork-onegroup-HotellingT2.R)

```
# H0: mu=mu0 for for Cork Data
north <- c(72,60,56,41,32,30,39,42,37,33,32,63,54,47,91,56,79,81,78,46,39,32,60,35,39,50,43,48)
east  <- c(66,53,57,29,32,35,39,43,40,29,30,45,46,51,79,68,65,80,55,38,35,30,50,37,36,34,37,54)
south <- c(76,66,64,36,35,34,31,31,31,27,34,74,60,52,100,47,70,68,67,37,34,30,67,48,39,37,39,57)
west  <- c(77,63,58,38,36,26,27,25,25,36,28,63,52,45,75,50,61,58,60,38,37,32,54,39,31,40,50,43)
x= cbind(north,east,south,west)
n <- nrow(x); p <- ncol(x);
m0=c(50, 45, 50,45)
xb <- matrix(1/n,1, n)%*%x;xb
xb=xb-m0
S=cov(x);S
Tsq <- n*(xb)%*%solve(S)%*%t(xb)
F0 <- (n-p)/((n-1)*p)*Tsq; Fa <- qf(0.95,3,5); pv <- 1-pf(F0,3,5)
list.test <- cbind(F0,Fa,pv); colnames(list.test) <- c("F0","Fa","p-value")
test <- function(F0, Fa){
          if(F0 > Fa){"F0 > Fa: reject H0: mu=mu0 at alpha=0.05"}
          else{"F0 < Fa: accept H0: mu=mu0 at alpha=0.05"}
}
list.test
test(F0,Fa)
```

[결과 3.1.2] [R-코드 3.1.2]의 수행결과

```
> xb <- matrix(1/n,1, n)%*%x;xb
        north      east     south  west
[1,] 50.53571 46.17857 49.67857 45.25

> list.test
            F0       Fa   p-value
[1,] 0.2123797 5.409451 0.8838394

> test(F0,Fa)
[1] "F0 < Fa: accept H0: mu=mu0 at alpha=0.05"
```

3.2 호텔링 T^2-검정과 우도비 검정

3.1절에서와 같이 n명의 개체로 이루어진 표본 $\boldsymbol{x}_i = (x_{i1}, \cdots, x_{ip})^T$, $i = 1, \cdots, n$가 다변량 정규분포 $N_p(\boldsymbol{\mu}, \Sigma)$를 따르며 공분산행렬 Σ를 모른다고 하자. 그러면 가설 $H_0 : \boldsymbol{\mu} = \boldsymbol{\mu}_0$, $H_1 : \boldsymbol{\mu} \neq \boldsymbol{\mu}_0$에 대해 (1.7.7)의 호텔링 T^2-통계량을 사용하여 검정한다. 이 통계량의 유도는 (1.7.6)의 일변량 t-검정의 통계량의 제곱 t^2의 형태와 유사하게 유도됨을 보여주었다. 그러나 실제로 호텔링 T^2-통계량은 가설 $H_0 : \boldsymbol{\mu} = \boldsymbol{\mu}_0$, $H_1 : \boldsymbol{\mu} \neq \boldsymbol{\mu}_0$의 우도비 검정방법(likelihood ratio test method)에 의해 유도되는 우도비 검정통계량이다.

먼저 [정의 3.2.1]는 일반적인 우도비 검정방법의 정의를 요약하고 있고, [정리 3.2.1]에는 자료의 수 n이 매우 큰 대표본일 때 근사적 카이제곱분포를 이용한 우도비 검정을 소개하고 있다.

[정의 3.2.1] 우도비 검정방법의 정의

표본 $\boldsymbol{x}_i = (x_{i1}, \cdots, x_{ip})^T$, $i = 1, \cdots, n$의 분포가 모수벡터(parameter vector) $\boldsymbol{\theta}$에 의해 이루어지며 $L(\boldsymbol{\theta})$를 우도함수라 하자. 귀무가설과 대립가설 $H_0 : \boldsymbol{\theta} \subseteq \Omega_0$, $H_1 : \boldsymbol{\theta} \subseteq \Omega_1$에 대하여 모수공간이 $\Omega = \Omega_0 \cup \Omega_1$일 때 검정통계량

$$\Lambda = \frac{\max_{\boldsymbol{\theta} \subseteq \Omega_0} L(\boldsymbol{\theta})}{\max_{\boldsymbol{\theta} \subseteq \Omega} L(\boldsymbol{\theta})} \tag{3.2.1}$$

가 작을수록 $H_0 : \boldsymbol{\theta} \subseteq \Omega_0$를 기각한다.

[정리 3.2.1] 우도비 검정

자료의 수 n이 큰 대표본의 경우 $H_0 : \boldsymbol{\theta} \subseteq \Omega_0$에서

$$-2\log\Lambda = -2\log\left(\frac{\max_{\boldsymbol{\theta} \subseteq \Omega_0} L(\boldsymbol{\theta})}{\max_{\boldsymbol{\theta} \subseteq \Omega} L(\boldsymbol{\theta})}\right) \simeq \chi^2_{(df)} \tag{3.2.2}$$

여기서 $df = \dim(\Omega) - \dim(\Omega_0)$는 자유도이다. 따라서

$-2\log\Lambda < \chi^2_{(df)}(\alpha) \Rightarrow$ 귀무가설 $H_0: \boldsymbol{\theta} \subseteq \Omega_0$를 유의수준 α에서 기각한다.

[보기 3.2.1] Σ를 모를 때 $H_0: \boldsymbol{\mu} = \boldsymbol{\mu}_0$, $H_1: \boldsymbol{\mu} \neq \boldsymbol{\mu}_0$의 우도비 검정 Example

n명의 개체로 이루어진 표본 $\boldsymbol{x}_i = (x_{i1}, \cdots, x_{ip})^T$, $i = 1, \cdots, n$가 다변량 정규분포 $N_p(\boldsymbol{\mu}, \Sigma)$를 따르며 공분산행렬 Σ를 모른다고 하자. $H_0: \boldsymbol{\mu} = \boldsymbol{\mu}_0$, $H_1: \boldsymbol{\mu} \neq \boldsymbol{\mu}_0$에 대해 [정의 3.2.1]에 따라 (3.2.1)의 검정통계량 Λ를 유도하고 Λ와 (3.1.4)의 호텔링 T^2-통계량과의 수리적 관계를 보이고 [정리 3.2.1]에 따라 우도비 검정하라.

먼저 n명의 개체 $\boldsymbol{x}_i$, $i = 1, \cdots, n$가 다변량 정규분포 $N_p(\boldsymbol{\mu}, \Sigma)$를 따를 때 [정의 3.2.1]에 따르면 모수벡터 $\boldsymbol{\theta}$는 귀무가설 $H_0: \boldsymbol{\mu} = \boldsymbol{\mu}_0$과 대립가설 $H_1: \boldsymbol{\mu} \neq \boldsymbol{\mu}_0$ 각각에서 다음과 같다.

$$\boldsymbol{\theta} \subseteq \Omega_0 = \{\boldsymbol{\mu} = \boldsymbol{\mu}_0, \Sigma\}, \ \boldsymbol{\theta} \subseteq \Omega_1 = \{\boldsymbol{\mu}, \Sigma\}$$

최대우도추정치를 구하기 위한 우도함수는 $V = (n-1)S$라 하면 1.5절로부터 다음과 같다.

$$\begin{aligned} L(\boldsymbol{\mu}, \Sigma) &= \prod_{i=1}^{n} f(\boldsymbol{x}_i) = (2\pi)^{-np/2}|\Sigma|^{-n/2}\exp\left\{-\frac{1}{2}\sum_{i=1}^{n}(\boldsymbol{x}_i - \boldsymbol{\mu})^T\Sigma^{-1}(\boldsymbol{x}_i - \boldsymbol{\mu})\right\} \\ &= (2\pi)^{-np/2}|\Sigma|^{-n/2}\exp\left\{-\frac{1}{2}\left[tr\left[\Sigma^{-1}V\right] + n(\overline{\boldsymbol{x}} - \boldsymbol{\mu})^T\Sigma^{-1}(\overline{\boldsymbol{x}} - \boldsymbol{\mu})\right]\right\} \end{aligned}$$

$H_1: \boldsymbol{\mu} \neq \boldsymbol{\mu}_0$에서 $\max_{\boldsymbol{\theta} \subseteq \Omega} L(\boldsymbol{\theta}) = \max_{\boldsymbol{\mu}, \Sigma} L(\boldsymbol{\mu}, \Sigma)$로부터 $\boldsymbol{\mu}$와 Σ의 최대우도추정치는 1.5절에 의해 다음과 같다.

$$\hat{\boldsymbol{\mu}} = \overline{\boldsymbol{x}}, \ \hat{\Sigma} = n^{-1}V$$

따라서 $H_1: \boldsymbol{\mu} \neq \boldsymbol{\mu}_0$에서 최대우도함수 값은 다음과 같다.

$$\begin{aligned} \max_{\boldsymbol{\mu}, \Sigma} L(\boldsymbol{\mu}, \Sigma) = L(\hat{\boldsymbol{\mu}}, \hat{\Sigma}) &= (2\pi)^{-np/2}|\hat{\Sigma}|^{-n/2}\exp\left\{-\frac{1}{2}tr\left[\hat{\Sigma}^{-1}V\right]\right\} \\ &= (2\pi)^{-np/2}|\hat{\Sigma}|^{-n/2}\exp\left\{-\frac{np}{2}\right\} \end{aligned} \quad (3.2.3)$$

여기서 $tr\left[\hat{\Sigma}^{-1}V\right] = tr\left[(n^{-1}V)^{-1}V\right] = tr[nI_p] = np$.

$H_0 : \boldsymbol{\mu} = \boldsymbol{\mu}_0$에서 $\max_{\boldsymbol{\theta} \subseteq \Omega_0} L(\boldsymbol{\theta}) = \max_{\Sigma} L(\boldsymbol{\mu}_0, \Sigma)$로부터 Σ의 최대우도추정치는 1.5절에 의해 다음과 같다.

$$\widehat{\Sigma_0} = n^{-1} \sum_{i=1}^{n} (\boldsymbol{x}_i - \boldsymbol{\mu}_0)(\boldsymbol{x}_i - \boldsymbol{\mu}_0)^T = n^{-1} V + (\overline{\boldsymbol{x}} - \boldsymbol{\mu}_0)(\overline{\boldsymbol{x}} - \boldsymbol{\mu}_0)^T$$

따라서

$$\max_{\Sigma} L(\boldsymbol{\mu}_0, \Sigma) = L(\boldsymbol{\mu}_0, \widehat{\Sigma_0}) = (2\pi)^{-np/2} |\widehat{\Sigma_0}|^{-n/2} \exp\left\{ -\frac{1}{2} \sum_{i=1}^{n} (\boldsymbol{x}_i - \boldsymbol{\mu}_0)^T \widehat{\Sigma_0}^{-1} (\boldsymbol{x}_i - \boldsymbol{\mu}_0) \right\}$$

이고 지수부분에서

$$\sum_{i=1}^{n} (\boldsymbol{x}_i - \boldsymbol{\mu}_0)^T \widehat{\Sigma_0}^{-1} (\boldsymbol{x}_i - \boldsymbol{\mu}_0) = tr\left[\widehat{\Sigma_0}^{-1} \sum_{i=1}^{n} (\boldsymbol{x}_i - \boldsymbol{\mu}_0)(\boldsymbol{x}_i - \boldsymbol{\mu}_0)^T \right] = tr[nI_p] = np$$

이므로 최종적으로 $H_0 : \boldsymbol{\mu} = \boldsymbol{\mu}_0$에서 최대우도함수 값은 다음과 같다.

$$\max_{\Sigma} L(\boldsymbol{\mu}_0, \Sigma) = L(\boldsymbol{\mu}_0, \widehat{\Sigma_0}) = (2\pi)^{-np/2} |\widehat{\Sigma_0}|^{-n/2} \exp\left\{ -\frac{np}{2} \right\} \tag{3.2.4}$$

(3.2.3)과 (3.2.4)로부터 검정통계량은 다음과 같다.

$$\Lambda = \frac{\max_{\boldsymbol{\theta} \subseteq \Omega_0} L(\boldsymbol{\theta})}{\max_{\boldsymbol{\theta} \subseteq \Omega} L(\boldsymbol{\theta})} = \frac{L(\boldsymbol{\mu}_0, \widehat{\Sigma}_0)}{L(\widehat{\boldsymbol{\mu}}, \widehat{\Sigma})} = \left[\frac{|\widehat{\Sigma_0}|}{|\widehat{\Sigma}|} \right]^{-n/2}$$

$$\Leftrightarrow \ \Lambda^{2/n} = \frac{|\widehat{\Sigma}|}{|\widehat{\Sigma_0}|} = \frac{|n^{-1} V|}{|n^{-1} V + (\overline{\boldsymbol{x}} - \boldsymbol{\mu}_0)(\overline{\boldsymbol{x}} - \boldsymbol{\mu}_0)^T|} = \frac{|V|}{|V + n(\overline{\boldsymbol{x}} - \boldsymbol{\mu}_0)(\overline{\boldsymbol{x}} - \boldsymbol{\mu}_0)^T|}$$

$$\Leftrightarrow \ \Lambda^{2/n} = \frac{1}{|I + n(\overline{\boldsymbol{x}} - \boldsymbol{\mu}_0)(\overline{\boldsymbol{x}} - \boldsymbol{\mu}_0)^T V^{-1}|} \tag{3.2.5}$$

만약에 대칭행렬 B의 계수가 $rank(B) = 1$이라면 $|I + B| = 1 + tr(B)$에 의해서

$$rank\left(n(\overline{\boldsymbol{x}} - \boldsymbol{\mu}_0)(\overline{\boldsymbol{x}} - \boldsymbol{\mu}_0)^T V^{-1}\right) = rank((\overline{\boldsymbol{x}} - \boldsymbol{\mu}_0)) = 1$$

이므로 (3.2.5)의 분모는 $V = (n-1)S$와 (3.1.4)의 호텔링 T^2 통계량에 의해서 다음과 같다.

$$\left|I+n(\bar{x}-\mu_0)(\bar{x}-\mu_0)^T V^{-1}\right| = 1+tr\left[n(\bar{x}-\mu_0)(\bar{x}-\mu_0)^T V^{-1}\right]$$
$$= 1+n(\bar{x}-\mu_0)^T V^{-1}(\bar{x}-\mu_0)$$
$$= 1+\frac{1}{n-1}n(\bar{x}-\mu_0)^T S^{-1}(\bar{x}-\mu_0)$$
$$= 1+\frac{1}{n-1}T^2$$

따라서 (3.2.5)는

$$\Lambda^{2/n} = \left(1+\frac{1}{n-1}T^2\right)^{-1} \tag{3.2.6}$$

이 된다. (3.2.6)의 값이 작다면 Λ의 값이 작아지고 상대적으로 호텔링 T^2 통계량 값이 커지며 귀무가설을 $H_0 : \mu = \mu_0$를 기각하게 된다. 즉, 3.1절의 호텔링 T^2 통계량에 의한 다음의 검정과 동일하다.

$$T^2 \ \geq \frac{(n-1)p}{n-p}F_{p,\, n-p}(\alpha) \ \Rightarrow \ H_0 : \mu = \mu_0 \text{가 유의수준 } \alpha \text{에서 기각된다.}$$

그리고 n이 큰 대표본이라면 μ가 $p\times 1$이고 Σ가 $p\times p$이므로 자유도는

$$df = \dim(\Omega) - \dim(\Omega_0) = p + \frac{p(p+1)}{2} - \frac{p(p+1)}{2} = p$$

이고 [정리 3.2.1]로부터 우도비 검정은 다음과 같다.

$$-2\log\Lambda < \chi^2_{(p)}(\alpha) \ \Rightarrow \ H_0 : \mu = \mu_0 \text{를 유의수준 } \alpha \text{에서 기각한다.}$$

[보기 3.2.2] Σ를 알 때 $H_0 : \mu = \mu_0$, $H_1 : \mu \neq \mu_0$의 우도비 검정 Example

[보기 3.2.1]에서는 공분산행렬 Σ를 모를 때 $H_0 : \mu = \mu_0$, $H_1 : \mu \neq \mu_0$에 대해 우도비 검정을 유도하였다. 여기서는 공분산행렬 Σ를 $\Sigma = \Sigma_0$로 안다고 하면 우도비 검정을 유도하자.

먼저 표본은 n명의 개체로 이루어진 $\boldsymbol{x}_i = (x_{i1}, \cdots, x_{ip})^T$, $i = 1, \cdots, n$가 다변량 정규분포 $N_p(\mu, \Sigma)$를 따른다고 하자. [정의 3.2.1]에 따르면 모수벡터 θ는 귀무가설

$H_0 : \mu = \mu_0$와 대립가설 $H_1 : \mu \neq \mu_0$ 각각에서 다음과 같다.

$$\theta \subseteq \Omega_0 = \{\mu = \mu_0, \Sigma = \Sigma_0\}, \quad \theta \subseteq \Omega_1 = \{\mu, \Sigma = \Sigma_0\}$$

최대우도추정치를 구하기 위한 우도함수 $L(\mu, \Sigma)$는 [보기 3.2.1]과 동일하며 먼저 대립가설 $H_1 : \mu \neq \mu_0$에서 $\max_\mu L(\mu, \Sigma_0)$로부터 μ의 최대우도추정치를 구하기 위해서 다음의 우도함수를 고려하면 된다.

$$L(\mu, \Sigma_0) = (2\pi)^{-np/2} |\Sigma_0|^{-n/2} \exp\left\{-\frac{1}{2}\left[tr\left[\Sigma_0^{-1}V\right] + n(\overline{\boldsymbol{x}} - \mu)^T \Sigma_0^{-1}(\overline{\boldsymbol{x}} - \mu)\right]\right\}$$

이로부터 μ의 최대우도추정치는 $\hat{\mu} = \overline{\boldsymbol{x}}$이므로 최대우도함수 값 $\max_\mu L(\mu, \Sigma_0)$은 다음과 같다.

$$L(\hat{\mu}, \Sigma_0) = (2\pi)^{-np/2} |\Sigma_0|^{-n/2} \exp\left\{-\frac{1}{2} tr\left[\Sigma_0^{-1}V\right]\right\} \qquad 1 - 406(3.2.7)$$

다음으로 $H_0 : \mu = \mu_0$에서 최대우도함수 값 $\max_\Sigma L(\mu_0, \Sigma)$은 다음과 같다.

$$L(\mu_0, \Sigma_0) = (2\pi)^{-np/2} |\Sigma_0|^{-n/2} \exp\left\{-\frac{1}{2}\left[tr\left[\Sigma_0^{-1}V\right] + n(\overline{\boldsymbol{x}} - \mu_0)^T \Sigma_0^{-1}(\overline{\boldsymbol{x}} - \mu_0)\right]\right\} \qquad (3.2.8)$$

(3.2.7)과 (3.2.8)로부터 검정통계량은 다음과 같다.

$$\Lambda = \frac{L(\mu_0, \Sigma_0)}{L(\hat{\mu}, \Sigma_0)} = \exp\left\{-\frac{1}{2} n(\overline{\boldsymbol{x}} - \mu_0)^T \Sigma_0^{-1}(\overline{\boldsymbol{x}} - \mu_0)\right\}$$

$$\Leftrightarrow \ \log\Lambda = -\frac{1}{2} n(\overline{\boldsymbol{x}} - \mu_0)^T \Sigma_0^{-1}(\overline{\boldsymbol{x}} - \mu_0)$$

$$\Leftrightarrow \ -2\log\Lambda = n(\overline{\boldsymbol{x}} - \mu_0)^T \Sigma_0^{-1}(\overline{\boldsymbol{x}} - \mu_0) \sim \chi^2_{(p)} \quad (\because 1.6\text{절})$$

[정리 3.2.1]로부터 우도비 검정은 다음과 같다.

$$-2\log\Lambda < \chi^2_p(\alpha) \ \Rightarrow \ H_0 : \mu = \mu_0\text{를 유의수준 } \alpha\text{에서 기각한다.}$$

3.3 두 집단의 비교

일변량 통계학에서 두 집단의 비교는 두 집단의 모평균에 대한 귀무가설 $H_0 : \mu_1 = \mu_2$에 대한 검정으로 이루어진다. 대립가설로는 단측(one-sided) $H_1 : \mu_1 > \mu_2$, $H_1 : \mu_1 < \mu_2$, 양측(two-sided) $H_1 : \mu_1 \neq \mu_2$을 고려한다. 특히, 두 집단의 크기가 소표본(n_1, n_2 ≤ 30)의 경우에는 두 독립표본 $x_1, x_2, \cdots, x_{n_1}$과 $y_1, y_2, \cdots, y_{n_2}$가 각각 정규분포 $N(\mu_1, \sigma_1^2)$와 $N(\mu_2, \sigma_2^2)$를 반드시 만족하고 만약에 $\sigma_1^2 = \sigma_1^2 = \sigma^2$으로 두 모분산이 동일하고 잘 알려져 있지 않으면 합동표본분산(pooled sample variance)을 이용한 자유도 $df = n_1 + n_2 - 2$인 t-분포를 따르는 다음과 같은 검정통계량을 활용하여 검정하게 된다.

$$T = \frac{\overline{x} - \overline{y}}{s_p \sqrt{\frac{1}{n_1} + \frac{1}{n_2}}} \sim t_{(df)} \tag{3.3.1}$$

여기서 s_p^2은 두 집단의 표본분산 s_1^2과 s_2^2에 의해서 추정된 합동표본분산

$$s_p^2 = \frac{(n_1 - 1)s_1^2 + (n_2 - 1)s_2^2}{n_1 + n_2 - 2}$$

이다. 다만 두 모분산이 같다는 $\sigma_1^2 = \sigma_1^2 = \sigma^2$의 가정이 성립하지 않은 경우 합동표본분산을 사용하는 (3.3.1)의 검정통계량 대신 근사적으로 t-분포를 따르는 검정통계량은

$$T = \frac{\overline{x} - \overline{y}}{\sqrt{\frac{s_1^2}{n_1} + \frac{s_2^2}{n_2}}} \simeq t_{(df)} \tag{3.3.2}$$

이다. 여기서 자유도는 웰치(Welch)의 수정된

$$df = \frac{\left[\frac{s_1^2}{n_1} + \frac{s_2^2}{n_2}\right]^2}{\frac{1}{n_1 - 1}\left[\frac{s_1^2}{n_1}\right]^2 + \frac{1}{n_2 - 1}\left[\frac{s_2^2}{n_2}\right]^2}$$

를 사용한다. 전체적으로 검정통계량 관측값 t에 대해 세 가지 대립가설 검정을 위한 유의확률인 p-값으로 $P[T \geq t]$, $P[T \leq t]$, $P[|T| \geq t]$을 고려한다.

이번에는 두 집단의 크기가 대표본(n_1, $n_2 > 30$)의 경우에는 두 독립표본 $x_1, x_2, \cdots, x_{n_1}$과 $y_1, y_2, \cdots, y_{n_2}$가 각각 정규분포가 아닌 (μ_1, σ_1^2)와 (μ_2, σ_2^2)를 따르며 두 분산이 $\sigma_1^2 \neq \sigma_1^2$이면서 모르는 상황이라면 다음의 근사적 표준 정규분포를 따르는 검정통계량

$$Z = \frac{\overline{x} - \overline{y}}{\sqrt{\frac{s_1^2}{n_1} + \frac{s_2^2}{n_2}}}$$

을 활용한다. 그리고 관측값 z의 p-값으로 $P[Z \geq z]$, $P[Z \leq z]$, $P[|Z| \geq z]$를 고려한다.

이번에는 지금까지 설명한 자료의 측정 변수가 $p=1$인 일변량에서 귀무가설과 양측형태의 대립가설 $H_0 : \mu_1 = \mu_2$, $H_1 : \mu_1 \neq \mu_2$ 대신 p개 측정 변수에 의한 다변량 상황에서는 다음의 가설을 고려한다.

$$H_0 : \boldsymbol{\mu}_1 = \boldsymbol{\mu}_2, \ H_1 : \boldsymbol{\mu}_1 \neq \boldsymbol{\mu}_2 \tag{3.3.3}$$

[표 3.3.1] 독립표본인 두 집단의 비교를 위한 정보

표본	통계량(평균벡터, 공분산행렬)	
$\boldsymbol{x}_1, \boldsymbol{x}_2, \cdots, \boldsymbol{x}_{n_1} \sim N_p(\boldsymbol{\mu}_1, \Sigma_1)$	$\overline{\boldsymbol{x}} = \frac{1}{n_1}\sum_{i=1}^{n_1} \boldsymbol{x}_i$	$S_1 = \frac{1}{n_1 - 1}\sum_{i=1}^{n_1} (\boldsymbol{x}_i - \overline{\boldsymbol{x}})(\boldsymbol{x}_i - \overline{\boldsymbol{x}})^T$
$\boldsymbol{y}_1, \boldsymbol{y}_2, \cdots, \boldsymbol{y}_{n_2} \sim N_p(\boldsymbol{\mu}_2, \Sigma_2)$	$\overline{\boldsymbol{y}} = \frac{1}{n_2}\sum_{i=1}^{n_2} \boldsymbol{y}_i$	$S_2 = \frac{1}{n_2 - 1}\sum_{i=1}^{n_2} (\boldsymbol{y}_i - \overline{\boldsymbol{y}})(\boldsymbol{y}_i - \overline{\boldsymbol{y}})^T$

(3.3.3)을 검정하기 위하여 독립표본인 두 집단의 정보를 요약한 [표 3.3.1]과 같이 n_1명의 표본 $\boldsymbol{x}_i = (x_{i1}, \cdots, x_{ip})^T$, $i = 1, \cdots, n_1$가 다변량 정규분포 $N_p(\boldsymbol{\mu}_1, \Sigma_1)$를 따르며, n_2명의 표본 $\boldsymbol{y}_i = (y_{i1}, \cdots, y_{ip})^T$, $i = 1, \cdots, n_2$가 다변량 정규분포 $N_p(\boldsymbol{\mu}_2, \Sigma_2)$를 따른다고 하자. 여기서 두 집단의 공분산행렬이 $\Sigma_1 = \Sigma_2$로 동일하며 모른다고 하면 두 집단의 공분산행렬에 의한 합동공분산행렬

$$S_p = \frac{(n_1 - 1)S_1 + (n_2 - 1)S_2}{n_1 + n_2 - 2}$$

을 고려해야 한다. 이는 (3.3.1)에서 일변량의 경우와 동일한 개념이다.

[정리 3.3.1]-[증명]을 참고로 (3.3.3)의 귀무가설 $H_0 : \mu_1 = \mu_2$에서 호텔링 T^2 통계량

$$T^2 = (\overline{\boldsymbol{x}} - \overline{\boldsymbol{y}})^T \left[\left(\frac{1}{n_1} + \frac{1}{n_2} \right) S_p \right]^{-1} (\overline{\boldsymbol{x}} - \overline{\boldsymbol{y}}) \sim \frac{(n_1 + n_2 - 2)p}{(n_1 + n_2 - p - 1)} F_{p,\, n_1 + n_2 - p - 1} \quad (3.3.4)$$

로부터 검정통계량

$$F_0 = \frac{n_1 + n_2 - p - 1}{(n_1 + n_2 - 2)p} T^2 \sim F_{p,\, n_1 + n_2 - p - 1} \quad (3.3.5)$$

에 의해서 검정된다. 즉,

$$F_0 \geq F_{p,\, n_1 + n_2 - p - 1}(\alpha) \Rightarrow H_0 : \mu_1 = \mu_2 \text{가 유의수준 } \alpha \text{에서 기각된다.}$$

(3.3.5) 대신에 (3.3.4)를 이용해도 다음과 같이 동일한 가설 검정을 하게 된다.

$$T^2 \geq \frac{(n_1 + n_2 - 2)p}{n_1 + n_2 - p - 1} F_{p,\, n_1 + n_2 - p - 1}(\alpha) \Rightarrow H_0 : \mu_1 = \mu_2 \text{가 유의수준 } \alpha \text{에서 기각된다.}$$

(3.3.6)

이번에는 두 집단의 공분산행렬이 $\Sigma_1 = \Sigma_2 = \Sigma_0$로 동질하며 안다고 하면 [정리 1.6.1]에 의해서 자유도 $df = p$인 카이제곱분포를 따르는 검정통계량으로

$$Q = \frac{n_1 n_2}{n_1 + n_2} (\overline{\boldsymbol{x}} - \overline{\boldsymbol{y}})^T \Sigma_0^{-1} (\overline{\boldsymbol{x}} - \overline{\boldsymbol{y}}) \sim \chi^2_{(p)} \quad (3.3.6)$$

를 사용하며 검정 방법은 다음과 같다.

$$Q \geq \chi^2_{(p)}(\alpha) \Rightarrow \text{귀무가설 } H_0 : \mu = \mu_0 \text{가 유의수준 } \alpha \text{에서 기각된다.}$$

지금까지 두 집단의 비교에서 공분산행렬의 동질성 여부에 따라 검정통계량이 달라진다. 본격적인 여러 집단의 공분산행렬의 동질성 검정은 3.4절에서 다루기로 하고 우선 [보기 3.3.1]과 [보기 3.3.2]에서 두 집단 공분산행렬의 동질성검정을 R의 library(biotools)의 함수 boxM()을 활용하기로 하자. 전체적으로 두 집단 평균벡터의 검정의 수행단계를 요약하자면 [표 3.3.2]와 같다.

[표 3.3.2] 두 집단 평균벡터의 검정 수행단계

[1단계] 두 집단 다변량 정규성 검토: Mardia 검정(왜도, 첨도)
[2단계] 두 집단 공분산행렬의 동질성 검토: 박스 M-검정
[3단계] 두 집단 평균벡터 검정: 호텔링 T^2-검정

[정리 3.3.1] $H_0 : \mu_1 = \mu_2$의 검정을 위한 호텔링 T^2 통계량

$$T^2 = (\overline{\boldsymbol{x}} - \overline{\boldsymbol{y}})^T\left[\left(\frac{1}{n_1} + \frac{1}{n_2}\right)S_p\right]^{-1}(\overline{\boldsymbol{x}} - \overline{\boldsymbol{y}}) \sim \frac{(n_1 + n_2 - 2)p}{(n_1 + n_2 - p - 1)} F_{p,\, n_1 + n_2 - p - 1}$$

[증명]

[정리 1.7.1]과 [정리 1.7.2]에 의해서

(1) $\boldsymbol{x}_1, \boldsymbol{x}_2, \cdots, \boldsymbol{x}_{n_1} \sim N_p(\boldsymbol{\mu}_1, \Sigma_1) \perp \boldsymbol{y}_1, \boldsymbol{y}_2, \cdots, \boldsymbol{y}_{n_2} \sim N_p(\boldsymbol{\mu}_2, \Sigma_2)$

$\Sigma_1 = \Sigma_2 = \Sigma$: 미지의 공분산행렬

$$\Rightarrow \overline{\boldsymbol{x}} = \frac{1}{n_1}\sum_{i=1}^{n_1}\boldsymbol{x}_i \sim N_p(\boldsymbol{\mu}_1, \Sigma/n_1) \perp \overline{\boldsymbol{y}} = \frac{1}{n_2}\sum_{i=1}^{n_2}\boldsymbol{y}_i \sim N_p(\boldsymbol{\mu}_2, \Sigma/n_2)$$

$$\Rightarrow \boldsymbol{z} = \overline{\boldsymbol{x}} - \overline{\boldsymbol{y}} \sim N_p\left(\boldsymbol{\mu}_1 - \boldsymbol{\mu}_2, \left(\frac{1}{n_1} + \frac{1}{n_2}\right)\Sigma\right)$$

$$\Rightarrow \left(\frac{n_1 + n_2}{n_1 n_2}\right)^{-1}[\boldsymbol{z} - (\boldsymbol{\mu}_1 - \boldsymbol{\mu}_2)]^T\Sigma^{-1}[\boldsymbol{z} - (\boldsymbol{\mu}_1 - \boldsymbol{\mu}_2)] \sim \chi^2_{(p)} \tag{3.3.7}$$

(2) $(n_1 - 1)S_1 = \sum_{i=1}^{n_1}(\boldsymbol{x}_i - \overline{\boldsymbol{x}})(\boldsymbol{x}_i - \overline{\boldsymbol{x}})^T \sim W_p(n_1 - 1, \Sigma)$

$$(n_2 - 1)S_2 = \sum_{i=1}^{n_2}(\boldsymbol{y}_i - \overline{\boldsymbol{y}})(\boldsymbol{y}_i - \overline{\boldsymbol{y}})^T \sim W_p(n_2 - 1, \Sigma)$$

$$\Rightarrow (n_1 - 1)S_1 + (n_2 - 1)S_2 \sim W_p(n_1 + n_2 - 2, \Sigma)$$

$$\Rightarrow S_p = \frac{(n_1 - 1)S_1 + (n_2 - 1)S_2}{n_1 + n_2 - 2} \sim W_p(n_1 + n_2 - 2, \Sigma/(n_1 + n_2 - 2))$$

$$\Rightarrow \frac{\boldsymbol{z}^T[\Sigma/(n_1 + n_2 - 2)]^{-1}\boldsymbol{z}}{\boldsymbol{z}^T S_p^{-1}\boldsymbol{z}} \sim \chi^2_{(n_1 + n_2 - 1 - p)} \tag{3.3.8}$$

(4) (3.3.7)과 (3.3.8)로부터 $H_0 : \mu_1 = \mu_2$에서 F-분포의 정의에 따라

$$\frac{\left(\frac{n_1+n_2}{n_1 n_2}\right)^{-1} z^T \Sigma^{-1} z / p}{\frac{z^T[\Sigma/(n_1+n_2-2)]^{-1} z}{z^T S_p^{-1} z} / ((n_1+n_2-1-p)} \sim F_{p,\, n_1+n_2-p-1}$$

$$\Leftrightarrow \quad \frac{n_1+n_2-p-1}{(n_1+n_2-2)p} z^T \left[\left(\frac{1}{n_1}+\frac{1}{n_2}\right) S_p\right]^{-1} z \sim F_{p,\, n_1+n_2-p-1}$$

$$\Leftrightarrow \quad T^2 = z^T \left[\left(\frac{1}{n_1}+\frac{1}{n_2}\right) S_p\right]^{-1} z \sim \frac{(n_1+n_2-2)p}{(n_1+n_2-p-1)} F_{p,\, n_1+n_2-p-1}$$

[보기 3.3.1] 예초기 소유 자료의 공분산행렬의 평균벡터의 검정

Example

예초기 제조회사는 이 기계를 소유한 $n_1 = 12$가구와 그렇지 않은 $n_2 = 12$가구 두 군집에 대해 소득(x_1, 1000달러)과 대지면적(x_2, 1000제곱피트)을 조사하여 [자료 3.3.1](mower.txt)에 정리하였다(최용석, 2018, 자료 6.3.1). [표 3.3.2]의 두 집단 평균벡터의 검정 수행단계에 따른 [R-코드 3.3.1](mower-twogroups-HotellingT2.R)의 실행 [결과 3.3.1]을 참고하자.

[자료 3.3.1] 예초기 자료(mower.txt)

소유자		미소유자	
소득	대지면적	소득	대지면적
60.0	18.4	75.0	19.6
85.5	16.8	52.8	20.8
64.8	21.6	64.8	17.2
61.5	20.8	43.2	20.4
87.0	23.6	84.0	17.6
110.1	19.2	49.2	17.6
108.0	17.6	59.4	16.0
82.8	22.4	66.0	18.4
69.0	20.0	47.4	16.4
93.0	20.8	33.0	18.8
51.0	22.0	51.0	14.0
81.0	20.0	63.0	14.8

[1단계] 다변량 정규성 검토: Mardia 검정(왜도, 첨도)

- 두 군집 C_1(소유)과 C_2(미소유)의 자료는 다변량 정규성을 만족한다.

[2단계] 공분산행렬의 동질성 검토: 박스 M-검정

- 두 군집 C_1(소유)과 C_2(미소유)의 개체 수: $n_1 = 12,\ n_2 = 12$
- $M = -2\gamma \ln \Lambda = \gamma \sum_{k=1}^{2} (n_k - 1)\log\left|S_k^{-1} S_p\right| = 0.994$
- 자유도 $df = p(p+1)(k-1)/2 = 2(2+1)(2-1)/2 = 3$
- 검정의 결과: p-값 = 0.803이 유의수준 0.05보다 크므로 $\Rightarrow$ $H_0 : \Sigma_1 = \Sigma_2 = \Sigma$는 유의수준 5%에서 기각되지 않는다. 즉, 두 집단의 공분산행렬이 동질함을 보여준다.

[3단계] 평균벡터 검정: 호텔링 T^2-검정

- $T^2 = 25.681 \geq 7.264$ $\Rightarrow$ $H_0 : \mu_1 = \mu_2$가 유의수준 $\alpha = 0.05$에서 기각된다. 두 군집의 평균벡터는 차이가 있음을 보여주며, 실제로 두 군집 C_1(소유)과 C_2(미소유)의 자료의 평균벡터는 다음과 같이 차이가 제법 있음을 알 수 있다.

$$C_1(\text{소유}):\ \bar{x} = (79.475,\ 20.267)^T$$
$$C_2(\text{미소유}):\ \bar{y} = (57.400,\ 17.633)^T$$

[R-코드 3.3.1] 예초기 자료의 공분산행렬의 평균벡터의 검정(mower-twogroups-HotellingT2.R)

```
# Test of H0: mu1 = mu2 for Riding-Mowers data
library(biotools)
data<-read.table("C:/R-codes-MET/mower.txt", header=T)
xy=data[,-1]
cluster=data[, 1]

#[1단계] 다변량 정규성검정: Mardia test
x=as.matrix(xy[1:12, ])
y=as.matrix(xy[13:24, ])
mardiaTest(x) #mvn(x)
mardiaTest(y) #mvn(y)
p=ncol(x);n1=nrow(x);n2=nrow(y); f=n1+n2-2

#[2단계] 공분산행렬의 동질성검정: Box M-test
boxM(xy,cluster)

#[3단계] 두 집단의 평균벡터 검정: H0: mu1=mu2
xb <- matrix(1,n1,1)%*%matrix(1/n1,1,n1)%*%x;xb
```

```
yb <- matrix(1,n2,1)%*%matrix(1/n2,1,n2)%*%y;yb
s1 <- t(x-xb)%*%(x-xb)/(n1-1)
s2 <- t(y-yb)%*%(y-yb)/(n2-1)
sp <- ((n1-1)*s1+(n2-1)*s2)/(n1+n2-2)  #pooled cov
Tsq <- (n1*n2)/(n1+n2)*((xb-yb)[1,])%*%solve(sp)%*%matrix((xb-yb)[1,])
Tasq <- f*p/(f-p+1)*qf(1-0.05,p,f-p+1)
F0 <- (f-p+1)/(f*p)*Tasq
test <- function(Tsq,Tasq){
        values<-c(round(Tsq,7),round(Tasq,7)); names(values)<-c("Tsq","Tasq")
        if(Tsq > Tasq) {result<-c("Tsq > Tasq : reject H0:mu1=mu2")}
        if(Tsq < Tasq) {result<-c("Tsq < Tasq : accept H0:mu1=mu2")}
        list(values=values, result=result)
}
test(Tsq,Tasq)

# 두 집단의 평균벡터
xb[1,];yb[1,]
```

[결과 3.3.1] [R-코드 3.1.1]의 수행결과

```
> mardiaTest(x)

   Mardia's Multivariate Normality Test
---------------------------------------
   data : x

   g1p            : 0.23663
   chi.skew       : 0.47326
   p.value.skew   : 0.9760514

   g2p            : 5.661766
   z.kurtosis     : -1.012485
   p.value.kurt   : 0.3113062

   chi.small.skew : 0.6991341
   p.value.small  : 0.9514357

   Result         : Data are multivariate normal.
---------------------------------------
```

```
> mardiaTest(y)

   Mardia's Multivariate Normality Test
---------------------------------------
   data : y

   g1p            : 0.5969362
   chi.skew       : 1.193872
   p.value.skew   : 0.8791064

   g2p            : 5.659681
   z.kurtosis     : -1.013388
   p.value.kurt   : 0.3108749

   chi.small.skew : 1.763675
   p.value.small  : 0.779121

   Result         : Data are multivariate normal.
---------------------------------------
```

```
> boxM(xy,cluster)

        Box's M-test for Homogeneity of Covariance Matrices

data:  xy
Chi-Sq (approx.) = 0.9935, df = 3, p-value = 0.8028

> test(Tsq,Tasq)
$values
```

```
        Tsq        Tasq
25.681422  7.263772

$result
[1] "Tsq > Tasq : reject H0:mu1=mu2"

> xb[1,];yb[1,]
 x1.Income x2.Lotsize
  79.47500   20.26667
 x1.Income x2.Lotsize
  57.40000   17.63333
```

[보기 3.3.2] 두 종류 붓꽃자료의 평균벡터의 검정 Example

[보기 2.3.1]과 [보기 2.4.3.]에는 각각 50포기씩 세 종류의 붓꽃(setosa, versicolor, virginica)의 꽃받침 길이(Sepal.Length), 꽃받침 폭(Sepal.Width,), 꽃잎 길이(Petal. Length), 꽃잎 폭(Petal.Width) 등을 측정한 붓꽃자료의 다변량 정규성을 카이제곱그림과 Mardia검정을 통해 살펴본 결과 모두 만족함을 보여주고 있다. 여기서는 편의상 두 종류의 붓꽃(setosa, versicolor)의 두 집단에 대한 [표 3.3.2] 따른 평균벡터의 검정을 수행하자. [R-코드 3.3.2](iris-twogroups-HotellingT2.R)의 실행 [결과 3.3.2]를 참고하자.

[1단계] 다변량 정규성 검토: Mardia 검정(왜도, 첨도)

- 두 군집 C_1(setosa)과 C_2(versicolor)의 자료는 다변량 정규성을 만족한다.

[2단계] 공분산행렬의 동질성 검토: 박스 M-검정

- 두 종류의 붓꽃 군집 C_1(setosa)과 C_2(versicolor)의 개체 수: $n_1 = 50,\ n_2 = 50$
- $M = -2\gamma \ln \Lambda = \gamma \sum_{k=1}^{2} (n_k - 1) \log \left| S_k^{-1} S_p \right| = 66.811$
- 자유도 $df = p(p+1)(k-1)/2 = 4(4+1)(2-1)/2 = 10$
- 검정의 결과: p-값 = 0.000이 유의수준 0.05보다 작으므로 $\Rightarrow$ $H_0 : \Sigma_1 = \Sigma_2 = \Sigma$는 유의수준 5%에서 기각된다. 즉, 두 집단의 공분산행렬이 동질하지 않음을 보여준다.

[3단계] 평균벡터 검정: 호텔링 T^2–검정

• [2단계]에서 공분산행렬의 동질성이 만족되지 않으므로 (3.3.6)의 호텔링 T^2-검정은 수리적으로 정확한 검정이 아니다. 이에 대해서는 3.4절의 [보기 3.4.1]에서 다루어진다.

[R-코드 3.3.2] 두 종류 붓꽃자료의 평균벡터 검정(iris-twogroups-HotellingT2.R)

```
# Test of H0: mu1 = mu2 for Iris Flowers(setosa, versicolor) Data
library(MVN);library(biotools)
data(iris)
xy=iris[1:100,] # setosa versicolor
cluster=xy[, 5]

#[1단계] 다변량 정규성검정: Mardia test
x=as.matrix(xy[1:50, -5]) # setosa
y=as.matrix(xy[51:100, -5]) # versicolor
mardiaTest(x)#mvn(x)
mardiaTest(y)#mvn(y)
p=ncol(x);n1=nrow(x);n2=nrow(y); f=n1+n2-2

#[2단계] 공분산행렬의 동질성검정: Box M-test
boxM(xy[, -5],cluster)
```

[결과 3.3.2] [R-코드 3.3.2]의 수행결과

〉 mardiaTest(x)	〉 mardiaTest(y)
Mardia's Multivariate Normality Test --------------------------------------- data : x g1p : 3.079721 chi.skew : 25.66434 p.value.skew : 0.1771859 g2p : 26.53766 z.kurtosis : 1.294992 p.value.kurt : 0.1953229 chi.small.skew : 27.85973 p.value.small : 0.1127617 Result : Data are multivariate normal. ---------------------------------------	Mardia's Multivariate Normality Test --------------------------------------- data : y g1p : 3.022201 chi.skew : 25.18501 p.value.skew : 0.1944445 g2p : 22.87938 z.kurtosis : -0.5718664 p.value.kurt : 0.5674125 chi.small.skew : 27.33939 p.value.small : 0.1259826 Result : Data are multivariate normal. ---------------------------------------

```
〉 boxM(xy[, -5],cluster)

        Box's M-test for Homogeneity of Covariance Matrices
```

```
data: xy[, -5]
Chi-Sq (approx.) = 66.8105, df = 10, p-value = 1.823e-10
```

3.4 공분산행렬의 동질성 검정

두 집단뿐만 아니라 여러 집단의 공분산행렬의 동질성에 관한 검토도 다변량 검정에서 고려되어야 할 중요한 사항이다. 두 집단의 경우 동질성이 만족이 되면 평균벡터 검정에서 (3.3.6)의 호텔링 T^2-검정을 적용하나 동질성이 만족되지 않으면 이 절에서 제안된 Yao(1965)의 T^2-검정을 적용해야 한다. 일반적으로 공분산행렬의 동질성은 다변량 자료분석기법인 판별분석(discriminant analysis)에서도 선형(liner) 또는 이차(quadratic) 판별분석을 하는 기준이 되기도 한다(최용석, 6장).

만약에 g개 군집 C_k, $k=1, \cdots, g$에서 각 군집은 개체 수를 n_k개 가진다고 하자. 그리고 k번째 군집 C_k의 개체 $\boldsymbol{x}_{ki}=(x_{ki1}, \cdots, x_{kip})^T$, $i=1, \cdots, n_k$가 다변량 정규분포 $N_p(\boldsymbol{\mu}_k, \Sigma_k)$, $k=1, \cdots, g$를 따른다고 하면 g개 군집의 공분산행렬의 동질성에 대한 귀무가설

$$H_0 : \Sigma_1 = \Sigma_2 = \cdots = \Sigma_g = \Sigma$$

은 우도비 검정(likelihood ratio test)의 검정통계량

$$\Lambda = \prod_{k=1}^{g} \left(\frac{|S_k|}{|S_p|} \right)^{(n_k - 1)/2} \tag{3.4.1}$$

에 의해서 이루어진다. 여기서 S_k는 k번째 군집의 공분산행렬이고 S_p는 모든 군집의 공분산행렬의 가중평균합인 합동(pooled 또는 combined) 공분산행렬

$$S_p = \frac{\sum_{k=1}^{g} (n_k - 1) S_k}{\sum_{k=1}^{g} (n_k - 1)} \tag{3.4.2}$$

이다. (3.4.2)로부터 박스의 M-검정(Box's M-test)통계량

$$M = -2\gamma \ln \Lambda = \gamma \sum_{k=1}^{g} (n_k - 1) \log \left| S_k^{-1} S_p \right| \simeq \chi^2_{(df)} \tag{3.4.3}$$

은 근사적으로 자유도가 $df = p(p+1)(k-1)/2$을 따르는 카이제곱분포를 이룬다. 여기서

$$\gamma = 1 - \left[\sum_{k=1}^{g} \frac{1}{(n_k - 1)} - \frac{1}{\sum_{k=1}^{g} (n_k - 1)} \right] \left[\frac{2p^2 + 3p - 1}{6(p+1)(g-1)} \right]$$

이다. 특히, (3.4.3)의 박스 검정통계량은 각 군집의 개체 수가 $n_k > 20$이고 군집의 수가 $k \le 5$와 변수 수가 $p \le 5$인 경우 근사적으로 카이제곱분포에 잘 적합된다(Johnson과 Wichern, 2007, 6.6절).

[표 6.3.1] 박스 M-검정: $H_0 : \Sigma_1 = \Sigma_2 = \cdots = \Sigma_g = \Sigma$

k번째 군집 C_k의 개체 $\boldsymbol{x}_{ki} = (x_{ki1}, \cdots, x_{kip})^T$, $i = 1, \cdots, n_k \sim N_p(\boldsymbol{\mu}_k, \Sigma_k)$, $k = 1, \cdots, g$:
$M = -2\gamma \ln \Lambda = \gamma \sum_{k=1}^{g} (n_k - 1) \log \left| S_k^{-1} S_p \right| > \chi^2_{(p(p+1)((k-1)/2)}(\alpha)$
$\Rightarrow$ 유의수준 α에서 H_0가 기각된다.

[표 6.3.1]의 박스 M-검정은 g개 군집의 공분산행렬의 동질성검정으로 특히, 두 군집의 경우 [보기 3.3.1]에서는 동질성이 만족되어 $H_0 : \boldsymbol{\mu}_1 = \boldsymbol{\mu}_2$을 검정하는 데 (3.3.6)의 호텔링 T^2-검정을 적용하였으나 [보기 3.3.2]에서는 동질성이 만족되지 않아 이를 적용하지 못하였다.

특히 두 집단의 공분산 행렬이 다른 경우 이를 베렌스-피셔 문제(Behrens-Fisher Problem)로 다루게 된다. 독립표본인 두 집단의 정보를 요약한 [표 3.3.1]과 같이 n_1명의 표본 $\boldsymbol{x}_i = (x_{i1}, \cdots, x_{ip})^T$, $i = 1, \cdots, n_1$가 다변량 정규분포 $N_p(\boldsymbol{\mu}_1, \Sigma_1)$를 따르며, n_2명의 표본 $\boldsymbol{y}_i = (y_{i1}, \cdots, y_{ip})^T$, $i = 1, \cdots, n_2$가 다변량 정규분포 $N_p(\boldsymbol{\mu}_2, \Sigma_2)$를 따른다고 하자. 여기서 두 집단의 공분산행렬이 $\Sigma_1 \ne \Sigma_2$로 동일하지 않고 모른다면 두 집단의 공분산행렬 S_1과 S_2에 의해서 귀무가설 $H_0 : \boldsymbol{\mu}_1 = \boldsymbol{\mu}_2$에서 근사적으로 F-분포를 따르는 T^2 통계량

$$T^2 = (\overline{\boldsymbol{x}} - \overline{\boldsymbol{y}})^T\left(\frac{S_1}{n_1} + \frac{S_2}{n_2}\right)^{-1}(\overline{\boldsymbol{x}} - \overline{\boldsymbol{y}}) \simeq \frac{fp}{(f-p+1)}F_{p,\, f-p+1} \tag{3.4.4}$$

을 고려하자. 여기서 자유도에서 f는 다음과 같이 계산된다.

$$f^{-1} = \sum_{i=1}^{2}(n_i^3 - n_i^2)^{-1} \times \left[(\overline{\boldsymbol{x}} - \overline{\boldsymbol{y}})^T\left(\frac{S_1}{n_1} + \frac{S_2}{n_2}\right)^{-1} S_i\left(\frac{S_1}{n_1} + \frac{S_2}{n_2}\right)^{-1}(\overline{\boldsymbol{x}} - \overline{\boldsymbol{y}})\right]^2 (T^2)^{-2}$$

(3.4.4)로부터 검정통계량

$$T_0^2 = \frac{f-p+1}{fp}T^2 \sim F_{p,\, f-p+1} \tag{3.4.5}$$

에 의해서 검정된다. 즉,

$$T_0^2 \geq F_{p,\, f-p+1}(\alpha) \quad \Rightarrow \quad H_0 : \boldsymbol{\mu}_1 = \boldsymbol{\mu}_2\text{가 유의수준 } \alpha\text{에서 기각된다.} \tag{3.4.6}$$

만약에 자료의 크기가 큰 경우인 $\min(n_1, n_2) \to \infty$ 일 때 (3.4.4)의 T^2 통계량은 자유도 $df = p$인 카이제곱분포 $\chi^2_{(p)}$를 따르므로 다음의 검정을 고려한다.

$$T^2 \geq \chi^2_{(p)}(\alpha) \Rightarrow H_0 : \boldsymbol{\mu}_1 = \boldsymbol{\mu}_2\text{가 유의수준 } \alpha\text{에서 기각된다.} \tag{3.4.7}$$

만약에 두 집단의 공분산행렬이 $\Sigma_1 \neq \Sigma_2$로 동일하지 않고 안다면 검정통계량으로 귀무가설 $H_0 : \boldsymbol{\mu}_1 = \boldsymbol{\mu}_2$에서 근사적으로 자유도 $df = p$인 χ^2-분포를 따르는 다음의 T^2 통계량을 사용하게 된다.

$$T^2 = (\overline{\boldsymbol{x}} - \overline{\boldsymbol{y}})^T\left(\frac{\Sigma_1}{n_1} + \frac{\Sigma_2}{n_2}\right)^{-1}(\overline{\boldsymbol{x}} - \overline{\boldsymbol{y}}) \sim \chi^2_{(p)}$$

[보기 3.4.1] 공분산 행렬이 다른 두 종류의 붓꽃(setosa, versicolor)의 평균벡터 검정

Example

[보기 3.4.2]에서 각각 50포기씩 세 종류의 붓꽃(setosa, versicolor, virginica)의 꽃받침 길이(Sepal.Length), 꽃받침 폭(Sepal.Width,), 꽃잎 길이(Petal.Length), 꽃잎 폭(Petal. Width) 등을 측정한 붓꽃자료에서 편의상 두 종류의 붓꽃(setosa, versicolor)의 두 집단 C_1(setosa)과 C_2(versicolor)에서 다변량 정규성을 만족하며 두 공분산행렬의 동질성을

만족하지 못함을 보여주었다. 따라서 $H_0 : \mu_1 = \mu_2$을 검정하기 위해서 베렌스-피셔 문제에서 제안된 T^2 통계량을 이용하고 현재 자료의 수가 각각 $n_1 = 50$와 $n_2 = 50$으로 작지 않아 (3.4.7)의 검정을 따르면 된다. 이와 관련된 [R-코드 3.4.1](iris-twogroups-UnequalCovT2.R)의 실행 [결과 3.4.1]을 참고하자. 검정의 결과는 다음과 같다.

$T^2 = 2580.839 \geq \chi^2_{(4)}(0.05) = 9.488 \Rightarrow H_0 : \mu_1 = \mu_2$가 유의수준 5%에서 기각된다.

[R-코드 3.4.1] [결과 3.4.1]을 위한 R-코드(iris-twogroups-UnequalCovT2.R)

```
# Test of H0: mu1 = mu2 when Unequal Covarinces
# for Iris Flowers(setos, versicolor)Data
library(MVN);library(biotools)
data(iris)
xy=iris[1:100,] # setosa versicolor
cluster=xy[, 5]

#[1단계] 다변량 정규성검정: Mardia test
x=as.matrix(xy[1:50, -5]) # setosa
y=as.matrix(xy[51:100, -5]) # versicolor
mardiaTest(x)#mvn(x)
mardiaTest(y)#mvn(y)
p=ncol(x);n1=nrow(x);n2=nrow(y); f=n1+n2-2

#[2단계] 공분산행렬의 동질성검정: Box M-test
boxM(xy[, -5],cluster)

#[3단계] 공분산행렬이 다를때 두 집단의 평균 벡터 검정: H0: mu1=mu2
xb <- matrix(1,n1,1)%*%rep(1/n1,n1)%*%x
yb <- matrix(1,n2,1)%*%rep(1/n2,n2)%*%y
s1 <- t(x-xb)%*%(x-xb)/(n1-1)
s2 <- t(y-yb)%*%(y-yb)/(n2-1)
e <- (xb[1,]-yb[1,])%*%solve(s1/n1+s2/n2)
Tsq <- e%*%(xb[1,]-yb[1,])
finv <- (e%*%s1%*%t(e))^2/((Tsq^2)*(n1^3-n1^2))+(e%*%s2%*%t(e))^2/((Tsq^2)*(n2^3-n2^2))
f <- round(1/finv,0)

# n1^n2 : samll -> F-dist
#T0sq <- (f-p+1)/(f*p)*Tsq
#Ta <- qf(1-0.05,p,f-p+1)
```

```
# n1^n2 : large -> Chi^2-dist
T0sq<-Tsq # n1^n2
Ta<- qchisq(1-0.05, p)
test <- function(T0sq,Ta){
        values<-c(T0sq,Ta); names(values)<-c("T0sq","Ta")
        if(T0sq > Ta) {result<-c("T0sq > Ta : reject H0:mu1=mu2")}
        if(T0sq < Ta) {result<-c("T0sq < Ta : accept H0:mu1=mu2")}
        list(values=values, result=result)
}
test(T0sq,Ta)

# Mean vectors
xb[1,];yb[1,]
```

[결과 3.4.1] [R-코드 3.4.1]의 수행결과

```
> test(T0sq,Ta)
$values
       T0sq          Ta
2580.838546    9.487729

$result
[1] "T0sq > Ta : reject H0:mu1=mu2"

> # Mean vectors
> xb[1,];yb[1,]
Sepal.Length  Sepal.Width Petal.Length  Petal.Width
       5.006        3.428        1.462        0.246
Sepal.Length  Sepal.Width Petal.Length  Petal.Width
       5.936        2.770        4.260        1.326
```

실제 두 종류의 붓꽃(setosa, versicolor)의 두 집단의 평균 벡터는 서로 다름을 보여주고 있는데 특히 꽃잎(petal) 길이와 폭에서 차이가 있어 보인다.

$$C_1\text{(setosa)}: \ \overline{x} = (5.006,\ 3.428,\ 1.462,\ 0.246)^T$$

$$C_2\text{(versicolor)}: \ \overline{y} = (5.936,\ 2.770,\ 4.260,\ 1.326)^T$$

[보기 3.4.2] 두 종류 벼룩(Haltica oleracea, Haltica carduorum)의 평균벡터 검정

Example

[자료 3.4.1]에는 벼룩 두 종류(Haltica oleracea, Haltica carduorum)에 대해 흉부(thorax)길이(microns)와 시초(elytra)길이(0.01 mm)를 측정한 자료이다(Srivastava, 2002, Table 4.4.3).

이 자료는 Haltica oleracea가 $n_1 = 10$마리, Haltica carduorum가 $n_2 = 13$마리였으나 Haltica carduorum의 자료가 다변량 정규성을 만족하지 않아 이상치로 보이는 여덟 번째 (198, 308)를 제거하였다. 다변량 정규성 검토, 두 공분산행렬 동질성 그리고 자료의 수가 적은 경우 평균벡터의 검정을 위한 [R-코드 3.4.2](haltica-twogroups-UnequalCovT2.R)과 [결과 3.4.2]을 참고하기 바란다.

[자료 3.4.1] 벼룩 자료

Haltica oleracea		Haltica carduorum	
흉부길이	시초길이	흉부길이	시초길이
180	245	181	305
192	260	158	237
217	276	184	300
221	299	171	273
171	239	181	297
192	262	181	308
213	278	177	301
192	255	180	286
170	244	177	299
201	276	176	317
		192	312
		164	265

[1단계] 다변량 정규성 검토: Mardia 검정(왜도, 첨도)

- 두 군집 C_1(oleracea)과 C_2(carduorum)의 자료는 다변량 정규성을 만족한다.

[2단계] 공분산행렬의 동질성 검토: 박스 M–검정

- 두 군집 C_1(oleracea)과 C_2(carduorum)의 개체 수: $n_1 = 10, n_2 = 12$

- $M = -2\gamma \ln \Lambda = \gamma \sum_{k=1}^{2} (n_k - 1) \log \left| S_k^{-1} S_p \right| = 15.649$
- 자유도 $df = p(p+1)(k-1)/2 = 2(2+1)(2-1)/2 = 3$
- 검정의 결과: p-값 = 0.001이 유의수준 0.05보다 작으므로 $H_0 : \Sigma_1 = \Sigma_2 = \Sigma$는 유의수준 5%에서 기각된다. 즉, 두 집단의 공분산행렬이 동질하지 않음을 보여준다.

[3단계] 평균벡터 검정: T^2–검정

- [2단계]에서 공분산행렬의 동질성이 만족되지 않고 두 군집의 자료 수도 $n_1 = 10$, $n_2 = 12$로 작아 다음과 같이 (3.4.6)의 T^2-검정을 하게 된다.

$$T_0^2 = 54.397 \geq F_{2,\ 19-2+1}(0.05) = 3.541$$

$$\Rightarrow \ H_0 : \mu_1 = \mu_2 \text{가 유의수준 } 0.05\text{에서 기각된다.}$$

실제 두 집단의 평균벡터는 다음과 같고 다소 차이가 있음을 보여준다.

$$C_1(\text{oleracea}):\ \bar{x} = (194.9,\ \ 263.4)^T$$

$$C_2(\text{carduorum}):\ \bar{y} = (176.833,\ \ 291.667)^T$$

[R–코드 3.4.2] [결과 3.4.2]를 위한 R–코드((haltica–twogroups–UnequalCovT2.R)

```
# Test of H0: mu1 = mu2 when Unequal Covarinces
# for the flea beetle Haltica(oleracea,carduorum)
library(MVN);library(biotools)
x1 <- c(180,192,217,221,171,192,213,192,170,201)
x2 <- c(245,260,276,299,239,262,278,255,244,276)
y1 <- c(181,158,184,171,181,181,177,180,177,176,192,164)
y2 <- c(305,237,300,273,297,308,301,286,299,317,312,265)
x <- cbind(x1,x2)
y <- cbind(y1,y2)
p=ncol(x);n1=nrow(x);n2=nrow(y); f=n1+n2-2
cluster <- c(rep(1,n1),rep(2,n2))
xy <- cbind(rbind(x,y),cluster)
rownames(xy)<-c(1:length(cluster)); colnames(xy)<-c("thorax.len","elytra.len","clusterroup")

#[1단계] 다변량 정규성검정: Mardia test
x=as.matrix(xy[1:n1, -3]) # oleracea
y=as.matrix(xy[n1+1:n2, -3]) # carduorum
```

```
mardiaTest(x)#mvn(x)
mardiaTest(y)#mvn(y)

#[2단계] 공분산행렬의 동질성검정: Box M-test
boxM(xy[, -3],cluster)

#[3단계] 공분산행렬이 다를 때 두 집단의 평균 벡터 검정: H0: mu1=mu2
xb <- matrix(1,n1,1)%*%rep(1/n1,n1)%*%x
yb <- matrix(1,n2,1)%*%rep(1/n2,n2)%*%y
s1 <- t(x-xb)%*%(x-xb)/(n1-1)
s2 <- t(y-yb)%*%(y-yb)/(n2-1)
e <- (xb[1,]-yb[1,])%*%solve(s1/n1+s2/n2)
Tsq <- e%*%(xb[1,]-yb[1,])
finv <- (e%*%s1%*%t(e))^2/((Tsq^2)*(n1^3-n1^2))+(e%*%s2%*%t(e))^2/((Tsq^2)*(n2^3-n2^2))
f <- round(1/finv,0)
# n1^n2 : samll -> F-dist
T0sq <- (f-p+1)/(f*p)*Tsq
Ta <- qf(1-0.05,p,f-p+1)

# n1^n2 : large -> Chi^2-dist
#T0sq<-Tsq # n1^n2
#Ta<- qchisq(1-0.05, p)
test <- function(T0sq,Ta){
        values<-c(T0sq,Ta); names(values)<-c("T0sq","Ta")
        if(T0sq > Ta) {result<-c("T0sq > Ta : reject H0:mu1=mu2")}
        if(T0sq < Ta) {result<-c("T0sq < Ta : accept H0:mu1=mu2")}
        list(values=values, result=result)
}
test(T0sq,Ta)

# Mean vectors
xb[1,];yb[1,]
```

[결과 3.4.2] [R-코드 3.4.2]의 수행결과

```
> mardiaTest(x)

  Mardia's Multivariate Normality Test
---------------------------------------
   data : x

   g1p            : 1.757768
   chi.skew       : 2.929613
   p.value.skew   : 0.5696727

   g2p            : 6.795668
   z.kurtosis     : -0.476054
   p.value.kurt   : 0.6340359

   chi.small.skew : 4.65483
   p.value.small  : 0.3245813

   Result         : Data are multivariate normal.
---------------------------------------
```

```
> mardiaTest(y)

  Mardia's Multivariate Normality Test
---------------------------------------
   data : y

   g1p            : 2.95382
   chi.skew       : 5.907641
   p.value.skew   : 0.2061527

   g2p            : 8.286957
   z.kurtosis     : 0.1242562
   p.value.kurt   : 0.9011124

   chi.small.skew : 8.727196
   p.value.small  : 0.06829196

   Result         : Data are multivariate normal.
---------------------------------------
```

```
> boxM(xy[, -3],cluster)

        Box's M-test for Homogeneity of Covariance Matrices

data:  xy[, -3]
Chi-Sq (approx.) = 15.6488, df = 3, p-value = 0.001338

> test(T0sq,Ta)
$values
     T0sq        Ta
54.396570  3.541018

$result
[1] "T0sq > Ta : reject H0:mu1=mu2"

> # Mean vectors
> xb[1,];yb[1,]
thorax.len elytra.len
     194.9      263.4
thorax.len elytra.len
  176.8333   291.6667
```

3.5 대응표본의 비교

두 집단의 평균벡터 비교에서 n_1명의 표본 $\boldsymbol{x}_i = (x_{i1},\ \cdots,\ x_{ip})^T$, $i=1,\ \cdots,\ n$와 n_2명의 표본 $\boldsymbol{y}_i = (y_{i1},\ \cdots,\ y_{ip})^T$, $i=1,\ \cdots,\ n_2$가 서로 독립표본이라 가정하였다. 그러나 실제로 독립인 두 표본을 확보하기가 쉽지 않다. 더군다나 충분한 대상을 확보하지 못하는 경우도 있다. 이럴 경우 동일한 n명의 대상에 대하여 시간을 두고 표본 $\boldsymbol{x}_i = (x_{i1},\ \cdots,\ x_{ip})^T$, $i=1,\ \cdots,\ n$는 먼저 측정한 것이고 $\boldsymbol{y}_i = (y_{i1},\ \cdots,\ y_{ip})^T$, $i=1,\ \cdots,\ n$는 나중에 측정한 대응표본(paired sample)을 생각할 수 있다. 이럴 경우 먼저 실시한 처리의 효과가 남아있지 않도록 주의해야 한다.

먼저 일변량의 경우 n개의 실험대상에 대하여 두 번 처리한 것을 각각 처리 1과 처리 2로 하고 i번째 대상에 대한 각 처리를 x_i와 y_i라 하면 두 처리 간의 차이 $d_i = x_i - y_i$, $i=1,\ \cdots,\ n$는 표본평균 $\bar{d}$와 표본분산 s_d^2를 갖는 새로운 표본인 대응표본을 이루며 [표 3.5.1]과 같이 요약할 수 있다.

[표 3.5.1] 일변량 대응표본의 구조

	처리 대상					
	1	2	$\cdots$	i	$\cdots$	n
처리 1	x_1	x_2	$\cdots$	x_i	$\cdots$	x_n
처리 2	y_1	y_2	$\cdots$	y_i	$\cdots$	y_n
차	$d_1 = x_1 - y_1$	$d_2 = x_2 - y_2$	$\cdots$	$d_i = x_i - y_i$	$\cdots$	$d_n = x_n - y_n$
통계량	새로운 자료: $d_1, d_2, \cdots, d_n$ 표본평균: $\bar{d} = \frac{1}{n}\sum_{i=1}^{n} d_i$, 표본분산: $s_d^2 = \frac{1}{n-1}\sum_{i=1}^{n}(d_i - \bar{d})^2$					

여기서 두 처리 간의 차에 의해 구해진 새로운 자료 $d_1, d_2, \cdots, d_n$는 모평균 μ_d와 알려져 있지 않은 모분산 σ_d^2를 따른다고 하자. 특히, 소표본의 경우에는 $d_1, d_2, \cdots, d_n$가 정규분포 $N(\mu_d, \sigma_d^2)$를 따르며 이 경우 두 처리 간의 차이의 모평균 μ_d에 대한 귀무가설은 $H_0 : \mu_d = 0$이다. 귀무가설에서 검정통계량은 3.1절의 한 집단 모평균에 대한 것과 비

슷한 자유도 $df = n-1$인 t-분포를 따르는 다음의 통계량에 바탕을 둔다.

$$T = \frac{\bar{d}}{s_d / \sqrt{n}} \sim t_{(n-1)} \tag{3.5.1}$$

검정방법은 대립가설의 형태에 따른 일반적인 방법을 따르므로 생략한다. 만약에 표본의 크기가 대표본이면 (3.5.1)의 통계량은 t-분포 대신에 표준정규분포를 따르게 된다. 다만 검정통계량의 형태는 (3.5.1)과 동일하며 자유도가 무한대 ∞인 t-분포를 사용해도 표준정규분포와 비교할 때 검정의 결과는 별 차이가 없다.

[표 3.5.2] 다변량 대응표본의 구조

	처리 대상					
	1	2	$\cdots$	i	$\cdots$	n
처리 1	$\boldsymbol{x}_1$	$\boldsymbol{x}_2$	$\cdots$	$\boldsymbol{x}_i$	$\cdots$	$\boldsymbol{x}_n$
처리 2	$\boldsymbol{y}_1$	$\boldsymbol{y}_2$	$\cdots$	$\boldsymbol{y}_i$	$\cdots$	$\boldsymbol{y}_n$
차	$\boldsymbol{d}_1 = \boldsymbol{x}_1 - \boldsymbol{y}_1$	$\boldsymbol{d}_2 = \boldsymbol{x}_2 - \boldsymbol{y}_2$	$\cdots$	$\boldsymbol{d}_i = \boldsymbol{x}_i - \boldsymbol{y}_i$	$\cdots$	$\boldsymbol{d}_n = \boldsymbol{x}_n - \boldsymbol{y}_n$
통계량	새로운 자료: $\boldsymbol{d}_1, \boldsymbol{d}_2, \cdots, \boldsymbol{d}_n$ 평균벡터: $\bar{\boldsymbol{d}} = \frac{1}{n}\sum_{i=1}^{n}\boldsymbol{d}_i = \bar{\boldsymbol{x}} - \bar{\boldsymbol{y}}$ 공분산행렬: $S_d = \frac{1}{n-1}\sum_{i=1}^{n_1}(\boldsymbol{d}_i - \bar{\boldsymbol{d}})(\boldsymbol{d}_i - \bar{\boldsymbol{d}})^T$					

[표 3.5.2]의 다변량 대응표본의 구조에 따라 두 처리 간의 차에 의해서 구해진 새로운 자료 $\boldsymbol{d}_1, \boldsymbol{d}_2, \cdots, \boldsymbol{d}_n$는 모평균 $\boldsymbol{\mu}_d = \boldsymbol{\mu}_1 - \boldsymbol{\mu}_2$와 알려져 있지 않은 공분산행렬 Σ_d를 따른다고 하자. 특히, 소표본의 경우에는 $\boldsymbol{d}_i = (d_{i1}, \cdots, d_{ip})^T$, $i = 1, \cdots, n$가 다변량 정규분포 $N_p(\boldsymbol{\mu}_d, \Sigma_d)$를 따르며 이 경우 두 처리 간의 차이에 대한 다음의 가설을 고려한다.

$$H_0 : \boldsymbol{\mu}_d = 0, \ H_1 : \boldsymbol{\mu}_d \neq 0$$

귀무가설 $H_0 : \boldsymbol{\mu}_d = 0$에서 다음의 검정을 고려하게 된다.

$$F_0 = \frac{n(n-p)}{(n-1)p}\bar{\boldsymbol{d}}^T S_d^{-1}\bar{\boldsymbol{d}} \geq F_{p,\,n-p}(\alpha) \Rightarrow H_0 : \boldsymbol{\mu}_d = 0\text{가 유의수준 } \alpha\text{에서 기각된다.}$$

대응표본의 검정은 두 처리의 공분산행렬의 동질성 가정 $\Sigma_1 = \Sigma_2$이 필요하지 않으며 실제로 두 처리의 공분산행렬이 $\Sigma_1 \neq \Sigma_2$인 경우 적용되는 검정이다.

[보기 3.5.1] 도시의 외곽 순환도로 교통자료의 대응표본 검정 Example

[표 3.5.1]은 어느 도시의 외곽 순환도로의 6년간 교통자료로 북쪽과 남쪽의 여름과 겨울의 하루 평균 교통량을 측정한 것이다. 대응표본의 특징상 두 처리의 공분산행렬의 동질성 검토는 필요가 없고 다변량 정규성 검토와 $H_0 : \mu_d = 0$에 대한 검정을 실시하면 된다.

이를 위한 [R-코드 3.5.1](traffic-pairedgroups-F.R)에 의한 [결과 3.5.1]을 살펴보자.

[1단계] 다변량 정규성 검토: Mardia 검정(왜도, 첨도)

- 두 처리의 차 자료는 다변량 정규성을 만족한다.

[2단계] 평균벡터 차이검정: F-검정

- $\boldsymbol{d}_1 = \boldsymbol{x}_1 - \boldsymbol{y}_1 = (1150,\ 1050)^T,\ \cdots,\ \boldsymbol{d}_6 = \boldsymbol{x}_6 - \boldsymbol{y}_6 = (1050,\ 1000)^T$
- $\overline{\boldsymbol{d}} = \frac{1}{6}\sum_{i=1}^{6}\boldsymbol{d}_i = (1091.667,\ 958.333)^T$
- $S_d = \begin{bmatrix} 1416.667 & 83.333 \\ 83.333 & 4416.667 \end{bmatrix}$

$F_0 = 2453.840 \geq F_{2,\ 6-2}(0.05) = 6.944$

$\Rightarrow H_0 : \mu_d = 0$가 유의수준 0.05에서 기각된다.

[자료 3.5.1] 도시의 고속도로 교통 자료

연도	북쪽		남쪽	
	x_1	x_2	y_1	y_2
1992	2600	2350	1450	1300
1991	2850	2350	1750	1450
1990	2800	2250	1700	1350
1989	2750	2200	1650	1300
1988	2400	2250	1350	1250
1987	2450	2300	1400	1300

[R-코드 3.5.1] [결과 3.5.1]를 위한 R-코드(traffic-pairedgroups-F.R)

```
# Test of H0: mu_d=0 for paired Traffic Data(North, South)
library(MVN)
x <- matrix(c(2600,2350,2850,2350,2800,2250,2750,2200,2400,2250,2450,2300),6,2,byrow=T)
y <- matrix(c(1450,1300,1750,1450,1700,1350,1650,1300,1350,1250,1400,1300),6,2,byrow=T)
p=ncol(x);n=nrow(x) ; f=n-1
d <- x-y

#[1단계] 다변량 정규성검정: Mardia test
mardiaTest(d)#mvn(d)

#[2단계] 대응표본의 검정: H0: mu_d = 0
db <- rep(1/n,n)%*%d
ddb <- matrix(1,n,1)%*%db
sd <- t(d-ddb)%*%(d-ddb)/f
F0 <- n*(f-p+1)/(f*p)*db%*%solve(sd)%*%t(db)
Fa <- qf(1-.05,p,f-p+1)
test <- function(F0,Fa){
        values<-c(F0,Fa); names(values)<-c("F0","Fa")
        if(F0 > Fa) {result<-c("F0 > Fa : reject H0:mu_d=0")}
        if(F0 < Fa) {result<-c("F0 < Fa : accept H0:mu_d=0")}
        list(values=values, result=result)
}
test(F0,Fa)
# 두 처리 차, 평균벡터와 공분산행렬
d;db;sd
```

[결과 3.5.1] [R-코드 3.5.1]의 수행결과

```
> mardiaTest(x)
  Mardia's Multivariate Normality Test
---------------------------------------------
  data : d

  g1p            : 4
  chi.skew       : 4
  p.value.skew   : 0.4060058

  g2p            : 6
  z.kurtosis     : -0.6123724
```

```
   p.value.kurt     : 0.5402914

   chi.small.skew   : 8.4
   p.value.small    : 0.077977

   Result           : Data are multivariate normal.
--------------------------------------------------------
> test(F0,Fa)
$values
          F0          Fa
2453.840000    6.944272

$result
[1] "F0 > Fa : reject H0:mu_d=0"

> # 두 처리 차, 평균벡터와 공분산행렬
> d;db;sd
     [,1] [,2]
[1,] 1150 1050
[2,] 1100  900
[3,] 1100  900
[4,] 1100  900
[5,] 1050 1000
[6,] 1050 1000
         [,1]     [,2]
[1,] 1091.667 958.3333
            [,1]       [,2]
[1,] 1416.66667   83.33333
[2,]   83.33333 4416.66667
```

[보기 3.5.2] 두 종류의 에세이 자료의 대응표본 검정

Example

[표 3.5.2]는 12명의 학생들이 공식적, 비공식적 두 종류의 에세이를 쓰게 하고 각 에세이의 단어(words)와 동사(verbs)의 수를 기록하였다. 원래 15명의 학생들로 이루어진 원자료(Rencher, 1995, Table 5.9)에서 다변량 정규성이 만족되지 않아 세 번째(144, 19, 224, 27), 네 번째(103, 18, 208, 33), 다섯 번째(121, 17, 178, 33) 학생들이 이상치로 간주되어 제거되었다.

비공식적, 공식적 두 종류의 에세이에 관한 대응자료의 차에 대한 검정을 위한 [R-코드 3.5.2](essay-pairedgroups-F.R)에 의한 [결과 3.5.2]를 살펴보자.

[자료 3.5.2] 에세이 자료

학생	비공식적 에세이		공식적 에세이	
	x_1	x_2	y_1	y_2
1	148	20	137	15
2	159	24	164	25
3	89	11	128	20
4	119	17	154	18
5	123	13	158	16
6	76	16	102	21
7	217	29	214	25
8	148	22	209	24
9	151	21	151	16
10	83	7	123	13
11	135	20	161	22
12	178	15	175	23

[1단계] 다변량 정규성 검토: Mardia 검정(왜도, 첨도)

- 두 처리의 차 자료는 다변량 정규성을 만족한다.

[2단계] 평균벡터 차이검정: F-검정

- $\boldsymbol{d}_1 = \boldsymbol{x}_1 - \boldsymbol{y}_1 = (11,\ 5)^T,\ \cdots,\ \boldsymbol{d}_{12} = \boldsymbol{x}_{12} - \boldsymbol{y}_{12} = (3,\ -8)^T$
- $\overline{\boldsymbol{d}} = \frac{1}{12}\sum_{i=1}^{12} \boldsymbol{d}_i = (-20.833,\ -1.917)^T$
- $S_d = \begin{bmatrix} 509.061 & 54.894 \\ 54.894 & 22.447 \end{bmatrix}$

$$F_0 = 4.686 \le F_{2,\ 12-2}(0.05) = 4.103$$

$$\Rightarrow\ H_0 : \boldsymbol{\mu}_d = \boldsymbol{0}\text{가 유의수준 } 0.05\text{에서 기각된다.}$$

이는 $\overline{\boldsymbol{d}} = (-20.833,\ -1.917)^T$에서 보는 바와 같이 학생들의 두 종류 에세이의 단어와 동사 사용 평균수 대해 차이가 실제로 있음을 보여준다.

[R-코드 3.5.2] [결과 3.5.2]를 위한 R-코드(essay-pairedgroups-F.R)

```
# Test of H0: mu_d=0 for paired Essay Data(Informal, Formal)
library(MVN)
x<- matrix(c(148,20,159,24,89,11,119,17,123,13,76,16,217,29,148,22,151,21, 83,7,135,20,178,15),12,2,byrow=T)
y<- matrix(c(137,15,164,25,128,20,154,18,158,16,102,21,214,25,209,24,151,16,123,13,161,22,175,23),12,2,byrow=T)
p=ncol(x);n=nrow(x) ; f=n-1
d <- x-y

#[1단계] 다변량 정규성검정: Mardia test
mardiaTest(d)#mvn(d)

#[2단계] 대응표본의 검정: H0: mu_d = 0
db <- rep(1/n,n)%*%d
ddb <- matrix(1,n,1)%*%db
sd <- t(d-ddb)%*%(d-ddb)/f
F0 <- n*(f-p+1)/(f*p)*db%*%solve(sd)%*%t(db)
Fa <- qf(1-.05,p,f-p+1)
test <- function(F0,Fa){
        values<-c(F0,Fa); names(values)<-c("F0","Fa")
        if(F0 > Fa) {result<-c("F0 > Fa : reject H0:mu_d=0")}
        if(F0 < Fa) {result<-c("F0 < Fa : accept H0:mu_d=0")}
        list(values=values, result=result)
}
test(F0,Fa)
# 두 처리 차, 평균벡터와 공분산행렬
d;db;sd
```

[결과 3.5.2] [R-코드 3.5.2]의 수행결과

```
> mardiaTest(x)
      Mardia's Multivariate Normality Test
---------------------------------------------------------------
   data : d

   g1p            : 1.352893
   chi.skew       : 2.705786
   p.value.skew   : 0.6082026

   g2p            : 7.19568
   z.kurtosis     : -0.3482807
   p.value.kurt   : 0.7276294
```

```
   chi.small.skew  : 3.997183
   p.value.small   : 0.4063872

   Result          : Data are multivariate normal.
---------------------------------------------------------------
> test(F0,Fa)
$values
      F0       Fa
4.686486 4.102821

$result
[1] "F0 > Fa : reject H0:mu_d=0"

> # 두 처리 차, 평균벡터와 공분산행렬
> d;db;sd
      [,1] [,2]
 [1,]   11    5
 [2,]   -5   -1
 [3,]  -39   -9
 [4,]  -35   -1
 [5,]  -35   -3
 [6,]  -26   -5
 [7,]    3    4
 [8,]  -61   -2
 [9,]    0    5
[10,]  -40   -6
[11,]  -26   -2
[12,]    3   -8
          [,1]      [,2]
[1,] -20.83333 -1.916667
          [,1]     [,2]
[1,] 509.06061 54.89394
[2,]  54.89394 22.44697
```

3.6 연습문제

3.6.1 두 집단의 평균벡터 검정에 다변량 정규성의 필요성에 대하여 설명하라.

3.6.2 공분산행렬의 동질성은 두 집단의 평균벡터 검정에 어떤 영향을 주는지를 설명하라.

3.6.3 (3.1.4)의 호텔링 T^2-통계량이 F-분포를 따름을 보여라.

3.6.4 $\boldsymbol{x}_i = (x_{i1}, \cdots, x_{ip})^T$, $i = 1, \cdots, n$가 다변량 정규분포 $N_p(\boldsymbol{\mu}, \Sigma)$를 따르며 공분산 행렬 Σ를 모른다고 하자. 그러면 가설 $H_0 : \boldsymbol{\mu} = 0$를 검정하기 위한 우도비검정통계량을 유도하고 검정방법을 세워보라.

3.6.5 [자료 3.6.1](blood.txt)에는 혈장 내의 적혈구 침전율은 혈장 속의 어떤 단백질 수준이 증가함에 따라 증가하게 되어 두 가지 종류의 단백질인 피보리노겐과 글로블린을 측정하였다. 적혈구 침전률이 20 미만이면 반응을 0으로, 20 이상이면 1로 나타내었다. 반응값 0은 건강한 상태이고 1의 경우는 건강하지 않은 상태이다. 이에 따라 두 군집을 건강(반응=0)과 비건강(반응=1)으로 나누었다(최용석, 2018, 자료 6.9.1).

(1) 자료의 산점도를 통해 두 군집간의 차이를 살펴보라.
(2) 두 군집의 다변량 정규성을 검토하라.
(3) 두 군집의 공분산행렬의 동질성을 검토하라.
(4) 두 군집의 평균벡터에 대한 $H_0 : \boldsymbol{\mu}_1 = \boldsymbol{\mu}_2$를 검정하라.

[자료 3.6.1] 적혈구 자료(blood.txt)

일련번호	피브리노겐 fibrin	글루블린 globul	반응 respon
1	2.52	38	0
2	2.56	31	0
3	2.19	33	0
4	2.18	31	0
5	3.41	37	0

6	2.46	36	0
7	3.22	38	0
8	2.21	37	0
9	3.15	39	0
10	2.60	41	0
11	2.29	36	0
12	2.35	29	0
13	5.06	37	1
14	3.34	32	1
15	2.38	37	1
16	3.15	36	0
17	3.53	46	1
18	2.68	34	0
19	2.60	38	0
20	2.23	37	0
21	2.88	30	0
22	2.65	46	0
23	2.09	44	1
24	2.28	36	0
25	2.67	39	0
26	2.29	31	0
27	2.15	31	0
28	2.54	28	0
29	3.93	32	1
30	3.34	30	0
31	2.99	36	0
32	3.32	35	0

3.6.6 [자료 6.6.2](salmon.txt)은 미국 알래스카와 캐나다의 두 지역에서 잡힌 연어의 생장고리 지름(100분의 1인치)을 나타낸 것이다. 강에서 부화 1년 후의 지름과 바다에서 1년이 더 지난 후의 지름을 측정하였다. 미국 알래스카와 캐나다의 두 지역을 군집으로 할 때 이를 통하여 연어가 어디에서 부화한 것인지에 대한 관심이 있다(최용석, 2018, 자료 6.12.1).

[자료 3.6.2] 연어의 생장고리 자료(salmon.txt)

알래스카			캐나다		
성별	민물	바다	성별	민물	바다
2	108	368	1	129	420
1	131	355	1	148	371
1	105	469	1	179	407
2	86	506	2	152	381
1	99	402	2	166	377
2	87	423	2	124	389
1	94	440	1	156	419
2	117	489	2	131	345
2	79	432	1	140	362
1	99	403	2	144	345
1	114	428	2	149	393
2	123	372	1	108	330
1	123	372	1	135	355
2	109	420	2	170	386
2	112	394	1	152	301
1	104	407	1	153	397
2	111	422	1	152	301
2	126	423	2	136	438
2	105	434	2	122	306
1	119	474	1	148	383
1	114	396	2	90	385
2	100	470	1	145	337
2	84	399	1	123	364
2	102	429	2	145	376
2	101	469	2	115	354
2	85	444	2	134	383
1	109	397	2	117	355
2	106	442	2	126	345
1	82	431	1	118	379
2	118	381	2	120	369
1	105	388	1	153	403
1	121	403	2	150	354
1	85	451	1	154	390
1	83	453	1	155	349
1	53	427	2	109	325
1	95	411	2	117	344
1	76	442	1	128	400
1	95	426	1	144	403
2	87	402	2	163	370
1	70	397	2	145	355
2	84	511	1	133	375
2	91	469	1	128	383
1	74	451	2	123	349
2	101	474	1	144	373
1	80	398	2	140	388
1	95	433	2	150	339
2	92	404	2	124	341
1	99	481	1	125	346
2	94	491	1	153	352
1	87	480	1	108	339

(1) 알래스카와 캐나다 두 군집의 자료가 다변량 정규분포를 하는지를 검정하라.
(2) 두 군집의 공분산행렬을 구하고 동질성을 박스의 M-검정하여 보라.
(3) 두 군집의 평균벡터에 대한 $H_0 : \mu_1 = \mu_2$를 검정하라.
(4) 각각의 군집에서 성별에 따라 평균벡터를 검정하라.

3.6.7 [자료 3.6.3](effluent.txt)는 지자체의 하수도 처리에서 폐수의 관리를 위해 같은 지점에서 수거한 폐수를 동일하게 나누어 두 실험실에서 보내어 생화학적 산소요구량 BOD와 부유물질량 SS를 측정된 자료이다(Johnson과 Wichern, 2007, Table 6.1).

[자료 3.6.3] 폐수 자료(effluent.txt)

지점	실험실 A		실험실 B	
	x_1= BOD	x_2= SS	y_1= BOD	y_2= SS
1	6	27	25	15
2	6	23	28	13
3	18	64	36	22
4	8	44	35	29
5	11	30	15	31
6	34	75	44	64
7	28	26	42	30
8	71	124	54	64
9	43	54	34	56
10	33	30	29	20
11	20	14	39	21

(1) 실험실 A와 실험실 B의 자료의 차에 대한 다변량 정규성을 검토하라.
(2) 평균벡터와 공분산행렬을 구하라.
(3) 평균 벡터 차이에 대한 귀무가설 $H_0 : \mu_d = 0$을 검정하라.

3.6.8 R의 data(iris)는 각각 50포기씩 세 종류의 붓꽃(setosa, versicolor, virginica)의 꽃받침 길이(Sepal.Length), 꽃받침 폭(Sepal.Width,), 꽃잎 길이(Petal.Length), 꽃잎 폭(Petal.Width) 등을 측정한 붓꽃자료이다. 편의상 두 종류의 붓꽃(setosa, virginica)의 두 군집 C_1(setosa)과 C_2(virginica)를 고려하자.
(1) 두 군집의 평균벡터와 공분산행렬을 구하고 서로 비교하라.
(2) 두 군집의 다변량 정규성을 검토하라.

(3) 두 공분산행렬의 동질성을 검토하라.

(4) 두 군집의 평균벡터에 대한 $H_0 : \mu_1 = \mu_2$을 검정하라.

3.6.9 [자료 3.6.4](skull.txt)은 고대 이집트 Naqada 종족의 두개골 자료는 22명의 남자(M)와 18명 여자(F)의 두개골에 대한 12개 변수에 의해 측정되었고 표준화되어 있다(최용석, 2018, 자료 2.5.1). 여기서 7개의 변수 (L, B, H, OH, U, S, Q)는 머리뼈 부분을 측정하는 데 사용되며, (FH, NB, NH)는 얼굴뼈 부분에 대한 측정변수를 나타낸다. 그리고 BL과 HL은 머리뼈 지수로 각각 두개골 최대 너비(B)를 두개골 최대 길이(L)로 나눈 값과 두개골 높이(H)를 두개골 최대 길이(L)로 나눈 값을 의미한다.

(1) 남자와 여자의 두개골에 대한 평균벡터 검정을 머리뼈 부분을 측정한 7개의 변수(L, B, H, OH, U, S, Q)에 대하여 검정하여 보라.

(2) 남자와 여자의 두개골에 대한 평균벡터 검정을 얼굴뼈 부분을 측정한 3개 변수(FH, NB, NH)에 대하여 검정하여 보라.

(3) 남자와 여자의 두개골에 대한 평균벡터 검정을 머리뼈 지수인 BL과 HL에 대하여 검정하여 보라.

[자료 3.6.4] 두개골 자료(skull.txt)

두개골	L	B	H	OH	U	S	Q	FH	NB	NH	BL	HL
5F	-2.2700	-0.7810	-1.7400	-1.3300	-1.8900	-0.9020	-1.4800	-1.9000	-1.4100	-1.0600	1.4120	0.4960
7M	0.0364	0.3764	-0.9660	-0.6850	0.3166	-0.6520	-0.9220	0.1855	-0.4530	0.4895	0.2161	-1.1200
10F	-0.7070	1.5570	-0.3270	0.1476	-0.4180	-0.4010	1.1240	0.5110	0.6635	-0.8000	1.7180	0.3807
13M	0.9280	1.4390	-0.6750	-0.0960	1.2610	0.1838	1.5570	1.3570	2.5770	0.7475	0.2161	-1.6600
26M	1.6710	1.6760	1.1630	1.6210	2.1710	1.5200	2.0530	0.4459	0.9187	0.2315	-0.2130	-0.4650
32M	-0.5580	0.8488	-1.9300	-1.0700	-0.2780	-1.4000	-0.3640	-0.8560	-0.2930	1.2630	1.0740	-1.5800
43F	-1.4500	0.2583	-1.5500	-1.0100	-1.0100	-1.1500	-0.4880	-0.5960	-1.0900	-0.0260	1.4420	-0.1960
45F	-0.4090	-0.4500	-1.4500	-2.6300	-1.0500	-1.5700	-1.1100	-0.5960	-0.7720	-2.0900	0.0015	-1.2000
46F	-1.3800	1.0850	-0.6750	-0.1730	-0.2080	-0.4010	0.8756	-1.7700	-0.4530	-0.2840	1.9940	0.7268
52M	-0.5580	-0.0960	-0.5790	-0.1730	-0.3130	-0.4010	-0.1160	0.4459	-0.1340	0.7475	0.3694	-0.0810
58F	0.2593	-1.0400	0.1955	0.1476	0.3516	0.1838	-0.2400	1.2270	1.1420	0.7475	-0.9790	-0.0810
59F	-0.1120	-2.0600	-0.7720	0.7241	-0.7330	-0.0670	-0.6120	-1.5100	-1.4100	0.2315	-1.4100	-0.7340
63F	0.5565	0.7307	0.4858	1.2360	0.8414	1.6040	1.2470	-1.2500	-0.7720	0.2315	0.0322	-0.0810
64F	-1.7500	-1.0400	-0.5790	-1.8400	-1.7500	-2.5300	-2.3500	-1.2500	-0.4530	-1.3200	0.5839	1.2650
66M	-0.4090	1.2030	-0.9660	0.0836	-0.0680	-1.4900	0.8756	1.2270	0.6635	2.2950	1.1970	-0.6580
70F	-1.8700	-0.9230	-0.3850	-0.4930	-1.9600	-1.1500	-1.1100	-1.1200	-2.3700	-0.0260	0.9211	1.6110
83F	1.0770	1.5570	-0.3850	0.2117	1.1910	1.1030	0.3797	0.4459	1.3810	-0.8000	0.1854	-1.5000
85M	0.8537	0.8488	0.1955	-0.5570	0.9464	0.3091	-0.3640	-1.6400	-0.7720	-0.8000	-0.1210	-0.6580
86M	-0.1860	0.0221	0.9696	0.3398	-0.0330	0.3091	0.1317	0.7062	-0.2930	-0.8000	0.1548	1.2650

93bM	-1.1500	0.6126	-1.3500	-1.0700	-0.5580	-1.2400	0.2557	-0.4650	0.6635	-1.0600	1.4420	-0.3110
96M	1.0020	1.3210	1.7440	1.7490	1.2610	1.7710	2.1150	-0.5960	-0.4530	0.7475	0.0935	0.8037
97F	-1.6000	1.0850	0.0019	0.1476	-1.3600	-0.7350	-0.1160	0.5761	0.6635	0.8764	2.2090	1.7650
99M	0.9280	0.3764	0.9696	1.3650	0.6665	0.6015	0.7516	-0.2050	-1.2500	-1.0600	-0.5200	0.0731
102M	0.1850	0.1402	0.1955	-0.8130	-0.4880	-0.1500	-0.4880	0.4459	1.1420	-1.3200	-0.0600	-0.0040
112M	0.4822	-2.2200	0.8342	-0.0450	-0.4880	-0.2340	-0.8600	0.6411	1.3020	-0.2840	-1.9600	0.3807
120M	2.1910	0.4945	0.9696	0.2117	2.4510	0.8521	0.5036	1.7480	1.3020	2.2950	-1.3800	-1.1600
121F	0.0364	-0.4500	-1.1600	-1.3300	-0.4180	-0.9020	-0.8600	-0.3350	-0.4530	-0.2840	-0.3660	-1.3100
125M	-0.2610	-0.6860	1.6470	1.2360	-0.3130	0.1838	0.9995	-0.8560	-0.6120	-1.4500	-0.3050	2.0730
136M	1.2250	-1.0400	-0.3850	0.7241	0.8414	1.1030	-0.1160	1.0970	0.5838	-0.0260	-1.7200	-1.6600
137F	0.1850	-0.9230	-0.3850	-0.5570	-0.2080	0.3091	-1.2300	1.4870	0.1053	0.2315	-0.8260	-0.6190
138M	0.3336	-0.3320	-0.1920	0.2117	0.0367	0.1838	-0.1160	-0.8560	-0.7720	0.7475	-0.5200	-0.5810
139M	0.0364	-0.9230	-0.3850	0.0836	-0.6980	-0.0670	-0.3640	-0.3350	0.5040	1.0050	-0.7030	-0.4650
140F	0.7794	0.0221	0.9696	1.7490	0.7714	0.9356	1.6190	0.7062	0.8230	-1.8300	-0.6420	0.2269
143M	0.1850	0.0221	0.7761	-0.4290	0.1067	0.1002	-0.1160	0.3157	-0.2140	-0.5420	-0.1520	0.6499
144F	1.0770	-0.5210	0.9696	1.4930	0.9114	1.1440	0.2557	0.8364	-0.7720	1.0050	-1.2200	-0.0810
145F	0.1850	-0.0960	1.7440	0.7241	0.1417	1.8550	0.5036	-0.0750	0.5040	0.6443	-0.2440	1.6880
146F	0.0364	-0.5090	0.3890	-1.3300	-0.9080	0.1002	-1.4800	0.7062	-0.7720	-0.1550	-0.4280	0.3807
148M	0.1850	-1.7500	0.2922	0.3398	0.0717	-0.1500	-0.4880	-0.8560	-0.7720	-0.0260	-1.4100	0.1115
151M	-1.0000	-0.8050	0.3890	0.0836	-0.6280	-0.1500	-0.8600	-0.0750	0.0255	0.2315	0.2468	1.4960
152M	1.2250	0.9669	1.9370	0.9803	1.4360	1.3950	0.9995	2.0080	1.7800	1.2630	-0.3360	0.8037

3.6.10 [자료 3.6.5](tennis.txt)는 2003년 3월부터 2004년 8월 15일전까지 전국대회 단체전 4강 이상 입상한 대학, 실업팀에 소속된 시니어 남자 테니스 선수들 중 2004년 대한 테니스협회(KTA)에 등록된 랭킹 100위권의 상위 25명과 하위 25명(총 50명)에 대한 자료이다(최태훈과 최용석, 2010). 이는 8개의 체격요인변수군($x_1 \sim x_8$: 신장, 체중, 상완장, 전완장, 수장, 상지장/신장비율, 전완장/상지장비율, 피하지방합)과 8개의 체력요인변수군($y_1 \sim y_8$: 악력, 윗몸일으키기, 하버드스텝, 윗몸앞으로굽히기, 50m달리기, 제자리높이뛰기, 눈감고외발서기, 전신반응시간), 그리고 기초기술요인변수군($z_1 \sim z_3$: 그라운드 스트로크, 서비스, 발리)인 세 변수 군에 의해 측정된 것이다.

(1) 상위 25명과 하위 25명의 두 군집에 대해 체격요인변수군 관점에서 다변량 정규성과 공분산행렬의 동질성 검토를 포함하여 두 평균벡터 검정을 실시하라.

(2) 상위 25명과 하위 25명의 두 군집에 대해 체력요인변수군 관점에서 다변량 정규성과 공분산행렬의 동질성 검토를 포함하여 두 평균벡터 검정을 실시하라.

(3) 상위 25명과 하위 25명의 두 군집에 대해 기초기술요인변수군 관점에서 다변량 정규성과 공분산행렬의 동질성 검토를 포함하여 두 평균벡터 검정을 실시하라.

[자료 3.6.5] 우리나라 남자 테니스선수 기록자료(tennis.txt)

체격								체력								기초 기술		
x_1	x_2	x_3	x_4	x_5	x_6	x_7	x_8	y_1	y_2	y_3	y_4	y_5	y_6	y_7	y_8	z_1	z_2	z_3
174	67	31.6	25.8	18.3	43.51	34.08	7.70	64.0	56	90.57	26.3	6.91	62.0	309	0.11	123	48	40
185	76	35.7	31.0	20.7	47.24	35.47	4.28	57.0	57	93.19	30.3	6.77	68.0	340	0.11	138	48	38
181	74	34.6	28.8	20.0	46.08	34.53	6.16	56.5	57	106.22	28.4	6.88	64.0	328	0.11	123	56	41
180	75	34.4	28.4	20.6	46.33	34.05	6.40	56.0	54	96.03	21.3	7.12	57.0	255	0.11	119	52	40
186	85	37.0	33.4	22.0	49.68	36.15	5.32	55.0	57	96.03	28.0	6.89	63.0	316	0.11	118	52	36
177	72	34.5	27.0	18.0	44.92	33.96	3.82	55.0	51	102.51	17.7	7.37	51.0	176	0.11	118	48	32
181	65	34.0	27.4	20.1	45.03	33.62	4.00	54.5	50	96.03	15.2	7.76	49.0	107	0.12	132	40	38
173	70	31.3	25.2	19.2	43.76	33.29	7.44	54.0	56	81.87	25.7	6.95	61.0	268	0.11	126	56	33
183	73	34.9	27.9	19.3	44.86	33.98	3.82	54.0	53	99.13	20.5	7.13	56.0	227	0.11	116	40	31
183	75	34.6	28.0	20.6	45.46	33.65	10.09	53.0	53	81.87	19.7	7.13	55.0	226	0.11	121	52	36
177	70	32.0	26.0	19.1	43.56	33.72	4.66	53.0	51	97.55	17.5	7.37	51.0	167	0.11	132	48	38
181	78	32.6	25.7	19.3	42.87	33.12	5.50	52.5	56	97.55	25.3	6.97	60.0	255	0.11	119	52	36
184	83	36.5	33.0	20.0	48.64	36.87	5.46	52.5	53	89.34	19.3	7.15	55.0	225	0.11	121	43	42
175	67	33.6	26.0	19.8	45.37	32.75	2.95	52.0	54	80.05	21.1	7.12	57.0	253	0.11	120	44	37
182	82	36.0	32.0	22.6	49.78	35.32	5.32	51.5	55	96.03	23.7	6.98	58.0	255	0.11	117	48	40
175	65	32.0	25.0	18.9	43.37	32.94	6.81	51.0	52	100.78	18.2	7.23	52.0	195	0.11	110	44	36
189	83	34.0	28.0	21.4	44.13	33.57	7.12	50.5	53	81.87	19.3	7.17	54.5	220	0.11	94	48	33
190	86	36.5	30.5	21.8	46.74	34.35	5.70	49.0	56	90.57	25.3	6.97	59.0	255	0.11	122	56	42
179	77	33.5	26.5	19.0	44.13	33.54	7.84	48.5	53	89.34	19.3	7.17	54.0	207	0.11	107	48	36
180	66	36.0	26.5	21.0	46.39	31.74	3.05	48.5	51	90.57	17.2	7.37	51.0	167	0.11	114	44	37
183	70	35.0	29.0	18.5	45.08	35.15	5.18	48.0	55	94.58	22.7	6.98	58.0	255	0.11	127	52	38
169	63	31.0	23.7	18.3	43.20	32.47	3.58	48.0	53	99.13	19.2	7.17	53.7	205	0.11	122	46	32
184	71	35.6	27.1	20.1	45.00	32.73	5.07	48.0	45	84.84	11.4	7.87	43.0	94	0.12	90	44	40
182	65	31.8	27.0	18.8	42.64	34.79	3.61	47.5	56	84.84	25.2	6.97	59.0	255	0.11	118	46	33
165	70	31.0	25.6	18.9	45.76	33.91	8.12	47.0	55	96.03	22.0	7.01	58.0	255	0.11	127	60	44
176	68	32.8	26.1	19.1	44.32	33.46	7.00	47.0	53	102.51	18.9	7.17	53.5	201	0.11	115	52	38
181	77	31.7	27.0	16.5	41.55	35.90	8.10	47.0	51	82.83	17.1	7.39	50.1	154	0.11	133	48	42
176	78	32.6	24.2	19.2	43.18	31.84	7.69	46.0	42	99.13	5.1	7.91	43.0	75	0.13	87	32	28
170	62	30.0	26.1	19.5	44.47	34.52	4.52	45.0	53	84.84	18.9	7.19	53.0	199	0.11	115	40	36
179	70	33.8	26.8	19.3	44.64	33.54	4.86	45.0	53	93.19	18.7	7.21	53.0	197	0.11	95	36	24
179	75	32.7	27.3	21.5	45.53	33.50	6.84	45.0	51	74.53	17.0	7.43	50.0	150	0.11	88	40	42
180	73	32.5	28.1	21.0	45.33	34.44	6.84	44.0	53	93.19	18.6	7.21	53.0	195	0.11	99	40	32
172	68	31.7	23.8	19.6	43.66	31.69	5.63	44.0	53	78.35	18.3	7.23	53.0	195	0.11	86	44	26
182	73	32.1	24.4	18.5	41.21	32.53	6.15	43.5	54	88.15	20.9	7.13	57.0	253	0.11	101	40	36
173	66	31.0	24.7	19.4	43.41	32.89	5.12	43.5	50	106.22	15.2	7.78	47.0	103	0.12	98	48	28
191	87	36.7	28.1	22.2	45.55	32.30	6.88	43.0	51	87.01	16.9	7.45	50.0	133	0.11	109	44	34
180	68	32.0	23.1	19.5	41.44	30.97	5.89	43.0	50	83.82	14.8	7.78	47.0	103	0.12	81	44	28
171	71	32.1	25.4	18.3	44.33	33.51	6.76	42.5	57	78.35	27.1	6.89	63.0	315	0.11	109	48	40
178	64	33.2	27.2	21.1	45.79	33.37	4.46	42.5	55	90.57	21.8	7.05	58.0	255	0.11	96	44	28
185	72	34.1	27.2	20.6	44.27	33.21	3.50	42.5	51	83.82	16.7	7.47	50.0	128	0.11	96	36	32
182	74	34.5	27.5	20.6	45.38	33.29	5.46	42.5	50	88.15	13.1	7.79	47.0	100	0.12	74	40	30
183	87	34.0	28.2	20.1	44.97	34.26	7.90	42.0	52	83.82	18.2	7.31	51.3	195	0.11	101	44	38
173	62	31.6	24.4	18.5	43.06	32.75	6.50	42.0	51	97.55	16.2	7.65	49.7	116	0.12	110	40	28
174	67	30.5	25.4	19.2	43.16	33.82	6.64	42.0	51	93.19	15.7	7.75	49.0	107	0.12	88	40	32
177	70	34.5	26.8	20.7	46.33	32.68	8.01	41.5	56	81.87	24.7	6.97	58.7	255	0.11	95	44	40
177	74	32.3	26.6	18.8	43.90	34.23	7.02	41.5	53	93.19	18.2	7.23	52.0	195	0.11	101	40	36
182	75	33.8	26.8	20.3	44.45	33.13	5.40	40.5	45	90.57	7.9	7.89	43.0	75	0.13	101	36	34
188	70	35.3	27.4	20.4	44.20	32.97	4.42	40.0	52	87.01	17.7	7.34	51.0	195	0.11	101	36	34
183	70	33.8	26.6	21.3	44.64	32.56	4.14	38.5	50	84.84	13.1	7.87	46.0	97	0.12	112	40	40
178	63	31.2	26.8	19.6	43.60	34.54	5.28	36.0	48	83.82	11.6	7.87	43.0	96	0.12	93	40	30

Chapter 04

다변량 분산분석

(Multivariate ANOVA)

일변량 통계학에서 한 개의 반응변수에 대하여 여러 집단의 평균의 비교는 분산분석(ANOVA)에 의해서 이루어진다. 다변량 통계학에서는 여러 개의 반응 변수에 의해 측정된 자료의 평균벡터 비교는 다변량 분산분석(MANOVA)을 적용하게 된다. MANOVA를 대신할 윌크스 검정 등 몇 가지 검정 방법을 추가로 소개한다. 다음으로 MANOVA를 적용하기 위한 자료의 구조에 선형적 영향을 미치는 공변량(covariate)이 결합된 자료에 대해 다변량 공분산분석(MANCOVA)를 소개하며 동일한 대상에 대하여 연속적으로 반복측정한 자료에 대하여 반복측정 분산분석(RMANOVA)을 적용한 사례를 소개하려 한다. 다양한 분산분석과 관련한 R-코드와 그 수행 결과를 통해 그 결과와 해석을 함께 제공하고 있다.

4.1 일원 다변량 분산분석

일변량 통계학에서 여러 집단의 반응 간 평균의 비교는 분산분석(analysis of variance, ANOVA)에 의해서 이루어진다. 이는 일반적으로 하나의 요인(factor)에 대하여 하나의 반응변수에 의해 g개의 처리 또는 집단에 의해서 구해진 독립표본에 대하여 이들 평균 간 차이의 유의성을 비교 평가하는 방법으로 1920년대 피셔(R.A. Fisher)가 제안한 방법이다. 일반적으로 일변량 통계학에서 세 집단 이상의 g개 집단의 모평균 비교를 위해 다음과 같은 가설을 가정하게 된다.

$$H_0 : \mu_1 = \mu_2 = \cdots = \mu_g$$

특히, 여러 처리 또는 집단에 의해 비교하고자 하는 독립표본을 잘 얻기 위해서는 철저하게 계획되고 확률화(randomization) 원칙을 따르는 실험계획(experimental design)이 필요하다. 가장 많이 활용되며 잘 알려진 일원(one-way) ANOVA에 대해서 간단히 살펴보자.

일원 ANOVA를 완전확률화계획(completely randomized design)이라고도 하는데 이는 비교 대상이 되는 g개의 독립표본이 g개의 처리(treatment)에 대한 반응을 나타내는 모집단으로부터 독립적으로 추출되어 얻어졌다고 가정한다. 처리(또는 요인)란 실험계획에서 대상에 대해 실시할 실험의 조건, 방법 또는 특성을 말한다.

[표 4.1.1] 일원 ANOVA를 적용할 g개 처리의 독립표본의 구조

처리	1	2	$\cdots$	g
자료	y_{11} y_{21} $\vdots$ $y_{n_1 1}$	y_{12} y_{22} $\vdots$ $y_{n_2 2}$	$\cdots$ $\cdots$ $\cdots$	y_{1g} y_{2g} $\vdots$ $y_{n_g g}$
평균	$\bar{y}_1$	$\bar{y}_2$	$\cdots$	$\bar{y}_g$
총평균	$\bar{y} = \dfrac{n_1\bar{y}_1 + \cdots + n_g\bar{y}_g}{n}$			

일원 분산분석에서는 [표 4.1.1]과 같이 하나의 반응변수에 대하여 전체 $n(= n_1 +$

$n_2 + \cdots + n_g$)개 실험 또는 조사 대상으로부터 각 처리별로 비교하고자 하는 g개의 처리를 적용할 각각 크기가 n_1, n_2, $\cdots$, n_g인 독립표본을 얻게 된다.

[표 4.1.1]에서 하나의 반응변수에 대하여 처리 j에 대한 i번째 자료값 y_{ij}에 대한 (4.1.1)의 수학적 모형을 세울 수 있다.

$$y_{ij} = \mu_j + e_{ij}, \ i = 1, \ \cdots, \ n_j, \ j = 1, \ \cdots, \ g \tag{4.1.1}$$

여기서 μ_j는 j번째 처리에 대한 효과(effect)로 평균 반응을 나타내고 오차항 e_{ij}는 서로 독립이며 정규분포 $N(0, \sigma^2)$을 따른다.

이젠 g개의 처리 간의 비교는 다음과 같은 귀무가설과 대립가설을 검정하면 된다.

$$H_0 : \mu_1 = \mu_2 = \cdots = \mu_g, \ H_1 : \text{모든 } \mu_i\text{가 다 같은 것은 아니다.}$$

분산분석을 위한 전반적인 공식은 다음과 같은 기본적인 분해로 출발한다.

$$(y_{ij} - \overline{y}) = (\overline{y}_j - \overline{y}) + (y_{ij} - \overline{y}_j)$$

전체제곱합(total sum of squares, TSS), 처리제곱합(sum of squares for the treatment, SST)과 오차제곱합(sum of squares for the error, SSE)을 각각

$$TSS = \sum_{j=1}^{g} \sum_{i=1}^{n_j} (y_{ij} - \overline{y})^2 \tag{4.1.2}$$

$$SST = \sum_{j=1}^{g} \sum_{i=1}^{n_j} (\overline{y}_j - \overline{y})^2 = \sum_{j=1}^{g} n_j (\overline{y}_j - \overline{y})^2 \tag{4.1.3}$$

$$SSE = \sum_{j=1}^{g} \sum_{i=1}^{n_j} (y_{ij} - \overline{y}_j)^2 \tag{4.1.4}$$

로 정의하면 다음과 같은 분해를 얻게 된다.

$$TSS = SST + SSE$$

(4.1.3)와 (4.1.4)의 제곱합을 모분산 σ^2으로 나누면 각각 자유도가 $g-1$과 $n-g$인 카이제곱 분포를 따른다고 알려져 있다. 그리고 이들 제곱합을 각각의 자유도로 나눈 값 $MST = SST/(g-1)$와 $MSE = SSE/(n-g)$를 평균제곱(mean square)이라 한다.

끝으로 귀무가설 $H_0 : \mu_1 = \mu_2 = \cdots = \mu_g$하에 검정통계량

$$F = \frac{MST}{MSE} = \frac{SST/(g-1)}{SSE/(n-g)}$$

는 자유도 $(g-1, n-g)$인 F-분포를 따르며 검정통계량의 관측값 f에 대해 유의수준 α에서 귀무가설 H_0를 검정하기 위한 유의확률은 p-값 = $P[F \geq f]$이다.

지금까지 설명한 일원 ANOVA에 대한 계산을 요약하고 있는 ANOVA 표가 [표 4.1.2]에 있다.

[표 4.1.2] 일원 ANOVA 표

요인	자유도	제곱합	평균제곱합	F	p－값
처리	$g-1$	SST	$MST = SST/(g-1)$	$F = \frac{MST}{MSE}$	$P[F \geq f]$
오차	$n-g$	SSE	$MSE = SSE/(n-g)$		
전체	$n-1$	TSS			

[표 4.1.3] 일원 MANOVA를 적용할 g개 처리의 독립표본의 구조

처리	1	2	$\cdots$	g
자료	$\boldsymbol{y}_{11}$	$\boldsymbol{y}_{12}$	$\cdots$	$\boldsymbol{y}_{1g}$
	$\boldsymbol{y}_{21}$	$\boldsymbol{y}_{22}$	$\cdots$	$\boldsymbol{y}_{2g}$
	$\vdots$	$\vdots$		$\vdots$
	$\boldsymbol{y}_{n_1 1}$	$\boldsymbol{y}_{n_2 2}$	$\cdots$	$\boldsymbol{y}_{n_g g}$
평균	$\bar{\boldsymbol{y}}_1 = \sum_{i=1}^{n_1} \boldsymbol{y}_{ij}/n_1$	$\bar{\boldsymbol{y}}_2 = \sum_{i=1}^{n_2} \boldsymbol{y}_{ij}/n_2$	$\cdots$	$\bar{\boldsymbol{y}}_g = \sum_{i=1}^{n_g} \boldsymbol{y}_{ij}/n_g$
총평균	$\bar{\boldsymbol{y}} = \sum_{j=1}^{g} \sum_{i=1}^{n_j} \boldsymbol{y}_{ij}/n, \ n = \sum_{j=1}^{g} n_j$			

[표 4.1.3]에는 일원 MANOVA(one-way Multivariate ANOVA)을 위한 g개 처리의 자료를 보여주고 있다. 여기서 p개의 반응변수로 구성된 $\boldsymbol{y}_{ij}, \ i = 1, \cdots, n_j; j = 1, \cdots, g$는 다변량 정규분포 $N_p(\boldsymbol{\mu}_j, \Sigma)$를 따른다고 하면 일원 MANOVA 모형은 (4.1.5)와 같이 정의된다.

$$y_{ij} = \mu_j + e_{ij},\ i = 1,\ \cdots,\ n_j;\ j = 1,\ \cdots,\ g \tag{4.1.5}$$

여기서 $\mu_j = \mu + \alpha_j$는 전체 평균벡터 μ와 j번째 처리 효과 α_j의 합이다.

g개의 처리 간의 비교는 다음과 같은 귀무가설과 대립가설을 검정하면 된다.

$$H_0 : \mu_1 = \mu_2 = \cdots = \mu_g,\ H_1 : \mu_j \neq \mu_k,\ j \neq k \tag{4.1.6}$$

MANOVA를 위한 전반적인 공식은 일변량과 같이 다음의 기본적인 분해로 출발한다.

$$y_{ij} - \overline{y} = \overline{y}_j - \overline{y} + y_{ij} - \overline{y}_j$$

전체제곱합(total sum of squares, TSS), 처리제곱합(treatment(between) sum of squares, SST)과 오차제곱합(error(within) sum of squares, SSE)은 각각 다음과 같이 정의된다.

$$TSS = \sum_{j=1}^{g}\sum_{i=1}^{n_j}(y_{ij} - \overline{y})(y_{ij} - \overline{y})^T$$

$$SST = \sum_{j=1}^{g}\sum_{i=1}^{n_j}(\overline{y}_j - \overline{y})(\overline{y}_j - \overline{y})^T = \sum_{j=1}^{g} n_j(\overline{y}_j - \overline{y})(\overline{y}_j - \overline{y})^T$$

$$SSE = \sum_{j=1}^{g}\sum_{i=1}^{n_j}(y_{ij} - \overline{y}_j)(y_{ij} - \overline{y}_j)^T = TSS - SST \tag{4.1.7}$$

특히, (4.1.7)의 SSE는 다음과 같이 각 처리의 공분산행렬의 합으로 이루어져 있다.

$$SSE = (n_1 - 1)S_1 + (n_2 - 1)S_2 + \cdots + (n_g - 1)S_g$$

(4.1.6)의 귀무가설을 검정하기 위한 일원 MANOVA 표는 [표 4.1.4]에 요약되어 있다.

[표 4.1.4] 일원 MANOVA 표

요인	자유도	제곱합	검정통계량	p	m	f
처리	$g-1$	SST	$\Lambda = \dfrac{\lvert SSE\rvert}{\lvert SSE+SST\rvert}$	p	$g-1$	$n-g$
오차	$n-g$	SSE				
전체	$n-1$	TSS				

[표 4.1.4]의 검정통계량 Λ는 윌크스(Wilks) 통계량으로 윌크스 U-분포를 따른다(Mardia

외 2인, 1979, pp. 81-85).

$$\Lambda = \frac{|SSE|}{|SSE + SST|} \sim U_{(p,\, m,\, f)} \tag{4.1.8}$$

따라서

$$\Lambda \le U_{(p,\, m,\, f)}(\alpha) \Rightarrow H_0 : \mu_1 = \mu_2 = \cdots = \mu_g \text{를 유의수준 } \alpha \text{에서 기각한다.} \tag{4.1.9}$$

(4.1.8) 대신에 특별한 경우 F-분포를 따르는 윌크스 검정통계량의 네 가지 변환을 [표 4.1.5]에 정리하였다(Mardia 외 2인, 1979, p. 83; Johnson과 Wichern, 2007, Table 6.3; Srivastava, 2002, p. 180). 따라서 (4.1.9) 검정 대신에 [표 4.1.5]의 검정통계량의 값을 F_0라 하고 이것이 자유도 (df_1, df_2)를 따르는 $F_{df_1,\, df_2}$-분포에 의해 (4.1.10)의 검정방법을 따르게 된다.

$$F_0 > F_{df_1,\, df_2}(\alpha) \Rightarrow H_0 : \mu_1 = \mu_2 = \cdots = \mu_g \text{를 유의수준 } \alpha \text{에서 기각한다.} \tag{4.1.10}$$

[표 4.1.5] 윌크스 검정통계량의 네 가지 변환의 분포

변수의 수	처리(집단)의 수	검정통계량	분포
$p=1$	$g \ge 2$	$\left(\frac{n-g}{g-1}\right)\left(\frac{1-\Lambda}{\Lambda}\right)$	$F_{g-1,\, n-g}$
$p=2$	$g \ge 2$	$\left(\frac{n-g-1}{g-1}\right)\left(\frac{1-\sqrt{\Lambda}}{\sqrt{\Lambda}}\right)$	$F_{2(g-1),\, 2(n-g-1)}$
$p \ge 1$	$g=2$	$\left(\frac{n-p-1}{p}\right)\left(\frac{1-\Lambda}{\Lambda}\right)$	$F_{p,\, n-p-1}$
$p \ge 1$	$g=3$	$\left(\frac{n-p-2}{p}\right)\left(\frac{1-\sqrt{\Lambda}}{\sqrt{\Lambda}}\right)$	$F_{2p,\, 2(n-p-2)}$

반면에 자료의 크기가 큰 경우 (4.1.8)의 윌크스 검정통계량은 근사적으로 자유도가 $df = p \times m = p(g-1)$인 카이제곱분포를 따르는 바틀렛(Bartlett) 수정 검정통계량

$$\chi^2 = -\left(f - \frac{p-m+1}{2}\right)\log\Lambda \tag{4.1.11}$$

$$= -\left(n-g-\frac{p-(g-1)+1}{2}\right)\log\Lambda = -\left(n-1-\frac{p+g}{2}\right)\log\Lambda$$

에 의해서

$$\chi^2 > \chi^2_{(p(g-1))}(\alpha) \Rightarrow H_0 : \mu_1 = \mu_2 = \cdots = \mu_g \text{를 유의수준 } \alpha \text{에서 기각한다.} \quad (4.1.12)$$

일반적으로 윌크스 U-분포 $U_{(p,\, m_1,\, m_2)}$는 위샤트분포로부터 유도되는 [정의 4.1.1]의 U-통계량에 의해서 결정되며 다양한 U-통계량의 분포를 [정리 4.1.1]에서 정리할 수 있다.

[정의 4.1.1] 윌크스 $U-$통계량과 분포

$$V_1 \sim W_p(m_1,\, I) \perp V_2 \sim W_p(m_2,\, I) \Rightarrow \Lambda = \frac{|V_1|}{|V_1 + V_2|} \sim U_{(p,\, m_1,\, m_2)}$$

[정리 4.1.1] 윌크스 $U-$통계량의 특수한 경우

(1) $U_{(p,\, m_1,\, m_2)} \sim U_{(m_1,\, p,\, m_1 + m_2 - p)}$ ($\because$ Anderson, 1984, Theorem 8.4.2)

(2) $p = 1 \Rightarrow U_{(1,\, m_1,\, m_2)} \sim \text{Beta}\left(\dfrac{m_2}{2},\, \dfrac{m_1}{2}\right) \sim \dfrac{\chi^2_{(m_2)}}{\chi^2_{(m_2)} + \chi^2_{(m_1)}}$

(3) $m_1 = 1 \Rightarrow U_{(p,\, 1,\, m_2)} \sim U_{(1,\, p,\, m_2 + 1 - p)}$

$$\sim \text{Beta}\left(\frac{m_2 + 1 - p}{2},\, \frac{p}{2}\right) \sim \frac{\chi^2_{(m_2 + 1 - p)}}{\chi^2_{(m_2 + 1 - p)} + \chi^2_{(p)}}$$

(4) $p = 2 \Rightarrow \sqrt{U_{(2,\, m_1,\, m_2)}} \sim \text{Beta}(m_2 - 1,\, m_1)$

($\because$ Anderson, 1984, Theorem 8.4.4)

$$\sim \text{Beta}\left(\frac{2(m_2 - 1)}{2},\, \frac{2m_1}{2}\right) \sim U_{(1,\, 2m_1,\, 2(m_2 - 1))} \quad (\because\ (2)\ )$$

(5) $\sqrt{U_{(p,\, 2,\, m_2)}} \sim \sqrt{U_{(2,\, p,\, m_2 + 2 - p)}}$ ($\because$ (1))

특히, [표 4.1.5]에서 $p = 1$이고 $g \geq 2$인 검정통계량의 윌크스 Λ가 [정리 4.1.1]-(2)의 의해서

$$\Lambda \sim U_{(1,\, g-1,\, n-g)} \sim \text{Beta}\left(\frac{n-g}{2},\ \frac{g-1}{2}\right) \sim \frac{\chi^2_{(n-g)}}{\chi^2_{(n-g)} + \chi^2_{(g-1)}}$$

$$\Leftrightarrow\ \frac{1-\Lambda}{\Lambda} \sim \frac{1 - \dfrac{\chi^2_{(n-g)}}{\chi^2_{(n-g)} + \chi^2_{(g-1)}}}{\dfrac{\chi^2_{(n-g)}}{\chi^2_{(n-g)} + \chi^2_{(g-1)}}} \sim \frac{\chi^2_{(g-1)}}{\chi^2_{(n-g)}} \sim \frac{g-1}{n-g} F_{g-1,\, n-g}$$

를 만족함을 알 수 있다. 만약에 $p \geq 1$이고 $g=2$인 경우에는 검정통계량의 윌크스 Λ가 [정리 4.1.1]-(3)의 의해서

$$\begin{aligned}\Lambda \sim U_{(p,\, 1,\, n-g)} &\sim U_{(1,\, p,\, n-p-1)} \\ &\sim \text{Beta}\left(\frac{n-p-1}{2},\ \frac{p}{2}\right) \sim \frac{\chi^2_{(n-p-1)}}{\chi^2_{(n-p-1)} + \chi^2_{(p)}}\end{aligned}$$

$$\Leftrightarrow\ \frac{1-\Lambda}{\Lambda} \sim \frac{\chi^2_{(p)}}{\chi^2_{(n-p-1)}} \sim \frac{p}{n-p-1} F_{p,\, n-p-1}$$

다음으로 $p=2$이고 $g \geq 2$인 경우 검정통계량의 윌크스 $\sqrt{\Lambda}$가 [정리 4.1.1]-(4)와 (3)에 의해서

$$\sqrt{\Lambda} \sim \sqrt{U_{(2,\, g-1,\, n-g)}} \sim U_{(1,\, 2(g-1),\, 2(n-g-1))} \sim \frac{\chi^2_{(2(n-g-1))}}{\chi^2_{(2(n-g-1))} + \chi^2_{(2(g-1))}}$$

$$\Leftrightarrow\ \frac{1-\sqrt{\Lambda}}{\sqrt{\Lambda}} \sim \frac{\chi^2_{(2(g-1))}}{\chi^2_{(2(n-g-1))}} \sim \frac{g-1}{n-g-1} F_{2(g-1),\, 2(n-g-1)}$$

끝으로 $p \geq 1$이고 $g=3$이면 검정통계량의 윌크스 $\sqrt{\Lambda}$가 [정리 4.1.1]-(5)와 (4)에 의해서

$$\begin{aligned}\sqrt{\Lambda} \sim \sqrt{U_{(p,\, 2,\, n-3)}} &\sim \sqrt{U_{(2,\, p,\, n-p-1)}} \\ &\sim U_{(1,\, 2p,\, 2(n-p-2)} \sim \frac{\chi^2_{(2(n-p-2))}}{\chi^2_{(2(n-p-2))} + \chi^2_{(2p)}}\end{aligned}$$

$$\Leftrightarrow\ \frac{1-\sqrt{\Lambda}}{\sqrt{\Lambda}} \sim \frac{\chi^2_{(2p)}}{\chi^2_{(2(n-p-2))}} \sim \frac{p}{n-p-2} F_{2p,\, 2(n-p-2)}$$

[보기 4.1.1] 네 종류의 벼의 평균벡터 검정

Example

[자료 4.1.1]은 네 종류의 쌀 품종(A, B, C, D)의 벼 20포기를 이양한 후 6주가 지난 다음 y_1 =키, y_2 =포기당 싹의 수를 측정한 자료이다(Srivastava, 2002, Table 6.2.2). 귀무가설 $H_0 : \mu_1 = \mu_2 = \mu_3 = \mu_4$에 대하여 검정하고자 일원 MANOVA를 적용하였다. 이를 위한 [R-코드 4.1.1](rice-onewayMANOVA.R)과 [결과 4.1.1]을 참고하기 바란다.

[자료 4.1.1] 일원 MANOVA를 적용할 4개 쌀 품종의 벼 자료

처리	A		B		C		D	
	y_1	y_2	y_1	y_2	y_1	y_2	y_1	y_2
자료	58	4	49	7	54	6	58	4
	62	6	55	6	52	6	55	4
	60	7	48	4	51	7	51	5
	54	6	52	4	58	5	49	6
	58	6	49	7	61	6	52	4
평균	58.4	5.8	50.6	5.6	55.2	6	53	4.6
총평균	$\bar{\boldsymbol{y}} = \sum_{j=1}^{4}\sum_{i=1}^{n_j}\boldsymbol{y}_{ij}/n = (54.3,\ 5.5)^T$							

일원 MANOVA를 위한 [표 4.1.3]의 관점에서 [표 4.1.1]을 살펴보면 처리가 A, B, C, D로 $g = 4$개이고 각 처리별 자료 수는 동일한 $n_j = 5,\ j = 1,\ \cdots,\ 4$이다. 따라서 각 처리별 자료는 다음과 같다.

처리 1=A: $\boldsymbol{y}_{11} = (58,\ 4)^T,\ \cdots,\ \boldsymbol{y}_{51} = (58,\ 6)^T$

처리 2=B: $\boldsymbol{y}_{12} = (49,\ 7)^T,\ \cdots,\ \boldsymbol{y}_{52} = (49,\ 7)^T$

처리 3=C: $\boldsymbol{y}_{13} = (54,\ 6)^T,\ \cdots,\ \boldsymbol{y}_{53} = (61,\ 6)^T$

처리 4=D: $\boldsymbol{y}_{14} = (58,\ 4)^T,\ \cdots,\ \boldsymbol{y}_{54} = (52,\ 4)^T$

각 처리별 평균벡터의 계산은 [결과 4.1.1]의 (1) 평균벡터와 (2) 총평균으로부터

$$\bar{\boldsymbol{y}}_1 = (58.4,\ 5.8)^T,\ \bar{\boldsymbol{y}}_2 = (50.6,\ 5.6)^T,\ \bar{\boldsymbol{y}}_3 = (55.2,\ 6.0)^T,\ \bar{\boldsymbol{y}}_4 = (53.0,\ 4.6)^T$$

이고 총평균은 $\bar{\boldsymbol{y}} = (54.3,\ 5.5)^T$이다.

[결과 4.1.1]의 (3) 제곱합: SST, SSE, TSS으로부터

$$SST = \begin{bmatrix} 165.0 & 12.4 \\ 12.4 & 5.8 \end{bmatrix},\ SSE = \begin{bmatrix} 189.2 & -15.4 \\ -15.4 & 19.2 \end{bmatrix},\ TSS = \begin{bmatrix} 354.2 & -3 \\ -3.0 & 25 \end{bmatrix}$$

와 (4) 검정으로부터 다음의 일원 MANOVA 표를 요약하게 된다.

요인	자유도	제곱합	검정통계량	p	$m=g-1$	$f=n-g$
처 리	$4-1$	SST	$\Lambda=0.384$	$p=2$	$4-1$	$20-4$
오 차	$20-4$	SSE				
전 체	$20-1$	TSS				

각 처리의 자료의 수가 5로 매우 작아 [표 4.5.1] $p=2,\ g \ge 2$인 경우에 해당하며 [결과 4.1.1]의 (4) 검정의 결과로부터 다음과 같은 F-검정을 적용하게 된다.

$$F_o = \left(\frac{20-4-1}{4-1}\right)\left(\frac{1-\sqrt{0.384}}{\sqrt{0.384}}\right) = 3.07 > F_{2(4-1),\,2(20-4-1)}(0.05) = 2.421$$

$$\Rightarrow\ H_0 : \mu_1 = \mu_2 = \mu_3 = \mu_4 \text{를 유의수준 } 0.05\text{에서 기각한다.}$$

유의확률 p-값 $= P(F > 3.07) = 0.018$을 보아도 유의수준 0.05보다 작아 귀무가설을 기각하게 된다.

[R-코드 4.1.1] [결과 4.1.1.]을 위한 R-코드(rice-onewayMANOVA.R)

```
## One-Way MANOVA for 4 Varieties of Rice Data : Small Data
y1 <- matrix(c(58,4,62,6,60,7,54,6,58,6),5,2,T)
y2 <- matrix(c(49,7,55,6,48,4,52,4,49,7),5,2,T)
y3 <- matrix(c(54,6,52,6,51,7,58,5,61,6),5,2,T)
y4 <- matrix(c(58,4,55,4,51,5,49,6,52,4),5,2,T)
nj=nrow(y1); p=ncol(y1)
J=g=4; m=J-1; n1=n2=n3=n4=nj; n=J*nj; f=n-J; alpha=0.05
cluster=c(rep(1, n1), rep(2, n2), rep(3, n3), rep(4, n4))
y <- cbind(y1,y2,y3,y4)
yyb <- matrix(1/nj,1,nj)%*%y;yyb # 평균벡터
ybj <- rbind(yyb[1:2],yyb[3:4],yyb[5:6],yyb[7:8])
yb <- matrix(1/J,J,J)%*%ybj; yb[1,] # 총평균
ybb <- matrix(1/J,nj,J)%*%ybj
sst <- nj*t(ybj-yb)%*%(ybj-yb)
```

```
tss <- t(y1-ybb)%*%(y1-ybb)+t(y2-ybb)%*%(y2-ybb)+t(y3-ybb)%*%(y3-ybb)+t(y4-ybb)%*%(y4-ybb)
sse <- tss-sst
sst;sse;tss
U0 <- det(sse)/det(sse + sst)

# Test for small size data
F0<- ((n-g-1)/(g-1))%*%((1-sqrt(U0))/sqrt(U0))
Fa<-qf(1-alpha, 2*(g-1), 2*(n-g-1))
pv=1-pf(F0, 2*(g-1), 2*(n-g-1))
test <- function(U0,F0,Fa,pv,alpha){
        values<-c(U0,F0,Fa,pv); names(values)<-c("U0","F0","Fa","p-value")
        if(F0 > Fa) {result<-c("F0 > Fa : reject H0")}
        if(F0 < Fa) {result<-c("F0 < Fa : accept H0")}
        list(values=values, result=result)
}
test(U0,F0,Fa,pv,alpha)
```

[결과 4.1.1] [R–코드 4.1.1]의 수행결과

(1) 평균벡터

```
     [,1] [,2] [,3] [,4] [,5] [,6] [,7 ] [,8]
[1,] 58.4  5.8 50.6  5.6 55.2    6   53  4.6
```

(2) 총평균

```
[1] 54.3  5.5
```

(3) 제곱합: SST, SSE, TSS

```
      [,1] [,2]
[1,] 165.0 12.4
[2,]  12.4  5.8
      [,1]  [,2]
[1,] 189.2 −15.4
[2,] −15.4  19.2
      [,1] [,2]
[1,] 354.2   −3
[2,]  −3.0   25
```

(4) 검정

```
$values
```

```
        U0          F0          Fa     p-value
0.3838435  3.0703595  2.4205232  0.0183120

$result
[1] "F0 > Fa : reject H0"
```

[보기 4.1.2] 피셔의 세 종류 붓꽃자료의 비교검정

Example

세 종류의 붓꽃(Setosa, Versicolor, Virginica)을 각각 50포기씩을 꽃받침 길이, 꽃받침 폭, 꽃잎 길이, 꽃잎 폭을 측정한 자료 data(iris)의 다변량 정규성 검토는 [보기 2.3.1]과 [보기 2.3.3]에서 만족함을 보였다. 귀무가설 $H_0 : \mu_1 = \mu_2 = \mu_3$에 대하여 검정하고자 일원 MANOVA를 적용하였다. 이를 위한 [R-코드 4.1.2](iris-onewayMANOVA.R)과 [결과 4.1.2]를 참고하기 바란다.

일원 MANOVA을 위한 처리가 세 종류의 붓꽃(Setosa, Versicolor, Virginica)으로 $g = 3$개이고 각 처리별 자료 수는 동일한 $n_j = 50,\ j = 1,\ 2,\ 3$이다. 따라서 각 처리별 자료는 다음과 같다.

처리 1=Setosa: $y_{11} = (5.1,\ 3.5,\ 1.4,\ 0.2)^T,\ \cdots,\ y_{50,\,1} = (5.0,\ 3.3,\ 1.4,\ 0.2)^T$

처리 2=Versicolor: $y_{12} = (7.0,\ 3.2,\ 4.7,\ 1.4)^T,\ \cdots,\ y_{50,\,2} = (5.7,\ 2.8,\ 4.1,\ 1.3)^T$

처리 3=Virginica: $y_{13} = (6.3,\ 3.3,\ 6.0,\ 2.5)^T,\ \cdots,\ y_{50,\,3} = (5.9,\ 3.0,\ 5.1,\ 1.8)^T$

각 처리별 평균벡터의 계산은 [결과 4.1.1]의 (1) 평균벡터와 (2) 총평균으로부터

$$\bar{y}_1 = (5.006,\ 3.428,\ 1.462,\ 0.246)^T,\quad \bar{y}_2 = (5.936,\ 2.770,\ 4.260,\ 1.326)^T,$$
$$\bar{y}_3 = (6.588,\ 2.974,\ 5.552,\ 2.026)^T,\quad \bar{y} = (5.843,\ 3.057,\ 3.758,\ 1.199)^T$$

[결과 4.1.2]의 (3) 제곱합: SST, SSE, TSS와 (4) 검정으로부터 다음의 일원 MANOVA 표를 제공할 수 있다.

요인	자유도	제곱합	검정통계량	p	$m = g - 1$	$f = n - g$
처리	$3 - 1$	SST	$\Lambda = 0.023$	$p = 4$	$4 - 1$	$20 - 4$
오차	$150 - 3$	SSE				
전체	$150 - 1$	TSS				

각 처리의 자료의 크기가 각각 50으로 큰 경우 근사적으로 자유도가 $df = p(g-1) = 4(3-1) = 8$인 카이제곱분포를 따르는 바틀렛(Bartlett) 수정 검정통계량에 의한

$$\chi_0^2 = -\left(150 - 1 - \frac{4+3}{2}\right)\log(0.023) = 547.992 > \chi^2_{(2(3-1))}(0.05) = 12.592$$

$\Rightarrow H_0 : \mu_1 = \mu_2 = \mu_3$를 유의수준 0.05에서 기각한다.

유의확률 p-값$=0.000$으로도 앞선 검정과 동일한 결과를 강력하게 뒷받침함을 알 수 있다.

[R-코드 4.1.2] [결과 4.1.2]를 위한 R-코드((iris-onewayMANOVA.R)

```
## One-Way MANOVA for 3 Iris Flowers Data : Large Data
iris
y1 =as.matrix(iris[1:50, 1:4]) # Iris data only for setosa and four variables
y2 =as.matrix(iris[51:100, 1:4]) # Iris data only for versicolor and four variables
y3= as.matrix(iris[101:150, 1:4]) # Iris data only for virginica and four variables

nj=nrow(y1); p=ncol(y1)
J=g=3; m=J-1; n1=n2=n3=nj; n=J*nj; f=n-J; alpha=0.05
y <- cbind(y1,y2,y3)
yyb <- matrix(1/nj,1,nj)%*%y;yyb # 평균벡터
ybj <- rbind(yyb[1:4],yyb[5:8],yyb[9:12])
yb <- matrix(1/J,J,J)%*%ybj; yb[1,] # 총평균
ybb <- matrix(1/J,nj,J)%*%ybj
sst <- nj*t(ybj-yb)%*%(ybj-yb)
tss <- t(y1-ybb)%*%(y1-ybb)+t(y2-ybb)%*%(y2-ybb)+t(y3-ybb)%*%(y3-ybb)
sse <- tss-sst
sst;sse;tss
U0 <- det(sse)/det(sse + sst)

#Test for large size data
chi0 <- -(f-((p-1)-m+1)/2)*log(U0)
chia <- qchisq(1-alpha,(p-1)*m)
gama <- (p-1)*m*((p-1)^2+m-5)/48
pv <- 1-pchisq(chi0,(p-1)*m) + gama*(1-pchisq(chi0,(p-1)*m+4)-(1-pchisq(chi0,(p-1)*m)))/(f^2)
test <- function(U0,chi0,chia,pv,alpha){
        values<-c(U0,chi0,chia,pv); names(values)<-c("U0","chi0","chia","p-value")
        if(chi0 > chia) {result<-c("chi0 > chia : reject H0")}
        if(chi0 < chia) {result<-c("chi0 < chia : accept H0")}
        list(values=values, result=result)
```

```
}
test(U0,chi0,chia,pv,alpha)
```

[결과 4.1.2] [R-코드 4.1.2]의 수행결과

```
(1) 평균벡터
     Sepal.Length Sepal.Width Petal.Length Petal.Width Sepal.Length
[1,]        5.006       3.428        1.462       0.246        5.936
     Sepal.Width Petal.Length Petal.Width Sepal.Length Sepal.Width
[1,]        2.77         4.26       1.326        6.588       2.974
     Petal.Length Petal.Width
[1,]        5.552       2.026

(2) 총평균
[1] 5.843333 3.057333 3.758000 1.199333

(3) 제곱합: SST, SSE, TSS

          [,1]      [,2]     [,3]      [,4]
[1,]  63.21213 -19.95267 165.2484  71.27933
[2,] -19.95267  11.34493 -57.2396 -22.93267
[3,] 165.24840 -57.23960 437.1028 186.77400
[4,]  71.27933 -22.93267 186.7740  80.41333
             Sepal.Length Sepal.Width Petal.Length Petal.Width
Sepal.Length      38.9562     13.6300      24.6246      5.6450
Sepal.Width       13.6300     16.9620       8.1208      4.8084
Petal.Length      24.6246      8.1208      27.2226      6.2718
Petal.Width        5.6450      4.8084       6.2718      6.1566
             Sepal.Length Sepal.Width Petal.Length Petal.Width
Sepal.Length   102.168333   -6.322667     189.8730    76.92433
Sepal.Width     -6.322667   28.306933     -49.1188   -18.12427
Petal.Length   189.873000  -49.118800     464.3254   193.04580
Petal.Width     76.924333  -18.124267     193.0458    86.56993

(4) 검정
$values
         U0          chi0         chia     p-value
 0.02343863 547.99198136  12.59158724  0.00000000
```

```
$result
[1] "chi0 > chia : reject H0"
```

4.2 MANOVA를 대신할 다변량 검정

4.1절에서 귀무가설 $H_0 : \mu_1 = \mu_2 = \cdots = \mu_g$를 검정하기 위한 제곱합으로부터 처리제곱합(SST)과 오차제곱합(SSE)을 각각 다음과 같이 정의하자.

$$B = SST = \sum_{j=1}^{g} n_j (\overline{y_j} - \overline{y})(\overline{y_j} - \overline{y})^T$$

$$W = SSE = \sum_{j=1}^{g} \sum_{i=1}^{n_i} (y_{ij} - \overline{y_j})(y_{ij} - \overline{y_j})^T$$

만약에 l_k, $k = 1, \cdots, s$를 $W^{-1}B$의 고윳값으로 $l_1 \geq \cdots \geq l_s > 0$이고, $s = \min(p, g-1)$는 B의 계수(rank)가 된다.

4.1절의 일원 MANOVA에서 귀무가설 $H_0 : \mu_1 = \mu_2 = \cdots = \mu_g$를 검정하기 위해 사용한 (1) 윌크스 검정통계량은 다음과 같다.

$$\Lambda = \frac{|W|}{|W+B|} = \prod_{k=1}^{s} \frac{1}{1+l_k}$$

이외에도 (2) 로리-호텔링(Lawley-Hotelling) 검정통계량은

$$U^{(s)} = tr(W^{-1}B) = \sum_{k=1}^{s} l_k$$

이고, 실제 검정은 Rencher(1995, Table A.12)로부터 유의수준 0.05에서 기각치 $U^{(s)}(0.05)$를 고려할 때 다음과 같이 이루어진다.

$$\frac{n-g}{g-1} U^{(s)} > U^{(s)}(0.05) \Rightarrow H_0\text{를 유의수준 } \alpha\text{에서 기각한다.}$$

(3) 필라이(Pillai) 검정통계량은 Rencher(1995, Table A.11)로부터 유의수준 0.05에서 기각치 $V^{(s)}(0.05)$를 고려할 때 다음과 같이 이루어진다.

$$V^{(s)} = tr[B(B+W)^{-1}] = \sum_{k=1}^{s} \frac{l_k}{1+l_k} > V^{(s)}(0.05) \Rightarrow H_0\text{를 유의수준 } 0.05\text{에서 기각한다.}$$

(4) 로이(Roy) 검정통계량은 $W^{-1}B$의 최대 고윳값으로 이루어지며 Rencher(1995, Table A.10)로부터 유의수준 0.05에서 기각치 $\theta(0.05)$를 고려할 때 다음과 같이 이루어진다.

$$\theta = \frac{l_1}{1+l_1} > \theta(0.05) \Rightarrow H_0\text{를 유의수준 } 0.05\text{에서 기각한다.}$$

실제로 θ는 대수적으로 $B(B+W)^{-1}$의 최대 고윳값이 되며 로이의 최대 근 검정(largest root test)이라고도 한다.

지금까지 살펴본 (1) ~ (4)의 네 가지 검정은 [표 4.2.1]에 정리되었고 Rencher(1995, pp. 180-186)에 따르면 자료의 수가 큰 경우 근사적 F-분포에 의해서 검정을 하게 되며 거의 동등한 결과를 제공한다. 특히, Srivastava(2002, p. 187)에 따르면 필라이 검정은 자료의 분포가 대칭이나 정규분포가 아닌 경우에 로버스트하며 가장 검정력이 뛰어나다.

[표 4.2.1] 일원 MANOVA에서 귀무가설 $H_0: \mu_1 = \mu_2 = \cdots = \mu_g$의 네 가지 다변량 검정

검정 종류	통계량 $B=SST,\ W=SSE$		$W^{-1}B$의 고윳값 $l_k, k=1, \cdots, s, s=\min(p, g-1)$ $l_1 \ge \cdots \ge l_s > 0$
윌크스 Wilks	Λ	$\frac{\lvert W\rvert}{\lvert W+B\rvert}$	$\prod_{k=1}^{s} \frac{1}{1+l_k}$
로리-호텔링 Lawley-Hotelling	$U^{(s)}$	$tr(W^{-1}B)$	$\sum_{k=1}^{s} l_k$
필라이 Pillai	$V^{(s)}$	$tr[B(B+W)^{-1}]$	$\sum_{k=1}^{s} \frac{l_k}{1+l_k}$
로이 Roy	θ	$B(B+W)^{-1}$의 최대 고윳값	$\frac{l_1}{1+l_1}$

[보기 4.2.1] 네 종류의 벼 평균벡터의 네 가지 다변량 검정 Example

[보기 4.1.1]에는 네 종류의 쌀 품종(A, B, C, D)의 벼 20포기를 이양한 후 6주가 지난 다음 y_1 =키, y_2 =포기당 싹의 수를 측정한 자료의 귀무가설 $H_0 : \mu_1 = \mu_2 = \mu_3 = \mu_4$에 대하여 일원 MANOVA를 적용하여 귀무가설이 기각됨을 살펴보았다. 이번에는 이를 대신할 네 가지 검정통계량을 통해 동일한 결과를 얻게 되는지를 살펴보자. 이를 위한 [R-코드 4.2.1](rice-onewayMANOVA-4Tetsts.R)과 [결과 4.2.1]을 참고하기 바란다.

먼저 [결과 4.2.1]-(1) MANOVA의 제곱합

$$B = SST = \begin{bmatrix} 165.0 & 12.4 \\ 12.4 & 5.8 \end{bmatrix}, \quad W = SSE = \begin{bmatrix} 189.2 & -15.4 \\ -15.4 & 19.2 \end{bmatrix}$$

로부터 [결과 4.2.1]-(2) $W^{-1}B$의 고윳값은 다음과 같다.

$$l_1 = 1.166 > l_2 = 0.203$$

따라서 [결과 4.2.1]-(3) 검정통계량으로부터 (1) 윌크스 검정통계량은

$$\Lambda = \prod_{k=1}^{2} \frac{1}{1+l_k} = \left(\frac{1}{1+1.166}\right)\left(\frac{1}{1+0.203}\right) = 0.384$$

이고 (2) 로리-호텔링(Lawley-Hotelling) 검정통계량은

$$U^{(s)} = \sum_{k=1}^{2} l_k = 1.166 + 0.203 = 1.369$$

이다. (3) 필라이(Pillai) 검정통계량은

$$V^{(s)} = \sum_{k=1}^{2} \frac{l_k}{1+l_k} = \left(\frac{1.166}{1+1.166}\right) + \left(\frac{0.203}{1+0.203}\right) = 0.707$$

이고 (4) 로이(Roy) 검정통계량은

$$\theta = \frac{l_1}{1+l_1} = \frac{1.166}{1+1.166} = 0.538$$

이다. 이들에 대한 실제 검정은 R에서 fit=manova()로부터 함수 summary(fit, test="Wilks"), summary(fit, test="Hotelling"), summary(fit, test="Pillai"), summary(fit, test="Roy")에

의해서 제공하는 근사적 F-분포에 의한 유의확률을 통해 실시된다. [결과 4.2.1]-(4)로부터 전체적으로 p-값이 각각 0.018(윌크스), 0.016(로리-호텔링), 0.022(필라), 0.005(로이)로 유의수준 0.05보다 작아 MANOVA에서와 같이 귀무가설 $H_0 : \mu_1 = \mu_2 = \mu_3 = \mu_4$을 기각하게 된다. 다만 R에서는 로이 검정통계량을 $\theta = l_1/(1 + l_1)$ 대신에 l_1을 사용하고 있다.

[R-코드 4.2.1] [결과 4.2.1.]을 위한 R-코드(rice-onewayMANOVA-4Tetsts.R)

```
## One-Way MANOVA 4 Multivaiate Tests for 4 Varieties of Rice Data
y1 <- matrix(c(58,4,62,6,60,7,54,6,58,6),5,2,T)
y2 <- matrix(c(49,7,55,6,48,4,52,4,49,7),5,2,T)
y3 <- matrix(c(54,6,52,6,51,7,58,5,61,6),5,2,T)
y4 <- matrix(c(58,4,55,4,51,5,49,6,52,4),5,2,T)
nj=nrow(y1); p=ncol(y1)
J=g=4; m=J-1; n1=n2=n3=n4=nj; n=J*nj; f=n-J; alpha=0.05
y <- cbind(y1,y2,y3,y4)
yyb <- matrix(1/nj,1,nj)%*%y
ybj <- rbind(yyb[1:2],yyb[3:4],yyb[5:6],yyb[7:8])
yb <- matrix(1/J,J,J)%*%ybj;
ybb <- matrix(1/J,nj,J)%*%ybj
sst <- nj*t(ybj-yb)%*%(ybj-yb)
tss <- t(y1-ybb)%*%(y1-ybb)+t(y2-ybb)%*%(y2-ybb)+t(y3-ybb)%*%(y3-ybb)+t(y4-ybb)%*%(y4-ybb)
sse <- tss-sst

# 4 Multivariate Test Statistics : (W^-1)B
W=sse;B=sst;B;W
eigen=eigen(solve(W)%*%B);eigen
l1=eigen$values[1];l2=eigen$values[2]
L=(1/(1+l1)) %*% (1/(1+l2)); L
L_H=(l1 +l2);L_H
P= (l1/(1+l1))+(l2/(1+l2));P
R= (l1/(1+l1));R

# 4  Multivariate Tests in R
yc=rbind(y[,1:2], y[,3:4], y[, 5:6], y[,7:8])
cluster=c(rep("1", n1), rep("2", n2), rep("3", n3), rep("4", n4))
fit=manova(yc~cluster)
summary(fit, test="Wilks");summary(fit, test="Hotelling")
summary(fit, test="Pillai");summary(fit, test="Roy")
```

[결과 4.2.1] [R-코드 4.2.1]의 수행결과

(1) MANOVA의 제곱합

```
> W=sse;B=sst;B;W
      [,1] [,2]
[1,] 165.0 12.4
[2,]  12.4  5.8
      [,1]  [,2]
[1,] 189.2 -15.4
[2,] -15.4  19.2
```

(2) $W^{-1}B$의 고윳값

```
> eigen=eigen(solve(W)%*%B);eigen
$values
[1] 1.1657380 0.2029286
```

(3) 네 가지 검정통계량

```
> L=(1/(1+l1)) %*% (1/(1+l2)); L
          [,1]
[1,] 0.3838435
> L_H=(l1 +l2);L_H
[1] 1.368667
> P= (l1/(1+l1))+(l2/(1+l2));P
[1] 0.7069591
> R= (l1/(1+l1));R
[1] 0.5382636
```

(4) R에서의 네 가지 다변량 검정

```
> summary(fit, test="Wilks");summary(fit, test="Hotelling")
          Df   Wilks approx F num Df den Df  Pr(>F)
cluster    3 0.38384   3.0704      6     30 0.01831 *
Residuals 16
---
Signif. codes:  0 '***' 0.001 '**' 0.01 '*' 0.05 '.' 0.1 ' ' 1
          Df Hotelling-Lawley approx F num Df den Df  Pr(>F)
cluster    3           1.3687   3.1936      6     28 0.01624 *
Residuals 16
---
Signif. codes:  0 '***' 0.001 '**' 0.01 '*' 0.05 '.' 0.1 '
```

```
> summary(fit, test="Pillai");summary(fit, test="Roy")
          Df  Pillai approx F num Df den Df   Pr(>F)
cluster    3 0.70696    2.916      6     32 0.02204 *
Residuals 16
---
Signif. codes:  0 '***' 0.001 '**' 0.01 '*' 0.05 '.' 0.1 ' ' 1
          Df    Roy approx F num Df den Df   Pr(>F)
cluster    3 1.1657   6.2173      3     16 0.005292 **
Residuals 16
---
Signif. codes:  0 '***' 0.001 '**' 0.01 '*' 0.05 '.' 0.1
```

[보기 4.2.2] 피셔의 세 종류 붓꽃자료의 네 가지 다변량 검정

Example

[보기 4.1.2]에서 세 종류의 붓꽃(Setosa, Versicolor, Virginica)을 각각 50포기씩을 꽃받침 길이, 꽃받침 폭, 꽃잎 길이, 꽃잎 폭을 측정한 자료 data(iris)의 귀무가설 $H_0 : \mu_1 = \mu_2 = \mu_3$이 일원 MANOVA에서 기각됨을 살펴보았다. 여기서는 R의 함수 manova()와 summary()를 이용한 네 가지 다변량 검정을 실시하고자 한다. 이를 위한 [R-코드 4.2.2](iris-onewayMANOVA-4Tests.R)과 [결과 4.2.2]를 참고하기 바란다. 특히 [결과 4.2.2]에는 필요한 결과만 정리하였다.

먼저 [결과 4.2.2]-(1)에는 MANOVA의 제곱합 $B = SST$와 $W = SSE$부터 $W^{-1}B$의 양의 고윳값의 개수는 B의 계수 2와 같으므로 다음과 같다.

$$l_1 = 32.192 > l_2 = 0.285 > 0$$

따라서 [결과 4.2.2]-(2) 검정통계량으로부터 (1) 윌크스 검정통계량은

$$\Lambda = \prod_{k=1}^{2} \frac{1}{1 + l_k} = \left(\frac{1}{1 + 32.192}\right)\left(\frac{1}{1 + 0.285}\right) = 0.023$$

이고 (2) 로리-호텔링(Lawley-Hotelling) 검정통계량은

$$U^{(s)} = \sum_{k=1}^{2} l_k = 32.192 + 0.285 = 32.477$$

이다. (3) 필라이(Pillai) 검정통계량은

$$V^{(s)} = \sum_{k=1}^{2} \frac{l_k}{1+l_k} = \left(\frac{32.192}{1+32.192}\right) + \left(\frac{0.285}{1+0.285}\right) = 1.192$$

이고 (4) 로이(Roy) 검정통계량은

$$\theta = \frac{l_1}{1+l_1} = \frac{32.192}{1+32.192} = 0.970$$

이다. [결과 4.2.2]-(3)으로부터 전체적으로 이들 검정통계량의 유의확률 p-값이 전체적으로 0.000보다 작아 유의수준 0.05에서 MANOVA에서와 같이 귀무가설 $H_0 : \mu_1 = \mu_2 = \mu_3$를 기각하게 된다.

[R-코드 4.2.2] [결과 4.2.2]를 위한 R-코드(iris-onewayMANOVA-4Tests.R)

```
## 4 Multivaiate Tests for 3 Iris Flowers Data
iris
y1 =as.matrix(iris[1:50, 1:4]) # Iris data only for setosa and four variables
y2 =as.matrix(iris[51:100, 1:4]) # Iris data only for versicolor and four variables
y3= as.matrix(iris[101:150, 1:4]) # Iris data only for virginica and four variables

nj=nrow(y1); p=ncol(y1)
J=g=3; m=J-1; n1=n2=n3=nj; n=J*nj; f=n-J; alpha=0.05
y <- cbind(y1,y2,y3)
yyb <- matrix(1/nj,1,nj)%*%y;yyb # 평균벡터
ybj <- rbind(yyb[1:4],yyb[5:8],yyb[9:12])
yb <- matrix(1/J,J,J)%*%ybj; yb[1,] # 총평균
ybb <- matrix(1/J,nj,J)%*%ybj
sst <- nj*t(ybj-yb)%*%(ybj-yb)
tss <- t(y1-ybb)%*%(y1-ybb)+t(y2-ybb)%*%(y2-ybb)+t(y3-ybb)%*%(y3-ybb)
sse <- tss-sst

# 4 Multivariate Test Statistics : (W^-1)B
W=sse;B=sst;B;W
eigen=eigen(solve(W)%*%B);eigen
l1=eigen$values[1];l2=eigen$values[2]
L=(1/(1+l1)) %*% (1/(1+l2)); L
L_H=(l1 +l2);L_H
P= (l1/(1+l1))+(l2/(1+l2));P
R= (l1/(1+l1));R

# 4  Multivariate Tests in R
yc=as.matrix(iris[,-5])
```

```
cluster=iris[, 5]
fit=manova(yc~cluster)
summary(fit, test="Wilks");summary(fit, test="Hotelling")
summary(fit, test="Pillai");summary(fit, test="Roy")
```

[결과 4.2.2] [R-코드 4.2.2]의 수행결과

(1) $W^{-1}B$의 고윳값

```
> eigen=eigen(solve(W)%*%B);eigen
$values
[1]  3.219193e+01  2.853910e-01 -7.143519e-15  1.828487e-16
```

(2) 네 가지 검정통계량

```
> L=(1/(1+l1)) %*% (1/(1+l2)); L
           [,1]
[1,] 0.02343863
> L_H=(l1 +l2);L_H
[1] 32.47732
> P= (l1/(1+l1))+(l2/(1+l2));P
[1] 1.191899
> R= (l1/(1+l1));R
[1] 0.9698722
```

(3) R에서의 네 가지 다변량 검정

```
> summary(fit, test="Wilks");summary(fit, test="Hotelling")
           Df    Wilks approx F num Df den Df    Pr(>F)
cluster     2 0.023439   199.15      8    288 < 2.2e-16 ***
Residuals 147
---
Signif. codes:  0 '***' 0.001 '**' 0.01 '*' 0.05 '.' 0.1 ' ' 1
           Df Hotelling-Lawley approx F num Df den Df    Pr(>F)
cluster     2           32.477   580.53      8    286 < 2.2e-16 ***
Residuals 147
---
Signif. codes:  0 '***' 0.001 '**' 0.01 '*' 0.05 '.' 0.1 ' ' 1

> summary(fit, test="Pillai");summary(fit, test="Roy")
           Df Pillai approx F num Df den Df    Pr(>F)
```

```
cluster       2 1.1919    53.466       8     290 < 2.2e-16 ***
Residuals 147
---
Signif. codes:  0 '***' 0.001 '**' 0.01 '*' 0.05 '.' 0.1 ' ' 1
              Df     Roy approx F num Df den Df     Pr(>F)
cluster       2 32.192       1167        4     145 < 2.2e-16 ***
Residuals 147
---
Signif. codes:  0 '***' 0.001 '**' 0.01 '*' 0.05 '.' 0
```

4.3 다변량 공분산분석

4.1절의 다변량 분산분석 MANOVA를 적용하기 위한 g개 처리의 자료의 구조 [표 4.1.3]에서 측정변수가 p-q개의 의한 자료 $\boldsymbol{y}_{ij}$, $i=1, \cdots, n_i; j=1, \cdots, g$는 다변량 정규분포 $N_{p-q}(\boldsymbol{\mu}_j, \Sigma)$를 따른다고 하자. 이와 같이 MANOVA를 적용하기 위한 자료의 구조에 선형적 영향을 미치는 공변량(covariate) q개에 의한 자료 $\boldsymbol{z}_{ij}$와 결합된 자료 $\boldsymbol{x}_{ij}$는 다음과 같은 다변량 정규분포를 따른다.

$$\boldsymbol{x}_{ij} = \begin{pmatrix} \boldsymbol{z}_{ij} \\ \boldsymbol{y}_{ij} \end{pmatrix}, \ i=1, \cdots, n_j; j=1, \cdots, g \ \sim \ N_p(\boldsymbol{\tau}_j, \Sigma) \tag{4.3.1}$$

여기서 $\boldsymbol{z}_{ij}$와 $\boldsymbol{y}_{ij}$는 크기가 각각 $q \times 1$과 $(p-q) \times 1$인 i번째 개체의 공변량과 반응변수를 나타낸다. 그리고 이들의 평균벡터와 공분산 행렬은

$$\boldsymbol{\tau}_j = \begin{pmatrix} \boldsymbol{\gamma}_j \\ \boldsymbol{\mu}_j \end{pmatrix}, \quad \Sigma = \begin{pmatrix} \Sigma_{11} & \Sigma_{12} \\ \Sigma_{21} & \Sigma_{22} \end{pmatrix} \tag{4.3.2}$$

이고 $\boldsymbol{\gamma}_j$와 $\boldsymbol{\mu}_j$는 크기가 각각 $q \times 1$과 $(p-q) \times 1$인 벡터이다. 이로부터 일원 다변량 공분산분석 MANCOVA 모형은 (4.3.4)와 같이 정의된다.

$$\boldsymbol{y}_{ij} = \boldsymbol{\mu}_j + \Gamma^T \boldsymbol{z}_{ij} + \boldsymbol{e}_{ij}, \ i=1, \cdots, n_j; j=1, \cdots, g \tag{4.3.4}$$

여기서 $\Gamma = (\gamma_j, \cdots, \gamma_j)$는 크기가 $q \times (p-q)$인 공변량의 회귀계수 행렬이 된다. 이와 같이 여러 개의 공변량과 반응변수로 구성된 모형의 분석은 MANCOVA를 통해 가능하며 이를 위한 귀무가설과 대립가설은 (4.3.4)로부터 다음과 같다.

$$H_0 : \mu_1 = \cdots = \mu_g, \gamma_1 = \cdots = \gamma_g,$$
$$H_1 : \mu_j \neq \mu_k, j \neq k, \gamma_1 = \cdots = \gamma_g$$

먼저 전체 자료 수, j번째 그룹의 평균벡터 그리고 전체 평균벡터를 각각

$$n = \sum_{j=1}^{g} n_j, \ \overline{\boldsymbol{x}}_j = n_j^{-1} \sum_{i=1}^{n_j} \boldsymbol{x}_{ij}, \ \overline{\boldsymbol{x}} = n^{-1} \sum_{j=1}^{g} \sum_{i=1}^{n_j} \boldsymbol{x}_{ij}$$

로 정의하자. 처리제곱합(treatment[between] sum of squares, SST)과 오차제곱합(error [within] sum of squares, SSE)은 각각 다음과 같이 정의된다.

$$B = SST = \sum_{j=1}^{g} n_j (\overline{\boldsymbol{x}}_j - \overline{\boldsymbol{x}})(\overline{\boldsymbol{x}}_j - \overline{\boldsymbol{x}})^T \tag{4.3.5}$$

$$W = SSE = \sum_{j=1}^{g} \sum_{i=1}^{n_j} (\boldsymbol{x}_{ij} - \overline{\boldsymbol{x}}_j)(\boldsymbol{x}_{ij} - \overline{\boldsymbol{x}}_j)^T \tag{4.3.6}$$

특히, (4.3.5)와 (4.3.6)의 B와 W는 다음과 같이 분할된다.

$$B = \begin{pmatrix} B_{11} & B_{12} \\ B_{21} & B_{22} \end{pmatrix}, \ W = \begin{pmatrix} W_{11} & W_{12} \\ W_{21} & W_{22} \end{pmatrix}$$

귀무가설 $H_0 : \mu_1 = \cdots = \mu_g, \gamma_1 = \cdots = \gamma_g$을 검정하기 위한 윌크스 검정통계량은 $U-$분포를 따르는

$$\Lambda = |W_{11}|^{-1} |W_{11} + B_{11}| \, |W + B|^{-1} |W| \sim U_{(p-q, \, g-1, \, n-g-q)} \tag{4.3.7}$$

이다. 이는 두 귀무가설 $H_0 : \mu_1 = \cdots = \mu_g$와 $H_0 : \gamma_1 = \cdots = \gamma_g$를 검정하기 위한 U-통계량의 비로 이루어져 있다. [표 4.1.5]에서 측정 변수의 수와 처리 집단의 수에 따라 (4.3.7)의 검정통계량의 변환의 값을 F_0라 하고 이것이 자유도 (df_1, df_2)를 따르는 F_{df_1, df_2}-분포에 의해

$F_0 > F_{df_1, df_2}(\alpha) \Rightarrow H_0 : \boldsymbol{\mu}_1 = \cdots = \boldsymbol{\mu}_g, \boldsymbol{\gamma}_1 = \cdots = \boldsymbol{\gamma}_g$를 유의수준 α에서 기각한다.

일반적으로 자료의 크기가 큰 경우 (4.3.7)의 검정통계량은 근사적으로 자유도가 $df = (p-q)(g-1)$인 카이제곱분포를 따르는 수정 검정통계량에 의한 다음과 같은 검정을 실시한다.

$$\chi^2 = -\left(n - 1 - \frac{p+g+q}{2}\right)\log\Lambda > \chi^2_{((p-q)(g-1))}(\alpha) \quad (4.3.8)$$

$$\Rightarrow H_0 : \boldsymbol{\mu}_1 = \cdots = \boldsymbol{\mu}_g, \boldsymbol{\gamma}_1 = \cdots = \boldsymbol{\gamma}_g \text{를 유의수준 } \alpha \text{에서 기각한다.}$$

만약에 (4.3.4) MANOVA 모형에서 공변량을 무시하게 되면 MANOVA 모형이 되고 귀무가설 $H_0 : \boldsymbol{\mu}_1 = \cdots = \boldsymbol{\mu}_g$에 대한 검정통계량으로

$$\Lambda = \frac{|W_{22}|}{|W_{22} + B_{22}|} \sim U_{(p-q,\, g-1,\, n-g)} \quad (4.3.9)$$

이므로 이 검정통계량의 변환인 [표 4.1.5]의 $F-$분포를 따르는 검정을 실시하든지 (4.1.11)로부터 자유도 $df = (p-q)(g-1)$를 따르든지 카이제곱분포에 의한 검정을 하는 4.1절의 일원 MANOVA를 참고할 수 있겠다.

일반적으로 먼저 공변량을 고려한 MANCOVA를 실시하여 공변량의 효과가 유의하지 않으면 MANOVA를 고려하게 된다.

[보기 4.3.1] 방사선 강도 네 가지에 따른 정신운동점수의 공분산분석 Example

방사선 강도(radiation strengths)의 네 가지 처리(대조, 25-50r, 75-100r, 125-250r)에 대해 각각 6명씩 방사선을 쬐는 네 가지 시기(쬐기 전, 첫째 날, 둘째 날, 셋째 날)에 따른 평균 정신운동점수(psychomotor score)를 측정한 자료가 [자료 4.3.1]에 있다. 쬐기 전의 점수를 공변량(covariate)으로 고려하자. [R-코드 4.3.1](psychomotor-MANCOVA-MANOVA.R)과 [결과 4.3.1]의 (1) 처리제곱합 B와 오차제곱합 W 그리고 (2) 검정을 참고하기 바란다.

[자료 4.3.1] 방사선 강도에 따른 정신운동점수

처리	쬐기 전	첫째 날	둘째 날	셋째 날
대조	191	223	242	248
	64	72	81	66
	206	172	214	239
	155	171	191	203
	85	138	204	213
	15	22	24	24
25–50r	53	53	102	104
	33	45	50	54
	16	47	45	34
	121	167	188	209
	179	193	206	210
	114	91	154	152
75–100r	181	206	199	237
	178	208	222	237
	190	224	224	261
	127	119	149	196
	94	144	169	164
	148	170	202	181
125–250r	201	202	229	232
	113	126	159	157
	86	54	75	75
	115	158	168	175
	183	175	217	235
	131	147	183	181

처리제곱합(SST) B와 오차제곱합(SSE) W는 [결과 4.3.1]-(1)에 나타나 있다. 이를 활용하여 $H_0 : \mu_1 = \cdots = \mu_4, \gamma_1 = \cdots = \gamma_4$를 검정하기 위한 검정통계량은 $p=4$, $q=1$, $g=4$, $n=6\times 4$인 경우로 다음과 같다.

$$\Lambda = |W_{11}|^{-1}|W_{11}+B_{11}||W+B|^{-1}|W| = U_{(p-q,\ g-1,\ n-g-q)} = U_{(3,\ 3,\ 19)} = 0.770$$

이로부터 먼저 [표 4.1.5]에서는 $p=4$와 $g=4$에 해당하는 경우가 없어 F-검정 대신에 근사적으로 자유도가 $df = (p-q)(g-1)$인 카이제곱분포를 따르는 수정 검정통계량 (4.3.8)에 의한 다음과 같은 검정을 실시한다.

$$\chi^2 = -\left(24 - 1 - \frac{4+4+1}{2}\right)\log(0.770) = 4.829 < \chi^2_{((4-1)(4-1))}(0.05) = 16.919$$

따라서 검정통계량이 기각치보다 작아 귀무가설을 유의수준 0.05에서 기각하지 못한다. 이는 [결과 4.3.1]-(2)에서 > test(U0,chi0,chia) # MANCOVA의 아래에 나타나 있다.

[R-코드 4.3.1]	방사선 강도의 4가지 비교를 위한 공분산분석 (psychomotor-MANCOVA-MANOVA.R)

```
## MANCOVA for Psychomotor Scores of 4 Treatments(radiation strengths)
y1 <- matrix(c(191,223,242,248,64,72,81,66,206,172,214,239,155,171,191,203,85,138,204,213,15,
        22,24,24),6,4,T)
y2 <- matrix(c(53,53,102,104,33,45,50,54,16,47,45,34,121,167,188,209,179,193,206,210,114,91,
        154,152),6,4,T)
y3<- matrix(c(181,206,199,237,178,208,222,237,190,224,224,261,127,119,149,196,94,144,169,
        164,148,170,202,181),6,4,T)
y4 <- matrix(c(201,202,229,232,113,126,159,157,86,54,75,75,115,158,168,175,183,175,217,235,1
        31,147,183,181),6,4,T)
Y <- rbind(y1,y2,y3,y4)
    rownames(Y) <- c(paste0("t1_",rep(1:6)), paste0("t2_",rep(1:6)), paste0("t3_",rep(1:6)),
paste0("t4_",rep(1:6)))
    colnames(Y) <- c("d0(cov)","d1","d2","d3")
J=g=4; m=J-1; n1=n2=n3=n4=nj=6; n=J*nj; f=n-J; p=4; q=1; alpha=0.05

y <- cbind(y1,y2,y3,y4);Y
yyb <- matrix(1/nj,1,nj)%*%y
ybj <- rbind(yyb[1:4],yyb[5:8],yyb[9:12],yyb[13:16])
yb <- matrix(1/J,J,J)%*%ybj
ybb <- matrix(1/J,nj,J)%*%ybj

sstr <- nj*t(ybj-yb)%*%(ybj-yb)
tss <- t(y1-ybb)%*%(y1-ybb)+t(y2-ybb)%*%(y2-ybb)+t(y3-ybb)%*%(y3-ybb)+t(y4-ybb)%*%(y4-ybb)
sse <- tss-sstr
W=sse; W
B=sstr; B

# adjusting for the covariate : MANCOVA #
U0 <- 1/W[1,1]*(W[1,1]+B[1,1])*1/det(W+B)*det(W)
chi0 <- -(n-g-q -(p-q-(g-1)+1)/2)*log(U0)
chia <- qchisq(1-alpha,(p-q)*(g-1))
```

```
test <- function(U0,chi0,chia){
        values<-c(U0,chi0,chia); names(values)<-c("U0","chi0","chia")
        if(chi0 > chia) {result<-c("chi0 > chia : reject H0")}
        if(chi0 < chia) {result<-c("chi0 < chia : accept H0")}
        list(values=values, result=result)
}
test(U0,chi0,chia) # MANCOVA


# ignoring the covariate : MANOVA #
U0 <- det(W[2:p,2:p])/det(W[2:p,2:p] + B[2:p,2:p])
chi0 <- -(f-((p-q)-m+1)/2)*log(U0)
chia <- qchisq(1-alpha,(p-q)*m)
gama <- (p-q)*m*((p-q)^2+m-5)/48
pv <- 1-pchisq(chi0,(p-q)*m) +
        gama*(1-pchisq(chi0,(p-q)*m+4)-(1-pchisq(chi0,(p-q)*m)))/(f^2)
test <- function(U0,chi0,chia,pv,alpha){
        values<-c(U0,chi0,chia,pv); names(values)<-c("U0","chi0","chia","p-value")
        if(chi0 > chia) {result<-c("chi0 > chia : reject H0")}
        if(chi0 < chia) {result<-c("chi0 < chia : accept H0")}
        list(values=values, result=result)
}
test(U0,chi0,chia,pv,alpha)# MANOVA
```

만약에 공변량을 무시하고 MANOVA를 실시할 경우에는 귀무가설 $H_0 : \mu_1 = \cdots = \mu_g$ 에 대한 검정통계량으로 (4.3.9)로부터

$$\Lambda = \frac{|W_{22}|}{|W_{22} + B_{22}|} = U_{(p-q,\, g-1,\, n-g)} = U_{(4-1,\, 4-1,\, 24-4)} = 0.686$$

이고 카이제곱분포를 따르는 수정 검정통계량 (4.3.8)에 의한 다음과 같은 검정을 실시한다.

$$\chi^2 = -\left(24 - 1 - \frac{4+4+1}{2}\right)\log(0.686) = 7.347 < \chi^2_{((4-1)(4-1))}(0.05) = 16.919$$

따라서 검정통계량이 기각치보다 작아 귀무가설을 유의수준 0.05에서 기각하지 못한다. 이는 공변량을 고려하지 않아도 4개 처리 간의 차이는 동일함을 보여 주고 있다. 이에 대한 계산은 [결과 4.3.1]-(2)에서 > test(U0,chi0,chia,pv,alpha)# MANOVA의 아래에 나타나 있다. 추가로 유의확률 p-값=0.602도 유의수준 0.05보다 훨씬 크므로 귀무가설

을 기각하지 못하는 같은 결과를 제공한다.

[결과 4.3.1] [R-코드 4.3.1]의 수행결과

(1) 처리제곱합과 오차제곱합

```
> W=sse; W
          [,1]     [,2]     [,3]     [,4]
[1,] 65362.17 61540.33 65151.50 73124.17
[2,] 61540.33 69844.17 71176.83 77779.33
[3,] 65151.50 71176.83 80603.83 87066.00
[4,] 73124.17 77779.33 87066.00 98912.50
> B=sstr; B
          [,1]     [,2]     [,3]     [,4]
[1,] 15044.46 16482.79 15132.37 17810.96
[2,] 16482.79 19145.46 17002.54 20634.29
[3,] 15132.37 17002.54 15415.79 18371.37
[4,] 17810.96 20634.29 18371.37 22254.46
```

(2) 검정

```
> test(U0,chi0,chia) # MANCOVA
$values
       U0       chi0       chia
0.7702785  4.8285575 16.9189776

$result
[1] "chi0 < chia : accept H0"

> test(U0,chi0,chia,pv,alpha)# MANOVA
$values
       U0       chi0       chia    p-value
0.6860866  7.3466538 16.9189776  0.6020026

$result
[1] "chi0 < chia : accept H0"
```

[보기 4.3.2] 유치원 아동들의 표준화 검사점수에 대한 부모 직위에 따른 비교 Example

사회경제적 지위가 높은 부모(Group 1)의 유치원 자녀 32명과 지위가 낮은 부모(Group 2)의 유치원 자녀 37명에 대해 종속변인으로 3가지 표준화 검사(Peabody Picture Vocabulary Test: PPVT, Raven Progressive Matrices Test: RPMT, Student Achievement Test: SAT)를 실시하였다. 그리고 이들에게 영향을 미칠 수 있는 공변량으로 5개 영역(N: named, S: still, NS: named action, NA: named still, SS: sentence still)에 대해 검사를 실시하여 채점 점수 PA(paired-associate)를 고려하였다(Timm, 2002, 4장). 특히 [자료 4.3.2]는 최용석과 신상민(2013, 1장)에 의해 다섯 가지 공변량 중에서 영향력이 유의한 두 가지 NS와 NA만 고려한 것이다.

[R-코드 4.3.2](student-MANCOVA-MANOVA.R)은 이들 공변량이 포함된 MANCOVA를 위한 것으로 [결과 4.3.2]를 참고하기 바란다.

[자료 4.3.2] 유치원자녀 표준화 검사 자료(student.txt)

Group	NS	NA	PPVT	RPMT	SAT	Group	NS	NA	PPVT	RPMT	SAT
1	8	21	68	15	24	2	6	12	48	8	49
1	21	28	82	11	8	2	14	30	76	13	47
1	17	31	82	13	88	2	21	16	40	13	11
1	16	27	91	18	82	2	5	17	52	9	9
1	21	28	82	13	90	2	11	26	63	15	69
1	18	32	100	15	77	2	21	34	82	14	35
1	17	26	100	13	58	2	20	23	71	21	6
1	11	22	96	12	14	2	10	19	68	8	8
1	14	24	63	10	1	2	7	16	74	11	49
1	16	27	91	18	98	2	21	26	70	15	8
1	17	25	87	10	8	2	15	35	70	15	47
1	10	26	105	21	88	2	7	15	61	11	6
1	14	25	87	14	4	2	13	27	54	12	14
1	18	27	76	16	14	2	12	20	55	13	30
1	3	16	66	14	38	2	20	26	54	10	4
1	11	12	74	15	4	2	5	14	40	14	24
1	10	28	68	13	64	2	21	35	66	13	19
1	12	30	98	16	88	2	6	14	54	10	45
1	13	19	63	15	14	2	19	27	64	14	22
1	14	27	94	16	99	2	15	18	47	16	16
1	16	21	82	18	50	2	9	14	48	16	32
1	15	23	89	15	36	2	20	26	52	14	37
1	14	25	80	19	88	2	14	23	74	19	47
1	11	16	61	11	14	2	4	11	57	12	5

1	17	26	102	20	24	2	16	15	57	10	6
1	8	16	71	12	24	2	18	28	80	11	60
1	21	27	102	16	24	2	19	34	78	13	58
1	20	28	96	13	50	2	9	23	70	16	6
1	19	20	55	16	8	2	7	12	47	14	16
1	10	23	96	18	98	2	28	32	94	19	45
1	14	25	74	15	98	2	5	25	63	11	9
1	18	27	78	19	50	2	18	29	76	16	69
						2	10	23	59	11	35
						2	14	19	55	8	19
						2	10	18	74	14	58
						2	23	31	71	17	58
						2	6	15	54	14	79

처리제곱합(SST)과 오차제곱합(SSE) B와 W는 [결과 4.3.2]-(1)에 나타나 있다. 이를 활용하여 $H_0 : \mu_1 = \mu_2, \gamma_1 = \gamma_2$를 검정하기 위한 검정통계량은 $p=3$, $q=2$, $g=2$, $n=32+37=69$인 경우로 다음과 같다.

$$\Lambda = |W_{11}|^{-1}|W_{11}+B_{11}||W+B|^{-1}|W| = U_{p-q,\, g-1,\, n-g-q} = U_{1,1,65} = 0.576$$

이로부터 근사적으로 자유도가 $df=(p-q)(g-1)$인 카이제곱분포를 따르는 수정 검정통계량 (4.3.8)에 의해 다음과 같은 검정을 실시한다.

$$\chi^2 = -\left(69-1-\frac{3+2+2}{2}\right)\log(0.576) = 35.598 < \chi^2_{((3-2)(2-1))}(0.05) = 3.841$$

따라서 검정통계량의 결과 귀무가설을 유의수준 0.05에서 기각한다. 이는 [결과 4.3.2]-(2)에서 > test(U0,chi0,chia) # MANCOVA의 아래에 나타나 있다.

[R-코드 4.3.2] 유치원 아동들의 표준화 검사점수에 대한 부모 직위에 따른 비교의 MANCOVA(student-MANCOVA-MANOVA.R)

```
setwd("C:/R-codes-MET")
student<-read.table("student.txt", header=T)
student
y1<-as.matrix(student[1:32, 2:6]) # upper class n1=32
y2<-as.matrix(student[33:69, 2:6]) # lowe class n2=37
y1=t(y1);y2=t(y2)
y1;y2
J=g=2; m=J-1;
```

```
n1= ncol(y1);n2=ncol(y2); n=n1+n2; f=n-J; p=3; q=2; alpha=0.05
y <- cbind(y1,y2)
yyb <- apply(y,2,mean)
yb1<-apply(y1,1,mean)
yb2<-apply(y2,1,mean)
yb1<-as.matrix(yb1)
yb2<-as.matrix(yb2)
yb<-apply(y,1,mean)

sstr = n1*(yb1-yb)%*%t(yb1-yb)+n2*(yb2-yb)%*%t(yb2-yb)
yb11<-matrix(rep(yb1,n1),p+q,n1)
yb22<-matrix(rep(yb2,n2),p+q,n2)
sse=(y1-yb11)%*%t(y1-yb11)+(y2-yb22)%*%t(y2-yb22)
W=sse;W
B=sstr;B

# adjusting for the covariate : MANCOVA #
U0 <- 1/det(W[1:q,1:q])*det(W[1:q,1:q]+B[1:q,1:q])*1/det(W+B)*det(W)
chi0 <- -(n-g-q -(p-q-(g-1)+1)/2)*log(U0)
chia <- qchisq(1-alpha,(p-q)*(g-1))
test <- function(U0,chi0,chia){
        values<-c(U0,chi0,chia); names(values)<-c("U0","chi0","chia")
        if(chi0 > chia) {result<-c("chi0 > chia : reject H0")}
        if(chi0 < chia) {result<-c("chi0 < chia : accept H0")}
        list(values=values, result=result)
}
test(U0,chi0,chia) # ANCOVA


# ignoring the covariate : MANOVA #
U0 <- det(W[q+1:p,q+1:p])/det(W[q+1:p,q+1:p] + B[q+1:p,q+1:p])
chi0 <- -(f-((p-q)-m+1)/2)*log(U0)
chia <- qchisq(1-alpha,(p-q)*m)
gama <- (p-q)*m*((p-q)^2+m-5)/48
pv <- 1-pchisq(chi0,(p-q)*m) +
        gama*(1-pchisq(chi0,(p-q)*m+4)-(1-pchisq(chi0,(p-q)*m)))/(f^2)
test <- function(U0,chi0,chia,pv,alpha){
        values<-c(U0,chi0,chia,pv); names(values)<-c("U0","chi0","chia","p-value")
        if(chi0 > chia) {result<-c("chi0 > chia : reject H0")}
        if(chi0 < chia) {result<-c("chi0 < chia : accept H0")}
        list(values=values, result=result)
}
test(U0,chi0,chia,pv,alpha)# MANOVA
```

만약에 공변량을 무시하고 MANOVA를 실시할 경우에는 귀무가설 $H_0 : \mu_1 = \mu_2$에 대한 검정통계량은

$$\Lambda = \frac{|W_{22}|}{|W_{22} + B_{22}|} = U_{(p-q,\ g-1,\ n-g)} = U_{(3-2,\ 2-1,\ 69-2)} = 0.619$$

이고 카이제곱분포를 따르는 수정 검정통계량 (4.3.8)에 의한 다음과 같은 검정을 실시한다.

$$\chi^2 = -\left(69 - 1 - \frac{3+2+2}{2}\right)\log(0.619) = 31.886 > \chi^2_{((3-2)(2-1))}(0.05) = 3.841$$

따라서 검정통계량이 기각치보다 커서 귀무가설을 유의수준 0.05에서 기각하며, 이는 공변량을 고려하지 않아도 2개 그룹 간의 차이가 있음을 보여 주고 있다. 이에 대한 계산은 [결과 4.3.2]-(2)에서 > test(U0,chi0,chia,pv,alpha)# MANOVA의 아래에 나타나 있고, 마찬가지로 유의확률 p-값$= 1.626 \times 10^{-8}$이 유의수준 0.05보다 훨씬 작아 귀무가설을 기각한다.

[결과 4.3.2] [R-코드 4.3.2]의 수행결과

(1) 처리제곱합과 오차제곱합

```
> W=sse; W
           NS        NA.        PPVT       RPMT       SAT
NS    2023.2432 1548.1892  1885.8243  314.6216   379.6351
NA.   1548.1892 2569.5777  3341.9814  334.5946  4136.6537
PPVT  1885.8243 3341.9814 11681.1512  940.1622 10057.5448
RPMT   314.6216  334.5946   940.1622  600.8108  1948.5676
SAT    379.6351 4136.6537 10057.5448 1948.5676 56262.5160

> B=sstr; B
            NS        NA.        PPVT       RPMT       SAT
NS     17.62632  33.63690  355.5670   30.55229  284.9736
NA.    33.63690  64.19041  678.5403   58.30396  543.8245
PPVT  355.56698 678.54032 7172.6749  616.31610 5748.6291
RPMT   30.55229  58.30396  616.3161   52.95731  493.9542
SAT   284.97356 543.82454 5748.6291  493.95417 4607.3100
```

(2) 검정

```
> test(U0,chi0,chia) # ANCOVA
$values
         U0        chi0        chia
 0.5758471  35.5983990   3.8414588

$result
[1] "chi0 > chia : reject H0"

> test(U0,chi0,chia,pv,alpha)# MANOVA
$values
           U0            chi0            chia         p-value
6.190986e-01 3.188613e+01 3.841459e+00 1.626113e-08

$result
[1] "chi0 > chia : reject H0"
```

4.4 반복측정 분산분석

반복측정(repeated measurement)의 가장 간단한 형태는 3.5절의 대응표본에서와 같이 동일한 실험 대상에 대하여 두 번의 처리를 시간을 두고 측정한 경우이다. 여기에서는 동일한 실험 대상에 대하여 2회 이상의 반복측정을 통하여 얻는 자료에 대한 분산분석인 반복측정 분산분석 RMANOVA(repeated measurement ANOVA)를 살펴보려 한다. 허명회(1999)에 따르면 실험계획에서 반복측정 설계가 단순한 실험설계보다 선호되는 이유를 소개하고 있다. 첫째는 실험에 따라서 충분한 수의 실험 대상을 확보하기가 어려운 경우가 있다. 둘째는 반복측정에선 동일 대상에 실험 처리를 하여 대상이 블록(block)이 되게 하면서 대상 간의 차이가 실험 처리 결과에 영향을 주지 않도록 하는 것이다. 다만 대상에게 여러 번 반복해서 처리하고 앞서 진행된 실험 처리의 이월효과(carry-over effect) 또는 잔류효과(residual effect)를 없애기 위해 시간이 많이 걸리게 된다.

[자료 4.4.1]은 10명의 대상에 대한 기억력 검사를 20점 만점으로 3번에 걸쳐 평가한

자료이다. 이는 동일한 대상에 대하여 3번 반복측정한 자료이다(Srivastava, 2002, p. 160). 이 자료를 통하여 연속적으로 3번의 기억력 검사에서 점수의 변화가 있는지를 살펴보고자 한다.

[자료 4.4.1] 10명의 대상 3번의 기억력 검사를 평가한 자료

	시도			
대상	1	2	3	평균
1	19	18	18	18.3
2	15	14	14	14.3
3	13	14	15	14.0
4	12	11	12	11.7
5	16	15	15	15.3
6	17	18	19	18.0
7	12	11	11	11.3
8	13	15	12	13.3
9	19	20	20	19.7
10	18	18	17	17.7
평균	15.4	15.4	15.3	15.4

[자료 4.4.1]을 참고하여 n명의 실험 대상에 대하여 반복을 p번 처리하면 $\boldsymbol{x}_i = (x_{i1}, \cdots, x_{ip})^T$, $i = 1, \cdots, n$는 크기가 $p \times 1$인 i번째 대상이고 $N_p(\boldsymbol{\mu}, \Sigma)$를 따른다고 하자. 그러면 RMANOVA 모형은 다음과 같이 정의할 수 있다.

$$\boldsymbol{x}_i = \boldsymbol{\mu} + \boldsymbol{e}_i, \ i = 1, \cdots, n$$

여기서 $\boldsymbol{\mu} = (\mu_1, \cdots, \mu_p)^T$는 $p \times 1$인 p번 처리의 효과를 나타내는 평균 반응의 벡터이고 $\boldsymbol{e}_i$는 $N_p(\mathbf{0}, \Sigma)$을 따르는 오차항 벡터이고 특히 반복측정 분산분석 모형에서는 동일한 대상에 대하여 반복 처리하여 얻은 값이므로 처리들 간에 어느 정도 상관관계가 존재하여 공분산행렬을 $\Sigma = \Sigma_I = \sigma^2[(1-\rho)I + \rho \mathbf{1}\mathbf{1}^T]$로 가정하며 이는 분산과 공분산이 각각 σ^2과 $\sigma^2\rho$로 동일함을 나타내며 $\mathbf{1}$은 크기가 $p \times 1$인 원소가 모두 1인 합벡터이다.

p개의 처리 간의 비교는 다음과 같은 귀무가설과 대립가설을 검정하면 된다.

$$H_0 : \mu_1 = \mu_2 = \cdots = \mu_p, \ H_1 : \mu_j \neq \mu_k, \ j \neq k$$

특히 귀무가설은 $H_0 : \mu = k\mathbf{1}$로 대체하여도 무관하다. 여기서 k는 모르는 상수이고 $\mathbf{1}$은 합벡터이다. 편의상 p번 반복 처리된 대상 $\boldsymbol{x}_i, i=1, \cdots, n$에 의한 자료행렬 $X=(x_{ij}), \ i=1, \cdots, n; \ j=1, \cdots, p$은 크기가 $n \times p$라 하면 이를 전이한 $X^T=(x_{ji})$, $i=1, \cdots, n; \ j=1, \cdots, p$는 크기가 $p \times n$이 된다.

다음으로 $X^T=(x_{ji}), \ i=1, \cdots, n; \ j=1, \cdots, p$로부터 각 반복처리별 평균과 각 대상별 평균과 전체 평균은 다음과 같이 정의된다.

$$\overline{x_{j.}} = \frac{1}{n}\sum_{i=1}^{n} x_{ji}, \quad \overline{x_{.i}} = \frac{1}{p}\sum_{j=1}^{p} x_{ji}, \quad \overline{x_{..}} = \frac{1}{np}\sum_{j=1}^{p}\sum_{i=1}^{n} x_{ji}$$

이들을 이용하여 다음의 전체제곱합(TSS), 오차제곱합(SSE), 처리제곱합(SST), 대상간 제곱합(SSB)을 각각 계산할 수 있다.

$$TSS = \sum_{j=1}^{p}\sum_{i=1}^{n}(x_{ji} - \overline{x_{..}})^2$$

$$SSE = \sum_{j=1}^{p}\sum_{i=1}^{n}(x_{ji} - \overline{x_{j.}} - \overline{x_{.i}} + \overline{x_{..}})^2$$

$$SST = n\sum_{j=1}^{p}(\overline{x_{j.}} - \overline{x_{..}})^2$$

$$SSB = p\sum_{i=1}^{n}(\overline{x_{.j}} - \overline{x_{..}})^2$$

따라서 이로부터 우도비 검정 (4.4.3)이 만족되면

$$F = \frac{MST}{MSE} = \frac{SST/(p-1)}{SSE/[(n-1)(p-1)]} \geq F_{p-1, \ (n-1)(p-1)}(\alpha) \qquad (4.4.3)$$

유의수준 α에서 귀무가설 $H_0 : \mu_1 = \mu_2 = \cdots = \mu_p$을 기각하게 된다.

(4.4.3) 대신에 유의확률 p-값$= P[F \geq f]$에 의한 검정도 가능하다. 지금까지 RMANOVA를 위한 검정을 [표 4.4.1]에 요약해 두었다.

[표 4.4.1] RMANOVA 표

요인	자유도	제곱합	평균제곱합	검정통계량	p - 값
처리 대상	$p-1$ $n-1$	SST SSB	$MST = SST/(p-1)$	$F = \dfrac{MST}{MSE}$	$P[F \geq f]$
오차	$(n-1)(p-1)$	SSE	$MSE = SSE/(n-1)(p-1)$		
전체	$np-1$	TSS			

[보기 4.4.1] 3번의 기억력 검사에 대한 RMANOVA Example

10명의 대상에 대한 기억력 검사를 20점 만점으로 3번에 걸쳐 평가한 [자료 4.4.1]에 대한 RMANOVA를 위한 [R-코드 4.4.1](memory-RMANOVA.R)의 실행 [결과 4.4.1]을 참고하자. 이 결과로부터 귀무가설 $H_0 : \mu_1 = \mu_2 = \mu_3$를 검정하기 위한 [표 4.4.2]와 같은 RAMANOVA 표를 작성할 수 있다. 검정의 결과 p-값 = 0.956으로 유의수준 0.05에서 귀무가설을 기각하지 못한다. 이는 처리를 연속적으로 3번 반복측정한 결과가 동일함을 보여주고 있다. (4.4.3)의 기각치를 활용한 검정도 동일한 결과를 제공한다.

$$F = 0.045 < F_{3-1,\ (10-1)(3-1)}(0.05) = 3.555$$

실제로 [결과 4.4.1]의 >xbi는 3번의 반복측정의 평균을 각각 제공하고 있는 데 이를 살펴보면

$$\overline{x_{1.}} = 15.4, \quad \overline{x_{2.}} = 15.4, \quad \overline{x_{3.}} = 15.3$$

이므로 검정의 결과를 미리 반영한다고 볼 수 있다.

[표 4.4.2] RMANOVA 표

요인	자유도	제곱합	평균제곱합	검정통계량	p-값
처리 대상	$3-1$ $10-1$	0.067 229.633	$MST = 0.033$	$F = 0.045$	0.956
오차	$(10-1)(3-1)$	13.267	$MSE = 0.737$		
전체	$30-1$	242.967			

[R-코드 4.4.1]　3번의 기억력 검사에 대한 RMANOVA(memory-RMANOVA.R)

```
## MAANOVA for 3 Times Memory Tests
Trial.1 <- c(19,15,13,12,16,17,12,13,19,18)
Trial.2 <- c(18,14,14,11,15,18,11,15,20,18)
Trial.3 <- c(18,14,15,12,15,19,11,12,20,17)
x <- cbind(Trial.1,Trial.2,Trial.3); rownames(x)<-c(1:10)
n=nrow(x) ; p=ncol(x) ; f=n-1 ; alpha=0.05

xbi <- matrix(1/n,1,n)%*%x
xbj <- matrix(1/p,1,p)%*%t(x)
xb <- matrix(1/p,1,p)%*%t(xbi)
xbi
v <- 0
for (i in 1:p) {
        for (j in 1:n) {
        v <- v+(x[j,i]-xbi[1,i]-xbj[1,j]+xb)^2
        }
}
v1 <- n*(xbi-rep(xb,p))%*%t(xbi-rep(xb,p))
v2 <- p*(xbj-rep(xb,n))%*%t(xbj-rep(xb,n))

# RMANOVA Table
SST=v1;SSB=v2;SSE=v;TSS=v+v1+v2
MST=SST/(p-1); MSE=SSE/{(n-1)*(p-1)};F0=MST/MSE
SST;SSB;SSE;TSS
MST;MSE;F0
Fa <- c <- qf(1-alpha,p-1,(n-1)*(p-1))
pv=1-pf(F0,p-1, (n-1)*(p-1))
test <- function(F0,Fa, pv){
        values<-c(F0,Fa, pv); names(values)<-c("F0","Fa", "p-value")
        if(F0 > Fa) {result<-c("F0 > Fa : reject H0")}
        if(F0 < Fa) {result<-c("F0 < Fa : accept H0")}
        list(values=values, result=result)
}
test(F0,Fa, pv)
```

[결과 4.4.1]　[R-코드 4.4.1]의 수행결과

```
> xbi
     Trial.1 Trial.2 Trial.3
[1,]    15.4    15.4    15.3
```

```
> SST;SSB;SSE;TSS
              [,1]
[1,] 0.06666667
          [,1]
[1,] 229.6333
          [,1]
[1,] 13.26667
          [,1]
[1,] 242.9667

> MST;MSE;F0
              [,1]
[1,] 0.03333333
          [,1]
[1,] 0.737037
              [,1]
[1,] 0.04522613

> test(F0,Fa, pv)
$values
        F0          Fa     p-value
0.04522613 3.55455715 0.95588958

$result
[1] "F0 < Fa : accept H0"
```

[보기 4.4.2] 나이별 턱뼈의 자라는 정도의 RMANOVA

Example

[자료 4.4.2](maxillary.txt)는 16명의 남자 아동들의 나이가 8세, 10세, 12세, 14세로 되어 감에 따라 턱뼈가 자라는 정도를 측정한 자료로 뇌하수체(pituitary) 중심과 익상악열(pterygomaxillary fissure) 사이의 길이(mm)를 나타내고 있다(김용일과 최용석, 2018, 표 7.3.1). 이는 동일한 대상에 대하여 4번의 측정을 반복한 전형적인 반복측정 자료다.

[자료 4.4.2] 턱뼈의 자라는 정도(maxillary.txt)

대상	나이			
	8세	10세	12세	14세
1	26.0	25.0	29.0	31.0
2	21.5	22.5	23.0	26.5
3	23.0	22.5	24.0	27.5
4	25.5	27.5	26.5	27.0
5	20.0	23.5	22.5	26.0
6	24.5	25.5	27.0	28.5
7	22.0	22.0	24.5	26.5
8	24.0	21.5	24.5	25.5
9	23.0	20.5	31.0	26.0
10	27.5	28.0	31.0	31.5
11	23.0	23.0	23.5	25.0
12	21.5	23.5	24.0	28.0
13	17.0	24.5	26.0	29.5
14	22.5	25.5	25.5	26.0
15	23.0	24.5	26.0	30.0
16	22.0	21.5	23.5	25.0

[자료 4.4.2]에 대한 RMANOVA를 위한 [R-코드 4.4.2](maxillary-RMANOVA.R)의 실행 [결과 4.4.2]를 참고하면 귀무가설 $H_0 : \mu_1 = \mu_2 = \mu_3 = \mu_4$를 검정하기 위한 [표 4.4.3]과 같은 RAMANOVA 표를 작성할 수 있다. 검정의 결과 p-값$=2.860 \times 10^{-9}$은 매우 작아 유의수준 0.05에서 귀무가설을 기각한다. 따라서 나이(age)의 효과 차이는 매우 유의하다. (4.4.3)의 기각치를 활용한 검정도 동일한 결과를 제공한다.

$$F = 23.369 > F_{4-1,\ (16-1)(4-1)}(0.05) = 2.812$$

[결과 4.4.2]의 >xbi는 4번의 반복측정의 평균은 다음과 같이 뚜렷한 차이를 보이고 있어 앞선 검정의 결과를 반영하고 있으며 나이가 들수록 턱뼈의 길이가 길어짐을 보여준다.

$$\overline{x_{1.}} = 22.875, \quad \overline{x_{2.}} = 23.813, \quad \overline{x_{3.}} = 25.719, \quad \overline{x_{3.}} = 27.469$$

[표 4.4.3] RMANOVA 표

요인	자유도	제곱합	평균제곱합	검정통계량	p-값
처리	$4-1$	200.531	$MST=66.844$	$F=23.369$	2.860×10^{-9}
대상	$16-1$	200.688			
오차	$(16-1)(4-1)$	128.719	$MSE=2.860$		
전체	$64-1$	529.938			

[R-코드 4.4.2] 나이별 턱뼈의 자라는 정도의 RMANOVA(maxillary-RMANOVA.R)

```
## RMANOVA for 4 Ages of Maxillary
setwd("C:/R-codes-MET")
data <- read.table("maxillary.txt", header=TRUE)
x=as.matrix(data[,2:5]);x
n=nrow(x) ; p=ncol(x) ; f=n-1 ; alpha=0.05

xbi <- matrix(1/n,1,n)%*%x
xbj <- matrix(1/p,1,p)%*%t(x)
xb <- matrix(1/p,1,p)%*%t(xbi)
xbi
v <- 0
for (i in 1:p) {
        for (j in 1:n) {
                v <- v+(x[j,i]-xbi[1,i]-xbj[1,j]+xb)^2
        }
}
v1 <- n*(xbi-rep(xb,p))%*%t(xbi-rep(xb,p))
v2 <- p*(xbj-rep(xb,n))%*%t(xbj-rep(xb,n))

# RMANOVA Table
SST=v1;SSB=v2;SSE=v;TSS=v+v1+v2
MST=SST/(p-1); MSE=SSE/{(n-1)*(p-1)};F0=MST/MSE
SST;SSB;SSE;TSS
MST;MSE;F0
Fa <- c <- qf(1-alpha,p-1,(n-1)*(p-1))
pv=1-pf(F0,p-1, (n-1)*(p-1))
test <- function(F0,Fa, pv){
        values<-c(F0,Fa, pv); names(values)<-c("F0","Fa", "p-value")
        if(F0 > Fa) {result<-c("F0 > Fa : reject H0")}
        if(F0 < Fa) {result<-c("F0 < Fa : accept H0")}
        list(values=values, result=result)
}
test(F0,Fa, pv)
```

[결과 4.4.2] [R-코드 4.4.2]의 수행결과

```
> xbi
       age8   age10    age12    age14
[1,] 22.875 23.8125 25.71875 27.46875


> SST;SSB;SSE;TSS
         [,1]
[1,] 200.5312
         [,1]
[1,] 200.6875
         [,1]
[1,] 128.7188
         [,1]
[1,] 529.9375


> MST;MSE;F0
         [,1]
[1,] 66.84375
         [,1]
[1,] 2.860417
         [,1]
[1,] 23.36854


> test(F0,Fa, pv)
> test(F0,Fa, pv)
$values
          F0           Fa      p-value
2.336854e+01 2.811544e+00 2.860455e-09

$result
[1] "F0 > Fa : reject H0"
```

4.5 연습문제

4.5.1 ANOVA와 MANOVA의 차이에 대하여 설명하라.

4.5.2 MANCOVA에서는 공변량을 어떤 식으로 고려한 것인지를 설명하고 공변량을 고려하지 않으면 어떤 모형과 동일한가.

4.5.3 두 집단에 대하여 MANOVA를 실시할 수 있는지를 설명하라.

4.5.4 RMANOVA에서는 대상들의 동질성을 검토할 수 있는지를 설명하라.

4.5.5 MANOVA에서 오차제곱합(SSE)이 다음과 같음을 보이고 이는 g개 처리의 자료의 공분산행렬이 동질할 때 사용하는 합동공분산행렬과 어떤 관계를 가지는지를 보여라.

$$SSE = (n_1 - 1)S_1 + (n_2 - 1)S_2 + \cdots + (n_g - 1)S_g$$

4.5.6 [자료 4.5.1](ear.txt)는 어느 교도소의 수감 중인 일반 살인범죄자, 미치광이 범죄자 및 기타 범죄자에 대한 각각 20명씩 양쪽 귀 길이를 측정한 것이다(Srivastava, 2002, Table 6.8.3).

[자료 4.5.1] 범죄자의 양쪽 귀의 길이(ear.txt)

대상	왼쪽 귀	오른쪽 귀	대상	왼쪽 귀	오른쪽 귀
일반 살인자					
1	59	59	11	66	63
2	60	65	12	56	56
⋮	⋮	⋮	⋮	⋮	⋮
10	63	66	20	58	59
미치광이 범죄자					
1	70	69	11	60	57
2	68	68	12	53	55
⋮	⋮	⋮	⋮	⋮	⋮
10	67	62	20	59	61

기타 범죄자					
1	63	63	11	65	70
2	56	57	12	64	64
⋮	⋮	⋮	⋮	⋮	⋮
10	63	63	20	58	58

(1) 세 군집의 다변량 정규성을 검토하라.

(2) 세 군집의 공분산 행렬이 동질한지를 살펴보라.

(3) 세 군집의 평균벡터에 대한 $H_0 : \mu_1 = \mu_2 = \mu_3$를 유의수준 5%에서 검정하라.

4.5.7 [자료 4.5.2](drug.txt)는 신생아 가사에 대한 예방약 4종류(G1-G4)의 효과를 측정하기 위해서 쌍둥이를 가진 산모를 8명씩 4개의 집단으로 분류하고, 서로 다른 4개의 가사예방약을 출산직전 각 집단의 산모들에게 투여하였다. 이렇게 출생한 쌍둥이들에 대해 아프가 점수 Apgar1과 Apgar2를 각각 채점하고 산몸의 몸무게를 고려한 것이다(최용석과 신상민, 2013, 표 5.4). 참고로 신생아 가사(분만 직후의 신생아에서 심장의 박동은 있으나 호흡이 곤란하거나 또는 정지되어 있는 상태)는 심박수, 호흡, 근육수축, 피부색 및 자극의 5개 항목에 대한 아프가 점수(apgar score)로 판단한다. 신생아 가사의 원인으로는 산도의 압박과 강인, 진통의 미약에 의한 분만 지연, 전치태반, 마취제 사용 등이 있다.

(1) [자료 4.5.2]에서 산모의 몸무게는 어떤 영향을 미치며 그 역할은 무엇인지를 설명하라.

(2) (1)에서 고려한 산모의 몸무게를 고려하지 않고 네 가지 약의 종류에 대한 귀무가설 $H_0 : \mu_1 = \mu_2 = \mu_3 = \mu_4$를 유의수준 5%에서 검정하라.

(3) (1)에서 고려한 산모의 몸무게를 고려하고 네 가지 약의 종류에 대한 귀무가설 $H_0 : \mu_1 = \mu_2 = \mu_3 = \mu_4$를 유의수준 5%에서 검정하라.

(4) (2)와 (3)의 차이를 설명하라.

[자료 4.5.2] 신생아 가사 예방약의 효능(drug.txt)

약	Apgar1	Apgar2	몸무게	약	Apgar1	Apgar2	몸무게
G1	3	6	42	G3	7	8	61
G1	6	3	57	G3	8	7	65
G1	3	3	33	G3	7	6	65
G1	3	3	47	G3	6	7	56
G1	1	2	32	G3	5	6	51
G1	2	1	35	G3	6	5	58
G1	2	2	33	G3	5	6	53
G1	2	2	39	G3	6	5	54
G2	4	5	47	G4	7	6	65
G2	5	4	49	G4	8	9	74
G2	4	3	42	G4	9	8	80
G2	3	4	41	G4	8	10	73
G2	2	3	38	G4	10	10	85
G2	3	2	43	G4	10	9	82
G2	4	3	48	G4	9	11	78
G2	3	4	45	G4	11	9	89

4.5.8 6마리 쥐에 약물 투여를 각각 1, 10, 100 단위로 반복해서 실시하여 그 반응 시간을 기록하였다(Srivastava, 2002, Table 5.3.1). 약물 투여량 효과 차이에 대한 통계적 유의성에 대해 유의수준 5%에서 반복측정 분산분석을 실시하라.

쥐	$\log_{10}$(투여량)		
	1	10	100
1	5	10	16
2	4	9	13
3	5	9	14
4	5	9	14
5	6	11	15
6	3	9	12

4.5.9 여덟 마리 소에게 케타민(Ketamin)을 투여한 후 5분 간격으로 3회에 걸쳐 소의 호흡률(respiratory rate)을 측정한 자료이다(Srivastava, 2002, Table 4.9.7). 케타

민 투여 후 시간에 따른 호흡률에 차이가 있는지를 유의수준 5%에서 검정하라.

소	케타민 투여 후 시간에 따른 호흡률			
	0	5	10	15
1	20	36	28	20
2	28	20	52	44
3	22	24	16	26
4	20	36	18	12
5	28	32	30	30
6	36	44	52	48
7	30	32	28	30
8	28	38	28	20

Chapter 05

다변량 실험계획

(Multivariate Experimental Design)

일원 MANOVA 조건에 실험 조건 하나를 더하여 이원 MANOVA 모형을 고려하고 이럴 경우 두 실험 조건의 교효효과를 검토하게 된다. 더불어 이원 MANOVA에서 실험 조건이 두 개인 요인 중에서 한 요인을 블록(block)으로 하여 실험의 정도를 높이는 확률화 완전 블록 설계 모형을 고려한다. 일반적으로 블록의 효과는 검토의 대상이 아니다. 만약에 두 가지 요인을 블록효과로 처리해야 할 실험에서 처리 효과를 고려하는 삼원 배치 실험의 경우 일부 실시를 하면서 실험을 극대화하는 라틴방격 설계모형을 고려한다. 끝으로 두 집단의 이상의 평균벡터를 비교하는 일원 MANOVA에서 각 집단의 프로파일의 형태 세 가지인 평행성, 일치성, 수준성을 검정하는 프로파일 분석을 제공하고 있다. 이 분석에서는 우도비 검정을 통한 U-통계량을 따르는 윌크스 Λ에 바탕을 둔 유사한 검정방법을 사용하며 대비행렬을 활용한 호텔링 T^2-통계량도 고려하는 검정을 제공한다. 이와 관련된 R-코드와 그 수행 결과를 제공하고 있다.

5.1 이원 다변량 분산분석

4장 1절의 일원 MANOVA에서는 실험 조건이 한 개인 요인(factor)에 의해서 p개의 반응변수에 대해 g개의 처리에 대한 효과를 검정하였다. 이번에는 이런 일원 MANOVA 조건에 실험 조건 하나를 더하여 g개의 처리와 b개의 처리 수준을 가지는 두 개의 요인 A와 요인 B에 대하여 p개의 반응변수로 측정된 이원(two-way) MANOVA 모형

$$\boldsymbol{y}_{ijk} = \boldsymbol{\mu} + \boldsymbol{\alpha}_j + \boldsymbol{\beta}_k + \boldsymbol{\gamma}_{jk} + \boldsymbol{e}_{ijk},\ i=1,\ \cdots,\ n;\ j=1,\ \cdots,\ g;\ k=1,\ \cdots,\ b \quad (5.1.1)$$

을 고려한다. 여기서 $\boldsymbol{e}_{ijk}$는 오차항으로 $N_p(0, \Sigma)$을 따르며, $\boldsymbol{\mu}$는 전체 평균벡터이고 $\boldsymbol{\alpha}_j$는 요인 A의 j번째 처리 효과, $\boldsymbol{\beta}_k$는 요인 B의 k번째 처리 효과, $\boldsymbol{\gamma}_{jk}$는 요인 A의 j번째 처리와 요인 B의 k번째 처리의 교효효과(interaction effect)이고, 이들의 크기는 $p \times 1$으로 다음을 만족한다.

$$\sum_{j=1}^{g} \boldsymbol{\alpha}_j = \sum_{k=1}^{b} \boldsymbol{\beta}_k = \sum_{j=1}^{g} \boldsymbol{\gamma}_{jk} = \sum_{k=1}^{b} \boldsymbol{\gamma}_{jk} = 0$$

이원 MANOVA 모형 (5.1.1)을 통해 요인 A의 g개 처리 효과가 동일한지에 대한 귀무가설과 대립가설로

$$H_0 : \boldsymbol{\alpha}_1 = \boldsymbol{\alpha}_2 = \cdots = \boldsymbol{\alpha}_g = 0,\ H_1 : \boldsymbol{\alpha}_j \neq \boldsymbol{\alpha}_k,\ j \neq k \quad (5.1.2)$$

이고 요인 B의 b개 처리 효과가 동일한지에 대한 귀무가설과 대립가설로

$$H_0 : \boldsymbol{\beta}_1 = \boldsymbol{\beta}_2 = \cdots = \boldsymbol{\beta}_b = 0,\ H_1 : \boldsymbol{\beta}_j \neq \boldsymbol{\beta}_k,\ j \neq k \quad (5.1.3)$$

이다. 끝으로 교호효과에 대한 귀무가설과 대립가설로 다음과 같다.

$$H_0 : \boldsymbol{\gamma}_{11} = \boldsymbol{\gamma}_{12} = \cdots = \boldsymbol{\gamma}_{gb} = 0,\ H_1 : \boldsymbol{\gamma}_{jk} \neq 0 \quad (5.1.4)$$

(5.1.1)로부터 각 인자 처리별 평균과 각 인자 조합 평균과 전체 평균은 다음과 같이 정의된다.

$$\bar{\boldsymbol{y}}_{.j.} = \frac{1}{bn}\sum_{k=1}^{b}\sum_{i=1}^{n}\boldsymbol{y}_{ijk},\ \bar{\boldsymbol{y}}_{..k} = \frac{1}{gn}\sum_{j=1}^{g}\sum_{i=1}^{n}\boldsymbol{y}_{ijk},\ \bar{\boldsymbol{y}}_{.jk} = \frac{1}{n}\sum_{i=1}^{n}\boldsymbol{y}_{ijk},\ \bar{\boldsymbol{y}} = \frac{1}{gbn}\sum_{j=1}^{g}\sum_{k=1}^{b}\sum_{i=1}^{n}\boldsymbol{y}_{ijk}$$

이들을 이용하여 이원 MANOVA도 반응변수의 다음과 같은 기본적 분해로부터 출발한다.

$$y_{ijk} - \bar{y} = (\bar{y}_{.j.} - \bar{y}) + (\bar{y}_{..k} - \bar{y}) + (\bar{y}_{.jk} - \bar{y}_{.j.} - \bar{y}_{..k} + \bar{y}) + (y_{ijk} - \bar{y}_{.jk})$$

전체제곱합(total sum of squares, TSS), 요인 A 처리제곱합(요인 A sum of squares, SSA)과 요인 B 처리제곱합(요인 B sum of squares, SSB), 교호 I 처리제곱합(interaction sum of squares, SSI), 오차제곱합(error sum of squares, SSE)은 각각 다음과 같이 정의된다.

$$TSS = \sum_{j=1}^{g}\sum_{k=1}^{b}\sum_{i=1}^{n}(y_{ijk} - \bar{y})(y_{ijk} - \bar{y})^T$$

$$SSA = \sum_{j=1}^{g} bn(\bar{y}_{.j.} - \bar{y})(\bar{y}_{.j.} - \bar{y})^T$$

$$SSB = \sum_{k=1}^{b} gn(\bar{y}_{..k} - \bar{y})(\bar{y}_{..k} - \bar{y})^T$$

$$SSI = \sum_{j=1}^{g}\sum_{k=1}^{b} n(\bar{y}_{.jk} - \bar{y}_{.j.} - \bar{y}_{..k} + \bar{y})(\bar{y}_{.jk} - \bar{y}_{.j.} - \bar{y}_{..k} + \bar{y})^T$$

$$SSE = \sum_{j=1}^{g}\sum_{k=1}^{b}\sum_{i=1}^{n}(y_{ijk} - \bar{y}_{.jk})(y_{ijk} - \bar{y}_{.jk})^T$$

이들로부터 제곱합 분해는 다음과 같다.

$$TSS = SSA + SSB + SSI + SSE$$

(5.1.2) ~ (5.1.4)의 귀무가설에 대한 검정을 위한 이원 MANOVA 표는 [표 5.1.1]에 요약되어 있다. [표 5.1.1]의 검정통계량 Λ_A, Λ_B, Λ_I는 윌크스(Wilks) 통계량 Λ로 일반적으로 윌크스 U-분포 $U_{(p,\, m_1,\, m_2)}$를 따른다. 따라서

$$\Lambda \le U_{(p,\, m_1,\, m_2)}(\alpha) \;\Rightarrow\; H_0\text{를 유의수준 } \alpha\text{에서 기각한다.} \qquad (5.1.5)$$

(5.1.5) 대신에 자료의 크기가 큰 경우 윌크스 검정통계량은 근사적으로 자유도가 $df = p \times m_1$인 카이제곱분포를 따르는 바틀릿(Bartlett) 수정 검정통계량

$$\chi^2 = -\left(m_2 - \frac{p-m_1+1}{2}\right)\log\Lambda \quad (5.1.6)$$

[표 5.1.1] 이원 MANOVA 표

요인	자유도	제곱합	검정통계량	$U_{(p,\, m_1,\, m_2)}$
A	$g-1$	SSA	$\Lambda_A = \frac{\lvert SSE \rvert}{\lvert SSE+SSA \rvert}$	$U_{(p,\, g-1,\, gb(n-1))}$
B	$b-1$	SSB	$\Lambda_B = \frac{\lvert SSE \rvert}{\lvert SSE+SSB \rvert}$	$U_{(p,\, b-1,\, gb(n-1))}$
I	$(g-1)(b-1)$	SSI	$\Lambda_I = \frac{\lvert SSE \rvert}{\lvert SSE+SSI \rvert}$	$U_{(p,\, (g-1)(b-1),\, gb(n-1))}$
오차	$gb(n-1)$	SSE		
전체	$gbn-1$	TSS		

에 의해서

$$\chi^2 > \chi^2_{(df)}(\alpha) \Rightarrow H_0\text{를 유의수준 }\alpha\text{에서 기각한다.} \quad (5.1.7)$$

즉, 검정통계량 Λ_A, Λ_B, Λ_I은 $U_{(p,\, g-1,\, gb(n-1))}$, $U_{(p,\, b-1,\, gb(n-1))}$, $U_{(p,\, (g-1)(b-1),\, gb(n-1))}$를 따르므로 (5.1.6)에 의한 수정 검정통계량은 다음과 같이 각각 근사적으로 카이제곱분포를 따른다.

$$\chi^2_A = -\left(gb(n-1) - \frac{p-(g-1)+1}{2}\right)\log\Lambda_A \simeq \chi^2_{p(g-1)}$$

$$\chi^2_B = -\left(gb(n-1) - \frac{p-(b-1)+1}{2}\right)\log\Lambda_B \simeq \chi^2_{p(b-1)}$$

$$\chi^2_I = -\left(gb(n-1) - \frac{p-(g-1)(b-1)+1}{2}\right)\log\Lambda_I \simeq \chi^2_{p(g-1)(b-1)}$$

[보기 5.1.1] 플라스틱 필름 압출성형을 위한 최적 조건의 이원 MANOVA Example

[자료 5.1.1](film.txt)은 플라스틱 필름 압출성형을 위한 최적 조건을 진화운영 EVOP 기술에 의해서 시험되어왔다. 실험에서 Y_1=인열저항(tear resistance), Y_2=광택(gloss),

Y_3 = 혼탁(opacity) 세 가지 반응변수로 두 가지 요인 A = 압출률(rate of extrusion)의 수준 저(10%)와 고(10%), 요인 B = 첨가물양(amount of an additive)의 수준 저(1.0%)과 고(1.5%)에서 각 요인의 조합에 의해서 다섯 번씩 반복측정한 것이다(Johnson과 Wichern, 2007, p. 318).

[자료 5.1.1] 플라스틱 필름 압출성형의 최적조건(film.txt)

		요인 B(첨가물량)					
		저(1.0%)			고(1.5%)		
		Y_1	Y_2	Y_3	Y_1	Y_2	Y_3
요인 A (압출률)	저(10%)	6.5	9.5	4.4	6.9	9.1	5.7
		6.2	9.9	6.4	7.2	10.0	2.0
		5.8	9.6	3.0	6.9	9.9	3.9
		6.5	9.6	4.1	6.1	9.5	1.9
		6.5	9.2	0.8	6.3	9.4	5.7
	고(10%)	Y_1	Y_2	Y_3	Y_1	Y_2	Y_3
		6.7	9.1	2.8	7.1	9.2	8.4
		6.6	9.3	4.1	7.0	8.8	5.2
		7.2	8.3	3.8	7.2	9.7	6.9
		7.1	8.4	1.6	7.5	10.1	2.7
		6.8	8.5	3.4	7.6	9.2	1.9

[자료 5.1.1]에 대한 이원 MANOVA를 위한 [R-코드 5.1.1](film-2way-MANOVA.R)과 [결과 5.1.1]을 참고하자. 먼저 [결과 5.1.1]의 (1) 제곱합: SSA, SSB, SSI, SSE로부터 다음의 제곱합을 얻게 된다.

$$SSA = \begin{bmatrix} 1.741 & -1.505 & 0.856 \\ -1.505 & 1.301 & -0.740 \\ 0.856 & -0.740 & 0.421 \end{bmatrix}, \quad SSB = \begin{bmatrix} 0.761 & 0.683 & 1.931 \\ 0.683 & 0.613 & 1.733 \\ 1.931 & 1.733 & 4.901 \end{bmatrix}$$

$$SSI = \begin{bmatrix} 0.001 & 0.017 & 0.045 \\ 0.017 & 0.545 & 1.469 \\ 0.045 & 1.469 & 3.961 \end{bmatrix}, \quad SSE = \begin{bmatrix} 1.764 & 0.020 & -3.070 \\ 0.020 & 2.628 & -0.552 \\ -3.070 & -0.552 & 64.924 \end{bmatrix}$$

(2) 요인 A, 요인 B, 교호효과의 검정의 결과에서 각각 U0는 검정통계량 Λ_A, Λ_B, Λ_I를 각각 제공하고 chi0와 p-value는 (5.1.6)에 따른 수정된 검정통계량인 카이제곱검정통계량과 유의확률 p-값으로 [표 5.1.2]의 이원 MANOVA 표를 요약하게 된다. 물론 요인

A는 수준은 2개로 $g=2$, 요인 B의 수준도 2개로 $b=2$이고 두 요인 수준의 조합에서 5번씩 $n=5$를 측정한 것이다.

[표 5.1.2] 이원 MANOVA 표

요인	자유도	제곱합	검정통계량	수정 검정통계량	p-값
A	$2-1$	SSA	$\Lambda_A=0.382$	$\chi_A^2=13.959$	0.003
B	$2-1$	SSB	$\Lambda_B=0.523$	$\chi_B^2=9.398$	0.024
I	$(2-1)(2-1)$	SSI	$\Lambda_I=0.777$	$\chi_I^2=3.657$	0.301
오차	$2\times2\times(5-1)$	SSE			
전체	$2\times2\times5-1$	TSS			

[표 5.1.2]로부터 유의수준 0.05에서 요인 A의 $g=2$개 처리 효과에 대한 $H_0:\alpha_1=\alpha_2=0$는 p-값$=0.003$으로 기각되어 요인 A의 효과 차이는 있으며, 요인 B의 $b=2$개 처리 효과에 대한 $H_0:\beta_1=\beta_2=0$도 p-값$=0.024$로 기각되어 요인 B의 효과도 차이가 있음을 알 수 있다. 끝으로 교호효과 $H_0:\gamma_{11}=\gamma_{12}=\gamma_{21}=\gamma_{22}=0$은 p-값$=0.301$로 기각되지 못하여 교호효과가 없음을 알 수 있다.

따라서 압축률과 첨가물양은 플라스틱 필름 압출성형 반응에 영향을 미치는 것으로 여겨진다.

[R-코드 5.1.1] [결과 5.1.1]을 위한 R-코드(film-2way-MANOVA.R)

```
## Two-Way MANOVA for Palstic Film Data
setwd("C:/R-codes-MET")
data=read.table("film.txt")
data;attach(data)
A=factor(V1);B=factor(V2)
x=cbind(V3,V4,V5)
p=3;g=2;b=2;n=5

fit<-summary(manova(x~A+B+A:B))
names(fit)
# Sum of Squares : SSA SSB SSI SSE
#fit$SS
```

```
SSA=fit$SS$A;SSB=fit$SS$B;SSI=fit$SS$'A:B';SSE=fit$SS$Residuals
SSA;SSB;SSI;SSE

# Test Statistics
LA = det(SSE)*1/det(SSE+SSA);LB = det(SSE)*1/det(SSE+SSB);
LI = det(SSE)*1/det(SSE+SSI)
LA;LB;LI

# Test based Bartlett's Modified Chi-aquare Statistic
alpha=0.05
# Factor A
m2=g*b*(n-1); m1=g-1; df=p*m1
U0=LA
chi0 <- -(m2-(p-m1+1)/2)*log(U0)
chia <- qchisq(1-alpha,df)
pv <- 1-pchisq(chi0, df)
test <- function(U0,chi0,chia,pv,alpha){
        values<-c(U0,chi0,chia,pv); names(values)<-c("U0","chi0","chia","p-value")
        if(chi0 > chia) {result<-c("chi0 > chia : reject H0")}
        if(chi0 < chia) {result<-c("chi0 < chia : accept H0")}
        list(values=values, result=result)
}
test(U0,chi0,chia,pv,alpha)# factor A

# Factor B
m2=g*b*(n-1); m1=b-1; df=p*m1
U0=LB
chi0 <- -(m2-(p-m1+1)/2)*log(U0)
chia <- qchisq(1-alpha,df)
pv <- 1-pchisq(chi0, df)
test <- function(U0,chi0,chia,pv,alpha){
        values<-c(U0,chi0,chia,pv); names(values)<-c("U0","chi0","chia","p-value")
        if(chi0 > chia) {result<-c("chi0 > chia : reject H0")}
        if(chi0 < chia) {result<-c("chi0 < chia : accept H0")}
        list(values=values, result=result)
}
test(U0,chi0,chia,pv,alpha)# factor B

# Interaction
m2=g*b*(n-1); m1=(g-1)*(b-1); df=p*m1
U0=LI
chi0 <- -(m2-(p-m1+1)/2)*log(U0)
chia <- qchisq(1-alpha,df)
pv <- 1-pchisq(chi0, df)
test <- function(U0,chi0,chia,pv,alpha){
        values<-c(U0,chi0,chia,pv); names(values)<-c("U0","chi0","chia","p-value")
```

```
        if(chi0 > chia) {result<-c("chi0 > chia : reject H0")}
        if(chi0 < chia) {result<-c("chi0 < chia : accept H0")}
        list(values=values, result=result)
}
test(U0,chi0,chia,pv,alpha)# Interaction
```

[결과 5.1.1] [R-코드 5.1.1]의 수행결과

(1) 제곱합: SSA, SSB, SSI, SSE

```
> SSA;SSB;SSI;SSE
        V3      V4      V5
V3  1.7405 -1.5045  0.8555
V4 -1.5045  1.3005 -0.7395
V5  0.8555 -0.7395  0.4205
       V3     V4     V5
V3 0.7605 0.6825 1.9305
V4 0.6825 0.6125 1.7325
V5 1.9305 1.7325 4.9005
       V3     V4     V5
V3 0.0005 0.0165 0.0445
V4 0.0165 0.5445 1.4685
V5 0.0445 1.4685 3.9605
       V3     V4     V5
V3  1.764  0.020 -3.070
V4  0.020  2.628 -0.552
V5 -3.070 -0.552 64.924
```

(2) 요인 A, 요인 B, 교호효과의 검정

```
> test(U0,chi0,chia,pv,alpha)# factor A
$values
         U0        chi0        chia     p-value
 0.381858385 13.959229168  7.814727903  0.002961177
$result
[1] "chi0 > chia : reject H0"

> test(U0,chi0,chia,pv,alpha)# factor B
$values
        U0       chi0       chia    p-value
0.52303490 9.39755288 7.81472790 0.02444658
```

```
$result
[1] "chi0 > chia : reject H0"

> test(U0,chi0,chia,pv,alpha)# Interaction
$values
       U0       chi0       chia   p-value
0.7771058 3.6565930 7.8147279 0.3010132
$result
[1] "chi0 < chia : accept H0"
```

[보기 5.1.2] 땅콩 종자 개량을 위한 지역과 종자에 대한 이원 MANOVA Example

땅콩은 미국 남부지역의 중요한 농작물이다. 일반적으로 농작물 과학자들은 땅콩 나무를 개량하기 위해 여러 가지 변수 관점에서 몇 가지 종자를 비교하고 있다. 특히 [자료 5.1.2]는 인자 A로 두 지역(1, 2)과 인자 B로 세 종자 (5, 6, 8)에 대하여 반응변수로 Y_1= 수확량, Y_2=견실하게 자란 알갱이무게(g), Y_3=종자크기(g)를 고려하였다(Johnson과 Wichern, 2007, p. 354).

[자료 5.1.2] 땅콩 종자 개량을 위한 실험(peanut.txt)

요인 A (지역 1, 2)	요인 B (종자 5, 6, 8)	Y_1=수확량	Y_2=알갱이무게	Y_3=종자크기
1	5	195.3	153.1	51.4
1	5	194.3	167.7	53.7
2	5	189.7	139.5	55.5
2	5	180.4	121.1	44.4
1	6	203.0	156.8	49.8
1	6	195.9	166.0	45.8
2	6	202.7	166.1	60.4
2	6	197.6	161.8	54.1
1	8	193.5	164.5	57.8
1	8	187.0	165.1	58.6
2	8	201.5	166.8	65.0
2	8	200.0	173.8	67.2

[자료 5.1.2]에 대한 이원 MANOVA을 위한 [R-코드 5.1.2](peanut-2way-MANOVA.R)

수행 결과 [결과 5.1.2]의 (1) 제곱합: SSA, SSB, SSI, SSE로부터 제곱합을 얻게 된다. (2) 요인 A, 요인 B, 교호효과의 검정의 결과에서 [표 5.1.2]의 이원 MANOVA 표를 요약하게 된다. 물론 요인 A는 수준은 2개로 $g=2$, 요인 B의 수준은 3개로 $b=3$이고, 두 요인 수준의 조합에서 2번씩 $n=2$를 측정한 것이다.

[표 5.1.3] 이원 MANOVA 표

요인	자유도	제곱합	검정통계량	수정 검정통계량	p-값
A	$2-1$	SSA	$\Lambda_A=0.107$	$\chi_A^2=10.078$	0.018
B	$3-1$	SSB	$\Lambda_B=0.012$	$\chi_B^2=21.933$	0.001
I	$(2-1)(3-1)$	SSI	$\Lambda_I=0.074$	$\chi_I^2=12.998$	0.043
오차	$2\times3\times(2-1)$	SSE			
전체	$2\times3\times2-1$	TSS			

[표 5.1.3] 이원 MANOVA 표로부터 검정의 결과를 살펴보자. 유의수준 0.05에서 두 지역에 대한 요인 A의 처리 효과에 대한 $H_0:\alpha_1=\alpha_2=0$는 p-값=0.018로 기각되어 요인 A의 효과는 차이가 있으며, 세 종자에 대한 요인 B의 처리 효과 $H_0:\beta_1=\beta_2=\beta_3=0$도 p-값=0.001로 기각되어 요인 B의 효과도 차이가 있음을 알 수 있다. 끝으로 교호효과 $H_0:\gamma_{11}=\gamma_{12}=\cdots=\gamma_{23}=0$은 p-값=0.043으로 역시 기각되어 교호효과가 있음을 알 수 있다.

따라서 땅콩 종자 개량은 지역과 종자, 그리고 이들 간의 교호효과에 의해서 영향을 받는다고 볼 수 있다.

[R-코드 5.1.2] [결과 5.1.2]을 위한 R-코드(peanut-2way-MANOVA.R)

```
## Two-Way MANOVA for Penut Data
setwd("C:/Documents/R-codes-MET")
data=read.table("peanut.txt")
data; attach(data)
A=factor(V1);B=factor(V2)
x=cbind(V3,V4,V5)
p=3;g=2;b=3;n=2
```

```
fit<-summary(manova(x~A+B+A:B))
names(fit)
# Sum of Squares : SSA SSB SSI SSE
#fit$SS
SSA=fit$SS$A;SSB=fit$SS$B;SSI=fit$SS$'A:B';SSE=fit$SS$Residuals
SSA;SSB;SSI;SSE

# Test Statistics
LA = det(SSE)*1/det(SSE+SSA);LB = det(SSE)*1/det(SSE+SSB)
LI = det(SSE)*1/det(SSE+SSI)
LA;LB;LI

# Test based Bartlett's Modified Chi-aquare Statistic
alpha=0.05
# Factor A
m2=g*b*(n-1); m1=g-1; df=p*m1
U0=LA
chi0 <- -(m2-(p-m1+1)/2)*log(U0)
chia <- qchisq(1-alpha,df)
pv <- 1-pchisq(chi0, df)
test <- function(U0,chi0,chia,pv,alpha){
        values<-c(U0,chi0,chia,pv); names(values)<-c("U0","chi0","chia","p-value")
        if(chi0 > chia) {result<-c("chi0 > chia : reject H0")}
        if(chi0 < chia) {result<-c("chi0 < chia : accept H0")}
        list(values=values, result=result)
}
test(U0,chi0,chia,pv,alpha)# factor A

# Factor B
m2=g*b*(n-1); m1=b-1; df=p*m1
U0=LB
chi0 <- -(m2-(p-m1+1)/2)*log(U0)
chia <- qchisq(1-alpha,df)
pv <- 1-pchisq(chi0, df)
test <- function(U0,chi0,chia,pv,alpha){
        values<-c(U0,chi0,chia,pv); names(values)<-c("U0","chi0","chia","p-value")
        if(chi0 > chia) {result<-c("chi0 > chia : reject H0")}
        if(chi0 < chia) {result<-c("chi0 < chia : accept H0")}
        list(values=values, result=result)
}
test(U0,chi0,chia,pv,alpha)# factor B

# Interaction
m2=g*b*(n-1); m1=(g-1)*(b-1); df=p*m1
U0=LI
chi0 <- -(m2-(p-m1+1)/2)*log(U0)
```

```
chia <- qchisq(1-alpha,df)
pv <- 1-pchisq(chi0, df)
test <- function(U0,chi0,chia,pv,alpha){
        values<-c(U0,chi0,chia,pv); names(values)<-c("U0","chi0","chia","p-value")
        if(chi0 > chia) {result<-c("chi0 > chia : reject H0")}
        if(chi0 < chia) {result<-c("chi0 < chia : accept H0")}
        list(values=values, result=result)
}
test(U0,chi0,chia,pv,alpha)# Interaction
```

[결과 5.1.2] [R-코드 5.1.2]의 수행결과

```
(1) 제곱합: SSA, SSB, SSI, SSE
> SSA;SSB;SSI;SSE
            V3          V4          V5
V3   0.7008333   -10.6575    7.129167
V4 -10.6575000   162.0675 -108.412500
V5   7.1291667  -108.4125   72.520833
         V3        V4       V5
V3 196.1150  365.1825  42.6275
V4 365.1825 1089.0150 414.6550
V5  42.6275  414.6550 284.1017
         V3       V4        V5
V3 205.1017 363.6675 107.78583
V4 363.6675 780.6950 254.22000
V5 107.7858 254.2200  85.95167
        V3      V4      V5
V3 104.205  49.365  76.480
V4  49.365 352.105 121.995
V5  76.480 121.995  94.835

(2) 요인 A, 요인 B, 교호효과의 검정
> test(U0,chi0,chia,pv,alpha)# factor A
$values
         U0        chi0        chia     p-value
 0.10651620 10.07756196  7.81472790  0.01791821
$result
[1] "chi0 > chia : reject H0"

> test(U0,chi0,chia,pv,alpha)# factor B
```

```
$values
          U0          chi0          chia       p-value
 0.012444166 21.932516716 12.591587244  0.001245443
$result
[1] "chi0 > chia : reject H0"

> test(U0,chi0,chia,pv,alpha)# Interaction
$values
         U0         chi0         chia      p-value
 0.07429984 12.99823228 12.59158724  0.04306403
$result
[1] "chi0 > chia : reject H0"
```

5.2 확률화 완전블록 설계

5.1절의 이원 MANOVA에서 실험 조건인 두 개인 요인(factor) 중에서 한 요인을 블록(block)으로 하고 p개의 반응변수에 대하여 g개의 처리에 대한 효과를 검정하려 한다. 이를 위해서 b개의 블록 수준을 가지는 p개의 반응변수로 측정된 확률화 완전블록 설계(randomized complete block design, RCBD) 모형

$$y_{ij} = \mu + \alpha_j + \beta_i + e_{ij},\ i = 1,\ \cdots,\ b;\ j = 1,\ \cdots,\ g \tag{5.2.1}$$

을 고려한다. 여기서 e_{ij}는 오차항으로 $N_p(0,\ \Sigma)$을 따르며, μ는 전체 평균벡터이고 α_j는 j번째 처리 효과, β_i는 i번째 블록 효과로 다음을 만족한다.

$$\sum_{j=1}^{g} \alpha_j = \sum_{i=1}^{b} \beta_i = 0$$

RCBD 모형 (5.2.1)을 통해 g개 처리 효과가 동일한지에 대한 귀무가설과 대립가설로

$$H_0 : \alpha_1 = \alpha_2 = \cdots = \alpha_g = 0, \quad H_1 : \alpha_j \neq \alpha_k,\ j \neq k \tag{5.2.2}$$

를 고려한다. RCBD 모형도 반응변수의 다음과 같은 기본적 분해로부터 출발한다.

$$y_{ij} - \bar{y} = (\bar{y}_{.j} - \bar{y}) + (\bar{y}_{i.} - \bar{y}) + (y_{ij} - \bar{y}_{.j} - \bar{y}_{i.} + \bar{y})$$

여기서

$$\bar{y}_{.j} = \frac{1}{b}\sum_{i=1}^{b} y_{ij},\ \bar{y}_{i.} = \frac{1}{g}\sum_{j=1}^{g} y_{ij},\ \bar{y} = \frac{1}{gb}\sum_{j=1}^{g}\sum_{i=1}^{b} y_{ij}$$

전체제곱합(total sum of squares, TSS), 처리제곱합(treatments sum of squares, SST)과 블록제곱합(blocks sum of squares, SSB), 오차제곱합(error sum of squares, SSE)은 각각 다음과 같이 정의된다.

$$TSS = \sum_{j=1}^{g}\sum_{i=1}^{b}(y_{ij} - \bar{y})(y_{ij} - \bar{y})^T$$

$$SST = \sum_{j=1}^{g} b(\bar{y}_{.j} - \bar{y})(\bar{y}_{.j} - \bar{y})^T$$

$$SSB = \sum_{i=1}^{b} g(\bar{y}_{i.} - \bar{y})(\bar{y}_{i.} - \bar{y})^T$$

$$SSE = \sum_{j=1}^{g}\sum_{i=1}^{b}(y_{ij} - \bar{y}_{.j} - \bar{y}_{i.} + \bar{y})(y_{ij} - \bar{y}_{.j} - \bar{y}_{i.} + \bar{y})^T$$

이들로부터 제곱합 분해는 다음과 같다.

$$TSS = SST + SSB + SSE$$

(5.2.2)의 귀무가설에 대한 검정을 위한 MANOVA 표는 [표 5.2.1]에 요약되어 있다.

[표 5.2.1] RCBD MANOVA 표

요인	자유도	제곱합	검정통계량	$U_{(p,\, m_1,\, m_2)}$
처리	$g-1$	SST		
블록	$b-1$	SSB	$\Lambda = \frac{\lvert SSE \rvert}{\lvert SSE + SST \rvert}$	$U_{(p,\, g-1,\, (g-1)(b-1))}$
오차	$(g-1)(b-1)$	SSE		
전체	$gb-1$	TSS		

[표 5.2.1]의 검정통계량 Λ는 윌크스(Wilks) 통계량으로 U-분포 $U_{(p,\, m_1,\, m_2)}$를 따른다. 이는 [표 4.1.5]에 반응변수의 수와 처리집단의 수에 따라 F-분포를 따르는 윌크스 검정

통계량의 네 가지 변환에서 검정통계량의 값을 F_0라 하고 이것이 자유도 (df_1, df_2)를 따르는 F_{df_1, df_2}-분포에 의해 (4.1.10)의 검정방법을 따르게 된다. 따라서

$$F_0 > F_{df_1, df_2}(\alpha) \Rightarrow H_0 : \mu_1 = \mu_2 = \cdots = \mu_g \text{를 유의수준 } \alpha \text{에서 기각한다.} \quad (5.2.3)$$

더군다나 자료의 크기가 큰 경우 바틀릿(Bartlett) 수정 검정통계량

$$\chi^2 = -\left((g-1)(b-1) - \frac{p-(g-1)+1}{2}\right)\log\Lambda \simeq \chi^2_{p(g-1)}$$

에 의해서

$$\chi^2 > \chi^2_{(p(g-1))}(\alpha) \Rightarrow H_0 \text{를 유의수준 } \alpha \text{에서 기각한다.} \quad (5.2.4)$$

[보기 5.2.1] 네 종류 벼의 RCBD

Example

[보기 4.1.1]에서 네 종류의 쌀 품종(A, B, C, D)의 벼 20포기를 이양한 후 6주가 지난 다음 y_1 =키, y_2 =포기당 싹의 수를 측정한 [자료 4.1.1]에 일원 MANOVA를 적용하였다. 이번에는 각 포기를 블록으로 하여 RCBD 모형을 적용하기로 하자. 이를 위한 [R-코드 5.2.1](rice-RCBD.R)과 [결과 5.2.1]을 참고하기 바란다.

[결과 5.2.1]의 (1) 제곱합과 (2) 검정으로부터 다음의 RCBD MANOVA 표를 요약하게 된다.

[표 5.2.2] RCBD MANOVA 표

요인	자유도	제곱합	검정통계량	F	p-값
처리	$4-1$	SST			
블록	$5-1$	SSB	$\Lambda = 0.342$	$F_0 = 2.604$	0.038
오차	$(4-1)(5-1)$	SSE			
전체	$20-1$	TSS			

각 처리의 자료의 수가 5로 매우 작아 $p=2$, $g=4$, $b=5$인 U-분포 $U_{(p,\, g-1,\, (g-1)(b-1))}$를 따르는 검정통계량 Λ의 변환은 [표 4.1.5] $p=2$, $g \geq 2$인 경우에 해당하며 다음과 같은 F-분포를 활용한 검정을 적용하게 된다.

$$F = \left(\frac{(g-1)(b-1)-1}{g-1}\right)\left(\frac{1-\sqrt{\Lambda}}{\sqrt{\Lambda}}\right) \sim F_{2(g-1),\, 2((g-1)(b-1)-1)}$$

$$F_0 = \left(\frac{(4-1)(5-1)-1}{4-1}\right)\left(\frac{1-\sqrt{0.342}}{\sqrt{0.342}}\right) = 2.604 \ > F_{6,\,22}(0.05) = 2.549$$

$\Rightarrow H_0 : \mu_1 = \mu_2 = \mu_3 = \mu_4$를 유의수준 0.05에서 기각한다.

더불어 유의확률 p-값$= P(F > 2.604) = 0.038$도 유의수준 0.05보다 작아 귀무가설을 기각하게 된다.

[R-코드 5.2.1] [결과 5.2.1]을 위한 R-코드(rice-RCBD.R)

```
## RCBD(Randomized Complete Block Design) for 4 Varieties of Rice Data
y1 <- matrix(c(58,4,62,6,60,7,54,6,58,6),5,2,T)
y2 <- matrix(c(49,7,55,6,48,4,52,4,49,7),5,2,T)
y3 <- matrix(c(54,6,52,6,51,7,58,5,61,6),5,2,T)
y4 <- matrix(c(58,4,55,4,51,5,49,6,52,4),5,2,T)
nj=nrow(y1); p=ncol(y1)
J=g=4; I=5; b=I-1; m=J-1; n1=n2=n3=n4=nj; n=J*nj; f=(I-1)*(J-1); alpha=0.05
y <- cbind(y1,y2,y3,y4)
yyb <- matrix(1/nj,1,nj)%*%y
ybj <- rbind(yyb[1:2],yyb[3:4],yyb[5:6],yyb[7:8])
d<-matrix(c(1,0,1,0,1,0,1,0,0,1,0,1,0,1,0,1), 2, 8, T)
ybi <- d%*%t(y)/J
yb <- t(ybj)%*%matrix(1/J,J,I)
ybb <- matrix(1/J,n1,J)%*%ybj
SST <- n1*t(ybj-t(yb[,1:J]))%*%(ybj-t(yb[,1:J]))
TSS <- t(y1-ybb)%*%(y1-ybb)+t(y2-ybb)%*%(y2-ybb)+
                t(y3-ybb)%*%(y3-ybb)+t(y4-ybb)%*%(y4-ybb)
SSB <- J*(ybi-yb)%*%t(ybi-yb)
SSE <- TSS-SST-SSB
SST;SSB;SSE;TSS
U0 <- det(SSE)/det(SSE+SST)
F0 <- (f-1)*(1-sqrt(U0))/((g-1)*sqrt(U0))
Fa<-qf(1-alpha, 2*(g-1), 2*(f-1))
pv <- 1-pf(F0,2*(g-1),2*(n-g-1))
test <- function(U0,F0,Fa, pv,alpha){
        values<-c(U0,F0,Fa, pv, alpha); names(values)<-c("U0","F0", "Fa", "p-value", "alpha")
        if(pv < alpha) {result<-c("p-value < alpha : reject H0")}
        if(pv > alpha) {result<-c("p-value > alpha : accept H0")}
        list(values=values, result=result)
}
test(U0,F0,Fa, pv,alpha)
```

[결과 5.2.1] [R-코드 5.2.1]의 수행결과

```
(1) 제곱합
> SST;SSB;SSE;TSS
      [,1] [,2]
[1,] 165.0 12.4
[2,]  12.4  5.8
     [,1] [,2]
[1,] 31.7 -0.5
[2,] -0.5  1.0
      [,1]  [,2]
[1,] 157.5 -14.9
[2,] -14.9  18.2
      [,1] [,2]
[1,] 354.2   -3
[2,]  -3.0   25

(2) 검정
> test(U0,F0,pv,alpha)
$values
        U0         F0         Fa    p-value      alpha
0.34194149 2.60373744 2.54906141 0.03755363 0.05000000
$result
[1] "p-value < alpha : reject H0"
```

[보기 5.5.2] 세 가지 요구사항에 대한 내성적 사람들 반응의 RCBD Example

[자료 5.2.1]은 세 가지 요구 사항에 대한 내성적인 사람들의 네 가지 상황에 대한 반응을 측정한 것이다. 각 사람을 블록으로 하여 RCBD 모형을 적용하기로 하자. 이를 위한 [R-코드 5.2.2](request-RCBD.R)과 [결과 5.2.2]를 참고하기 바란다.

[자료 5.2.1] 세 가지 요구 사항에 대한 내성적인 사람들의 반응

합리적 요구				비교적 합리적 요구				무리한 요구			
y_1	y_2	y_3	y_4	y_1	y_2	y_3	y_4	y_1	y_2	y_3	y_4
11	15	21	21	16	15	16	20	23	16	23	23
12	11	21	17	11	12	10	11	18	21	11	12
16	12	21	12	15	23	20	20	22	24	12	13
11	11	17	11	14	13	16	15	19	19	15	17
6	14	15	13	12	11	13	11	16	23	14	18
12	11	18	14	8	16	15	14	20	16	16	15
8	10	18	11	11	9	10	13	14	15	17	14
19	10	21	8	18	19	11	17	9	19	8	17
11	9	15	18	9	14	21	15	21	24	17	24
10	9	14	12	12	15	12	18	21	21	14	24

[결과 5.2.2]의 결과로부터 다음의 RCBD MANOVA 표를 요약하게 된다.

[표 5.2.3] RCBD MANOVA 표

요인	자유도	제곱합	검정통계량	F	$p-$값
처리	$3-1$	SST			
블록	$10-1$	SSB	$\Lambda=0.161$	$F_0=5.608$	0.001
오차	$(3-1)(10-1)$	SSE			
전체	$30-1$	TSS			

각 처리의 자료의 수가 10으로 매우 작아 반응변수 $p=4$, 처리수준 $g=3$, 블록수준 $b=10$인 U-분포 $U_{(p,\, g-1,\, (g-1)(b-1))}$를 따르는 검정통계량 Λ의 변환은 [표 4.1.5] $p \ge 1$, $g=3$인 경우에 해당하며 Srivastava(2002, Corollary 6.2.2)를 활용하면 다음과 같은 F-분포를 활용한 검정을 적용하게 된다.

$$F=\left(\frac{f-p+1}{p}\right)\left(\frac{1-\sqrt{\Lambda}}{\sqrt{\Lambda}}\right) \sim F_{2p,\, 2(f-p+1)}$$

$$F_0=\left(\frac{(3-1)(10-1)-4+1}{4}\right)\left(\frac{1-\sqrt{0.161}}{\sqrt{0.161}}\right)=5.608 > F_{8,\, 30}(0.05)=2.266$$

$\Rightarrow H_0 : \mu_1=\mu_2=\mu_3$는 유의수준 0.05에서 기각된다.

더불어 유의확률 p-값 $= P(F > 5.608) = 0.001$은 유의수준 0.05보다 작아 귀무가설을 기각하게 되어 세 가지 요구 사항에 대한 사람들의 반응은 다름을 보여준다.

[R-코드 5.2.2] [결과 5.2.2]을 위한 R-코드(request-RCBD.R)

```
## RCBD(Randomized Complete Block Design) for 3 Types of Requests Data
y1<- matrix(c(11,15,21,21,12,11,21,17,16,12,21,12,11,11,17,11,6,14,15,13,12,11,18,14,8,10,18,11,
        19,10,21,8,11,9,15,18,10,9,14,12),10,4,T)
y2<- matrix(c(16,15,16,20,11,12,10,11,15,23,20,20,14,13,16,15,12,11,13,11,8,16,15,14,11,9,10,13,
        18,19,11,17,9,14,21,15,12,15,12,18),10,4,T)
y3<- matrix(c(23,16,23,23,18,21,11,12,22,24,12,13,19,19,15,17,16,23,14,18,20,16,16,15,14,15,17,
        14,9,19,8,17,21,24,17,24,21,21,14,24),10,4,T)
nj=nrow(y1); p=ncol(y1)
J=g=3; I=10; b=I-1; m=J-1; n1=n2=n3=n4=nj; n=J*nj; f=(I-1)*(J-1); alpha=0.05
y <- cbind(y1,y2,y3);y
yyb <- matrix(1/nj,1,nj)%*%y
ybj <- rbind(yyb[1:4],yyb[5:8],yyb[9:12])
d  <-  matrix(c(1,0,0,0,1,0,0,0,1,0,0,0,
                0,1,0,0,0,1,0,0,0,1,0,0,
                0,0,1,0,0,0,1,0,0,0,1,0,
                0,0,0,1,0,0,0,1,0,0,0,1),4,12,T)
ybi <- d%*%t(y)/J
yb <- t(ybj)%*%matrix(1/J,J,I)
ybb <- matrix(1/J,n1,J)%*%ybj
SST <- n1*t(ybj-t(yb[,1:J]))%*%(ybj-t(yb[,1:J]))
TSS <- t(y1-ybb)%*%(y1-ybb)+t(y2-ybb)%*%(y2-ybb)+t(y3-ybb)%*%(y3-ybb)
SSB <- J*(ybi-yb)%*%t(ybi-yb)
SSE <- TSS-SST-SSB
SST;SSB;SSE;TSS

U0 <- det(SSE)/det(SSE+SST);U0
F0 <- (f-p+1)*(1-sqrt(U0))/(p*sqrt(U0))
Fa<-qf(1-alpha, 2*p, 2*(f-p+1))
pv <- 1-pf(F0,2*(g-1),2*(n-g-1))
test <- function(U0,F0,Fa, pv,alpha){
        values<-c(U0,F0,Fa, pv, alpha); names(values)<-c("U0","F0", "Fa", "p-value", "alpha")
        if(pv < alpha) {result<-c("p-value < alpha : reject H0")}
        if(pv > alpha) {result<-c("p-value > alpha : accept H0")}
        list(values=values, result=result)
}
test(U0,F0,Fa, pv,alpha)
```

[결과 5.2.2] [R-코드 5.2.2]의 수행결과

```
> test(U0,F0,Fa, pv,alpha)
$values
          U0           F0           Fa      p-value        alpha
0.1605884080 5.6078088858 2.2661632741 0.0007882904 0.0500000000
$result
[1] "p-value < alpha  : reject H0"
```

5.3 라틴방격 설계

5.2절의 확률화 완전블록 설계에서는 실험에 영향을 미칠 수 있는 요인을 블록효과로 처리하여 실험의 정도를 높이게 된다. 이번에는 두 가지 요인을 블록효과로 처리해야 할 실험을 고려하자. [표 5.3.1]은 4개 옥수수 종자 $C_1, \cdots, C_4$의 수확량을 실험하는 라틴방격 설계를 보여주고 있다. 특히 고려된 블록효과는 옥수수 종자를 심을 밭의 지력이 동-서(E-W)와 남-북(S-N) 방향으로 영향을 받을 것으로 생각하였고 밭을 각각 4개 지역으로 나누었다. 두 방향의 밭은 총 $4^2 = 16$개 지역으로 나누어지며 4개 옥수수 종자가 각 행과 열에 한 번 씩만 배치되도록 하게 된다. 각 블록의 4개 지역을 나타내는 행과 열의 수에 따라 이를 4×4 라틴방격 설계(latin square design, LSD)라고 한다.

[표 5.3.1] 4×4 라틴방격 설계

	E-W			
S-N	A_1	A_2	A_3	A_4
B_1	C_2	C_3	C_4	C_1
B_2	C_3	C_4	C_1	C_2
B_3	C_4	C_1	C_2	C_3
B_4	C_1	C_2	C_3	C_4

실제로 두 지력을 나타내는 블록의 수준이 각각 4개와 옥수수 종자 4개에 대한 3원 배

치 실험은 $4\times4\times4=64$회를 실시해야 하나 [표 5.3.1]과 같이 4×4 라틴방격 설계에서는 64회의 1/4인 16회를 실험하게 된다. 따라서 라틴방격 설계는 실험의 일부를 실시하여 실험의 효과를 극대화시킨다.

만약에 [표 5.3.1]에서 밭의 전체 지역 각각에 4개 옥수수 종자의 특성을 $y_1=$생산량, $y_2=$키, $y_3=$감염된 옥수수의 비율(%), $y_4=$옥수수의 당도와 같이 생각할 수 있다. 일반적으로 g개의 수준의 두 블록과 반응을 고려하고 반응의 특성을 p개로 고려한 라틴방격 설계 모형

$$\boldsymbol{y}_{ijk}=\boldsymbol{\mu}+\boldsymbol{\alpha}_i+\boldsymbol{\beta}_j+\boldsymbol{\gamma}_k+\boldsymbol{e}_{ijk},\ \ i,\ j,\ k=1,\ \cdots,\ g \tag{5.3.1}$$

를 고려한다. 여기서 $\boldsymbol{y}_{ijk}$는 두 블록의 $(i,\ j)$번째에서 p개의 특성으로 구성된 k번째 반응이고, $\boldsymbol{e}_{ijk}$는 오차항으로 $N_p(0,\ \Sigma)$을 따르며, $\boldsymbol{\mu}$는 전체 평균벡터이고 α_i는 i번째 블록효과, β_j는 j번째 블록 효과, γ_k는 k번째 처리 효과로 다음을 만족한다.

$$\sum_{i=1}^{g}\boldsymbol{\alpha}_i=\sum_{j=1}^{g}\beta_i=\sum_{k=1}^{g}\gamma_k=0$$

LSD 모형 (5.3.1)을 통해 g개 반응효과가 동일한지에 대한 귀무가설과 대립가설로 다음을 고려하자.

$$H_0:\gamma_1=\gamma_2=\ \cdots\ =\gamma_g=0,\quad H_1:\gamma_k\neq0 \tag{5.3.2}$$

LSD 모형을 분석하기 위한 전체제곱합(TSS), 블록A제곱합(SSA)과 블록B제곱합(SSB), 처리제곱합(SSC), 오차제곱합(SSE)은 각각 다음과 같이 정의된다.

$$TSS=\sum_{i,\ j,\ k=1}^{g}(\boldsymbol{y}_{ijk}-\overline{\boldsymbol{y}})(\boldsymbol{y}_{ijk}-\overline{\boldsymbol{y}})^T=\sum_{i,\ j,\ k=1}^{g}\boldsymbol{y}_{ijk}\boldsymbol{y}_{ijk}^T-g^2\overline{\boldsymbol{y}}\,\overline{\boldsymbol{y}}^T$$

$$SSA=g\sum_{i=1}^{g}\overline{\boldsymbol{y}}_{i..}\overline{\boldsymbol{y}}_{i..}^T-g^2\overline{\boldsymbol{y}}\,\overline{\boldsymbol{y}}^T$$

$$SSB=g\sum_{j=1}^{g}\overline{\boldsymbol{y}}_{.j.}\overline{\boldsymbol{y}}_{.j.}^T-g^2\overline{\boldsymbol{y}}\,\overline{\boldsymbol{y}}^T$$

$$SSC=g\sum_{k=1}^{g}\overline{\boldsymbol{y}}_{..k}\overline{\boldsymbol{y}}_{..k}^T-g^2\overline{\boldsymbol{y}}\,\overline{\boldsymbol{y}}^T$$

$$SSE=TSS-SSA-SSB-SSC$$

여기서 $\overline{y}_{i..}$, $\overline{y}_{.j.}$, $\overline{y}_{..k}$, $\overline{y}$는 라틴방격 설계에 의해 재구성된 자료의 평균이다.

(5.3.2)의 귀무가설에 대한 검정을 위한 LSD MANOVA 표는 [표 5.3.2]에 요약되어 있다.

[표 5.3.2] LSD MANOVA 표

요인	자유도	제곱합	검정통계량	$U_{(p,\,m,\,f)}$
블록 A	$g-1$	SSA		
블록 B	$g-1$	SSB	$\Lambda = \dfrac{\lvert SSE \rvert}{\lvert SSE+SSC \rvert}$	$U_{(p,\,g-1,\,(g-1)(g-2))}$
처리 C	$g-1$	SSC		
오차	$(g-1)(g-2)$	SSE		
전체	g^2-1	TSS		

[표 5.3.2]의 검정통계량 Λ는 윌크스(Wilks) 통계량으로 U-분포 $U_{(p,\,g-1,\,(g-1)(g-2))}$를 따르며 반응변수의 수 p와 반응효과의 수준 g에 따라 [표 4.1.5]의 F-분포를 활용한 검정을 적용하게 된다. 특별히 [표 5.3.1]의 라틴방격 설계에서 $p=2$, $g \geq 2$인 경우 다음과 같다.

$$F = \left(\frac{(g-1)(g-2)-1}{g-1}\right)\left(\frac{1-\sqrt{\Lambda}}{\sqrt{\Lambda}}\right) \sim F_{2(g-1),\,2((g-1)(g-2)-1)}$$

검정통계량의 값 F_0가 다음을 만족하면

$$F_0 > F_{2(g-1),\,2((g-1)(b-1)-1)}(\alpha)$$

$$\Rightarrow H_0: \gamma_1 = \gamma_2 = \cdots = \gamma_g = 0 \text{를 유의수준 } 0.05\text{에서 기각한다.}$$

더불어 유의확률 p-값$=P(F > F_0)$이 유의수준 0.05보다 작아도 귀무가설을 기각하게 된다.

[보기 5.3.1] 네 종류의 옥수수의 LSD

Example

종자를 심을 밭의 지력이 동-서(E-W)와 남-북(S-N) 방향에 따른 [표 5.3.1]의 옥수수 종자 C_1, ⋯, C_4의 수확량을 실험하는 라틴방격 설계에서 y_1=키와 y_2=생산량에 따른 실제 [자료 5.3.1]을 고려하자.

[자료 5.3.1] 옥수수종자 4×4 라틴방격 설계

S-N		E-W			
		A_1	A_2	A_3	A_4
B_1	키	65	68	67	68
	생산량	24	21	26	27
B_2	키	66	63	64	67
	생산량	20	23	25	24
B_3	키	65	67	64	63
	생산량	24	25	19	20
B_4	키	65	64	64	68
	생산량	26	25	25	22

[자료 5.3.1]은 라틴방격 모형 (5.3.1)에서 정의한 두 블록 A(E-W)와 B(S-N)의 $(i,\ j)$ 번째에서 $p=2$개의 특성으로 구성된 k번째 반응 $\boldsymbol{y}_{ijk}$에 따르면 $g=4$로 첨자 $i,\ j,\ k=1,\ \cdots,\ 4$에 대하여 [표 5.3.1]을 참고로 다음과 같다.

$$\boldsymbol{y}_{112}=\begin{bmatrix}65\\24\end{bmatrix},\quad \boldsymbol{y}_{213}=\begin{bmatrix}68\\21\end{bmatrix},\quad \boldsymbol{y}_{314}=\begin{bmatrix}67\\26\end{bmatrix},\quad \boldsymbol{y}_{411}=\begin{bmatrix}68\\27\end{bmatrix}$$

$$\boldsymbol{y}_{123}=\begin{bmatrix}66\\20\end{bmatrix},\quad \boldsymbol{y}_{224}=\begin{bmatrix}63\\23\end{bmatrix},\quad \boldsymbol{y}_{321}=\begin{bmatrix}64\\25\end{bmatrix},\quad \boldsymbol{y}_{422}=\begin{bmatrix}67\\24\end{bmatrix}$$

$$\boldsymbol{y}_{134}=\begin{bmatrix}65\\24\end{bmatrix},\quad \boldsymbol{y}_{231}=\begin{bmatrix}67\\25\end{bmatrix},\quad \boldsymbol{y}_{332}=\begin{bmatrix}64\\19\end{bmatrix},\quad \boldsymbol{y}_{433}=\begin{bmatrix}63\\20\end{bmatrix}$$

$$\boldsymbol{y}_{141}=\begin{bmatrix}65\\26\end{bmatrix},\quad \boldsymbol{y}_{242}=\begin{bmatrix}64\\25\end{bmatrix},\quad \boldsymbol{y}_{343}=\begin{bmatrix}64\\25\end{bmatrix},\quad \boldsymbol{y}_{444}=\begin{bmatrix}68\\22\end{bmatrix}$$

이들로부터 $\bar{\boldsymbol{y}}_{i..},\ \bar{\boldsymbol{y}}_{.j.}\ \bar{\boldsymbol{y}}_{..k},\ i,\ \cdots,\ k=1,\ \cdots,\ 4$는 각각 다음과 같고 따라서 $\bar{\boldsymbol{y}}$는 이들의 평균이다.

$$\bar{\boldsymbol{y}}_{1..}=\frac{1}{4}(\boldsymbol{y}_{112}+\boldsymbol{y}_{123}+\boldsymbol{y}_{134}+\boldsymbol{y}_{141}),\ \cdots,\ \bar{\boldsymbol{y}}_{4..}=\frac{1}{4}(\boldsymbol{y}_{411}+\boldsymbol{y}_{422}+\boldsymbol{y}_{433}+\boldsymbol{y}_{444})$$

$$\bar{\boldsymbol{y}}_{.1.}=\frac{1}{4}(\boldsymbol{y}_{112}+\boldsymbol{y}_{213}+\boldsymbol{y}_{314}+\boldsymbol{y}_{414}),\ \cdots,\ \bar{\boldsymbol{y}}_{.4.}=\frac{1}{4}(\boldsymbol{y}_{141}+\boldsymbol{y}_{242}+\boldsymbol{y}_{343}+\boldsymbol{y}_{444})$$

$$\bar{\boldsymbol{y}}_{..1}=\frac{1}{4}(\boldsymbol{y}_{141}+\boldsymbol{y}_{231}+\boldsymbol{y}_{321}+\boldsymbol{y}_{411}),\ \cdots,\ \bar{\boldsymbol{y}}_{..4}=\frac{1}{4}(\boldsymbol{y}_{134}+\boldsymbol{y}_{224}+\boldsymbol{y}_{314}+\boldsymbol{y}_{444})$$

$$\bar{\boldsymbol{y}}=\begin{bmatrix}65.5\\23.5\end{bmatrix},\quad g^2\bar{\boldsymbol{y}}\bar{\boldsymbol{y}}^T=\begin{bmatrix}68644 & 24628\\24628 & 8836\end{bmatrix}$$

따라서 전체제곱합(TSS), 블록A제곱합(SSA)과 블록B제곱합(SSB), 처리제곱합(SSC)과 오차제곱합(SSE)의 계산을 위한 [R-코드 5.3.1](corn-LatinSquareD.R)와 [결과 5.3.1]의 (1) 제곱합과 (2) 검정으로부터 다음의 LSD MANOVA 표를 요약하게 된다.

LSD MANOVA 표

요인	자유도	제곱합	검정통계량	F	p-값
블록 A	$4-1$	SSA			
블록 B	$4-1$	SSB	$\Lambda=0.413$	$F_0=0.927$	0.515
처리 C	$4-1$	SSC			
오차	$(4-1)(4-2)$	SSE			
전체	4^2-1	TSS			

실제로 반응변수로 $y_1=$키와 $y_2=$생산량을 고려하여 $p=2$이고 $g=4$인 경우의 U-분포 $U_{(p,\ g-1,\ (g-1)(g-2))}$를 따르는 검정통계량 Λ의 변환은 [표 4.5.1] $p=2$, $g \geq 2$인 경우에 해당하며 다음과 같은 F-분포를 활용한 검정을 적용하게 된다.

$$F=\left(\frac{(g-1)(g-2)-1}{g-1}\right)\left(\frac{1-\sqrt{\Lambda}}{\sqrt{\Lambda}}\right) \sim F_{2(g-1),\ 2((g-1)(g-2)-1)}$$

$$F_0=\left(\frac{(4-1)(4-2)-1}{4-1}\right)\left(\frac{1-\sqrt{0.413}}{\sqrt{0.413}}\right)=0.927 \ < F_{6,\ 10}(0.05)=3.217$$

$$\Rightarrow H_0 : \tau_1=\tau_2=\tau_3=\tau_4 \text{를 유의수준 } 0.05\text{에서 기각하지 못한다.}$$

이는 유의확률 p-값$=P(F>2.604)=0.515$도 유의수준 0.05보다 작지 않음을 보여주어 옥수수의 키와 수확량은 네 가지 종자 간에는 차이가 없음을 보여 준다.

[R-코드 5.3.1] [결과 5.3.1]을 위한 R-코드(corn-LatinSquareD.R)

```
## Latin Square Design for Corn Data
g=4; m=g-1; f=(g-1)*(g-2); p=2; alpha=0.05
a1 <- matrix(c(65,24,66,20,65,24,65,26),g,p,byrow=T)
a2 <- matrix(c(68,21,63,23,67,25,64,25),g,p,byrow=T)
a3 <- matrix(c(67,26,64,25,64,19,64,25),g,p,byrow=T)
a4 <- matrix(c(68,27,67,24,63,20,68,22),g,p,byrow=T)
y  <- rbind(a1,a2,a3,a4); y1 <- cbind(a1,a2,a3,a4)
```

```
t <- g*rep((1/g^2),g^2)%*%y
TSS <- t(y)%*%y-t(t)%*%t
sa <- cbind(apply(a1,2,mean),apply(a2,2,mean),apply(a3,2,mean),apply(a4,2,mean))
SSA <- g*sa%*%t(sa)-t(t)%*%t
sb <- y1%*%t(matrix(c(1,0,1,0,1,0,1,0,0,1,0,1,0,1,0,1),2,8,byrow=T))/4
SSB <- g*t(sb)%*%sb-t(t)%*%t
c1 <- matrix(c(65,26,67,25,64,25,68,27),g,p,byrow=T)
c2 <- matrix(c(65,24,64,25,64,19,67,24),g,p,byrow=T)
c3 <- matrix(c(66,20,68,21,64,25,63,20),g,p,byrow=T)
c4 <- matrix(c(65,24,63,23,67,26,68,22),g,p,byrow=T)
sc <- cbind(t(c1),t(c2),t(c3),t(c4))%*%kronecker(diag(g),matrix(rep(1/g,g),g,1))
SSC <- g*sc%*%t(sc)-t(t)%*%t
SSE <- TSS-SSA-SSB-SSC
SSA;SSB;SSC;SSE
U0 <- det(SSE)/det(SSE+SSC)
F0 <- (f-1)*(1-sqrt(U0))/(m*sqrt(U0))
pv <-1- pf(F0,2*m,2*(f-1))
Fa <- qf(1-alpha,2*m,2*(f-1))
test <- function(U0,F0,Fa, pv,alpha){
        values<-c(U0,F0,Fa, pv, alpha); names(values)<-c("U0","F0", "Fa", "p-value", "alpha")
        if(pv < alpha) {result<-c("p-value < alpha : reject H0")}
        if(pv > alpha) {result<-c("p-value > alpha : accept H0")}
        list(values=values, result=result)
}
test(U0,F0,Fa, pv,alpha)
```

[결과 5.3.1] [R–코드 5.3.1]의 수행결과

(1) 제곱합

```
>SSA;SSB;SSC;SSE
      [,1]  [,2]
[1,]  6.50 -1.75
[2,] -1.75  0.50
     [,1] [,2]
[1,] 12.5 10.5
[2,] 10.5 18.0
     [,1]  [,2]
[1,] 2.50  7.75
[2,] 7.75 37.50
     [,1] [,2]
[1,] 26.5 -4.5
[2,] -4.5 32.0
```

```
(2) 검정
> test(U0,F0,Fa, pv,alpha)
$values
       U0        F0        Fa   p-value     alpha
0.4128558 0.9272115 3.2171745 0.5151836 0.0500000
$result
[1] "p-value > alpha : accept H0"
```

[보기 5.3.2] 세 가지 식단에 따른 쥐의 간 콜레스톨의 LSD

Example

쥐의 간 콜레스테롤에 미치는 세 가지 다이어트 식단 D_1=대조, D_2=식물성 지방, D_3=동물성 지방의 효과를 보기 위해 쥐의 체중을 세 가지 분류(W_1=고, W_2=중, W_3=저)하고 쥐가 태어난 어미 배에 따른 L_1, L_2, L_3 세 가지에 대하여 라틴방격 설계에서 y_1 = 처음 몸무게, y_2 = 나중 몸무게에 따른 실제 [자료 5.3.2]를 고려하자.

[자료 5.3.2] 세 가지 식단 3×3 라틴방격 설계

몸무게		어미 배		
		L_1	L_2	L_3
		D_2	D_1	D_3
W_1	처음	1.70	2.00	2.45
	나중	1.60	1.97	2.07
		D_3	D_2	D_1
W_2	처음	1.60	1.85	1.58
	나중	1.83	1.71	1.56
		D_1	D_3	D_2
W_3	처음	1.33	1.55	1.57
	나중	1.44	1.84	1.72

[자료 5.3.2]는 LSD 모형 (5.3.1)에서 정의한 두 블록 A(몸무게)와 B(어미 배)의 (i, j) 번째에서 $p=2$개의 특성으로 구성된 k번째 반응 y_{ijk}에 따르면 $g=3$으로 첨자 $i, j, k=1, \cdots, 4$에 대하여 [자료 5.3.2]의 설계를 참고로 다음과 같다.

$$y_{112} = \begin{bmatrix} 1.70 \\ 1.60 \end{bmatrix}, \quad y_{211} = \begin{bmatrix} 2.00 \\ 1.97 \end{bmatrix}, \quad \cdots, \quad y_{332} = \begin{bmatrix} 1.57 \\ 1.72 \end{bmatrix}$$

따라서 [R-코드 5.3.2](diet-LatinSquareD.R)와 [결과 5.3.2]의 (1) 제곱합과 (2) 검정으로부터 다음의 LSD MANOVA 표를 요약하게 된다.

LSD MANOVA 표

요인	자유도	제곱합	검정통계량	F	p-값
블록 A	$3-1$	SSA			
블록 B	$3-1$	SSB	$\Lambda=0.131$	$F_0=0.882$	0.593
처리 C	$3-1$	SSC			
오 차	$(3-1)(3-2)$	SSE			
전체	3^2-1	TSS			

검정통계량 Λ의 변환은 [표 4.5.1] $p=2$, $g \geq 2$인 경우에 해당하며 다음과 같이

$$F_0 = \left(\frac{(3-1)(3-2)-1}{3-1}\right)\left(\frac{1-\sqrt{0.131}}{\sqrt{0.131}}\right) = 0.882 < F_{4,\,2}(0.05) = 19.247$$

$\Rightarrow$ $H_0 : \tau_1 = \tau_2 = \tau_3$를 유의수준 0.05에서 기각하지 못한다.

이는 유의확률 p-값$=P(F > 0.882) = 0.593$도 유의수준 0.05보다 큼으로 세 가지 다이어트 식단 간에는 차이가 없음을 보여 준다.

[R-코드 5.3.2] [결과 5.3.2]을 위한 R-코드(diet-LatinSquareD.R)

```
## Latin Square Design for Diets Data
g=3; m=g-1; f=(g-1)*(g-2); p=2; alpha=0.05
a1 <- matrix(c(1.70, 1.60, 1.60, 1.83, 1.33, 1.44),g,p,byrow=T)
a2 <- matrix(c(2.00, 1.97, 1.85, 1.71, 1.55, 1.84),g,p,byrow=T)
a3 <- matrix(c(2.45, 2.07, 1.58, 1.56, 1.57, 1.7),g,p,byrow=T)
y  <- rbind(a1,a2,a3); y1 <- cbind(a1,a2,a3)
t <- g*rep((1/g^2),g^2)%*%y
TSS <- t(y)%*%y-t(t)%*%t
sa <- cbind(apply(a1,2,mean),apply(a2,2,mean),apply(a3,2,mean))
SSA <- g*sa%*%t(sa)-t(t)%*%t
sb <- y1%*%t(matrix(c(1,0,1,0,1,0,0,1,0,1,0,1),2,6,byrow=T))/3
SSB <- g*t(sb)%*%sb-t(t)%*%t
c1 <- matrix(c(1.33, 1.44, 2.00, 1.97, 1.58, 1.56),g,p,byrow=T)
```

```
c2 <- matrix(c(1.70, 1.60, 1.85, 1.71, 1.55, 1.84),g,p,byrow=T)
c3 <- matrix(c(1.60, 1.83, 1.57, 1.72, 2.45, 2.07),g,p,byrow=T)
sc <- cbind(t(c1),t(c2),t(c3))%*%kronecker(diag(g),matrix(rep(1/g,g),g,1))
SSC <- g*sc%*%t(sc)-t(t)%*%t
SSE <- TSS-SSA-SSB-SSC
SSA;SSB;SSC;SSE
U0 <- det(SSE)/det(SSE+SSC)
F0 <- (f-1)*(1-sqrt(U0))/(m*sqrt(U0))
pv <-1- pf(F0,2*m,2*(f-1))
Fa <- qf(1-alpha,2*m,2*(f-1))
test <- function(U0,F0,Fa, pv,alpha){
        values<-c(U0,F0,Fa, pv, alpha); names(values)<-c("U0","F0", "Fa", "p-value", "alpha")
        if(pv < alpha) {result<-c("p-value < alpha : reject H0")}
        if(pv > alpha) {result<-c("p-value > alpha : accept H0")}
        list(values=values, result=result)
}
test(U0,F0,Fa, pv,alpha)
```

[결과 5.3.2] [R-코드 5.3.2]의 수행결과

(1) 제곱합

```
>SSA;SSB;SSC;SSE
          [,1]       [,2]
[1,] 0.1748667 0.10096667
[2,] 0.1009667 0.07446667
          [,1]   [,2]
[1,] 0.4978667 0.1996
[2,] 0.1996000 0.0824
           [,1]      [,2]
[1,] 0.09006667 0.1169667
[2,] 0.11696667 0.1450000
            [,1]        [,2]
[1,] 0.100800000 0.006066667
[2,] 0.006066667 0.022133333
```

(2) 검정

```
> test(U0,F0,Fa, pv,alpha)
$values
       U0        F0         Fa   p-value     alpha
0.1308977 0.8819872 19.2467943 0.5926980 0.0500000
```

```
$result
[1] "p-value 〉 alpha : accept H0"
```

5.4 프로파일 분석

프로파일 분석(profile analysis, PA)은 두 집단 이상에서 p개 처리에 의해 구성된 평균벡터 $\boldsymbol{\mu}_j = (\mu_{j1}, \cdots, \mu_{jp})^T$, $j = 1, \cdots, g$에 대해 다양한 관계를 살펴보는데 관심이 있다(Johnson과 Wichern, 2007, 6.8절; Srivastava, 2002, 7장; Rencher, 1995, 5.9절). 특히 j번째 집단의 프로파일은 p개 처리에 대응하는 쌍 $(1, \mu_{j1})$, $(2, \mu_{j2})$, $\cdots$, (p, μ_{jp})의 산점도에서 이들의 패턴을 보여주는 꺾은선 그래프를 일컫는다. 즉, 처리가 4개인 j번째 집단의 프로파일은 [그림 5.4.1]에서 꺾은선에 해당한다.

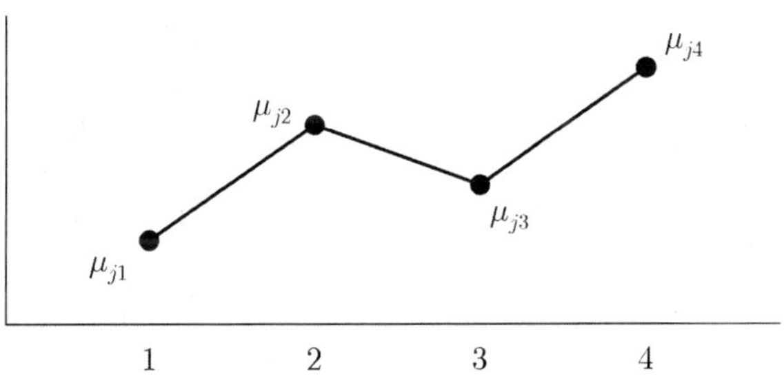

[그림 5.4.1] 처리가 4개인 j번째 집단의 프로파일

만약에 p개 처리에 의한 두 집단의 프로파일을 위한 평균벡터 $\boldsymbol{\mu}_1 = (\mu_{11}, \cdots, \mu_{1p})^T$과 $\boldsymbol{\mu}_2 = (\mu_{21}, \cdots, \mu_{2p})^T$를 고려하자. 일반적으로 3장의 두 집단의 평균벡터 비교에서 (3.3.4)의 호텔링 T^2-통계량의 변환된 (3.3.5)의 F-검정통계량에 의해 귀무가설 $H_0 : \boldsymbol{\mu}_1 = \boldsymbol{\mu}_2$를 검정하게 된다. 그러나 PA에서는 다음과 같이 3단계별 귀무가설 H_{01}, H_{02}, H_{03}에 대해 검정을 하게 된다.

[1단계] H_{01}: Parallel Profiles(평행성 프로파일)

$$H_{01}: \mu_{1i} - \mu_{1,\, i+1} = \mu_{2i} - \mu_{2,\, i+1},\ \ i = 1,\ 2,\ \cdots,\ p-1$$

[2단계] H_{01}: 참 $\Rightarrow$ H_{02}: Coincident Profiles(일치성 프로파일)

$$H_{02}: \mu_{1i} = \mu_{2i},\ \ i = 1,\ 2,\ \cdots,\ p$$

[3단계] H_{02} :참 $\Rightarrow$ H_{03}: Level Profiles(수준성 프로파일)

$$H_{03}: \mu_{11} = \mu_{12} = \ \cdots\ = \mu_{1p} = \mu_{21} = \mu_{22} = \ \cdots\ = \mu_{2p}$$

이번에는 이들 각 단계별 귀무가설을 행렬로 표현하기로 하자.

$$[1단계]\ H_{01}: \begin{bmatrix} \mu_{11} - \mu_{12} \\ \vdots \\ \mu_{1,\, p-1} - \mu_{1p} \end{bmatrix} = \begin{bmatrix} \mu_{21} - \mu_{22} \\ \vdots \\ \mu_{2,\, p-1} - \mu_{2p} \end{bmatrix} \ \Leftrightarrow\ H_{01}: C(\boldsymbol{\mu}_1 - \boldsymbol{\mu}_2) = \mathbf{0}$$

$$\Leftrightarrow\ H_{01}: (\boldsymbol{\mu}_1 - \boldsymbol{\mu}_2) = \gamma \mathbf{1}_p \qquad (5.4.1)$$

여기서

$$C = \begin{bmatrix} 1 & -1 & 0 & 0 & \cdots & 0 & 0 \\ 0 & 1 & -1 & 0 & \cdots & 0 & 0 \\ 0 & 0 & 1 & -1 & \cdots & 0 & 0 \\ \vdots & \vdots & \vdots & \vdots & \vdots & \vdots & \vdots \\ 0 & 0 & 0 & 0 & \cdots & 1 & -1 \end{bmatrix} \qquad (5.4.2)$$

는 $(p-1) \times p$ 대비행렬(contrast matrix)로 $C\mathbf{1}_p = 0$을 만족하고 $\mathbf{1}_p$은 $p \times 1$ 합벡터이다. 그리고 γ는 두 그룹의 평균 차이를 나타낸다.

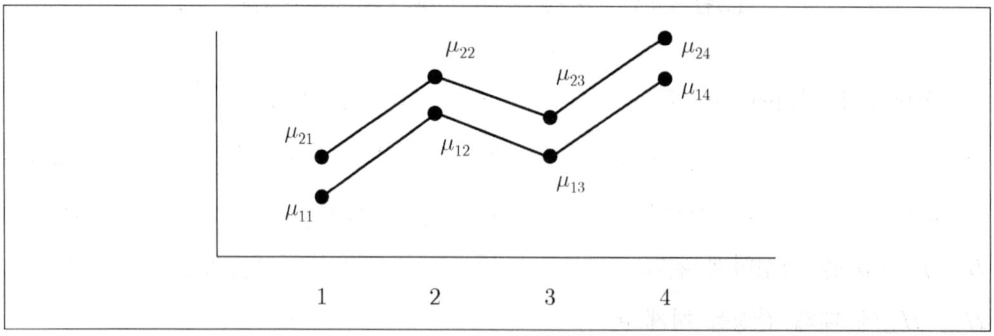

[그림 5.4.2] 두 집단의 프로파일의 H_{01}: 평행성이 참인 경우

두 집단의 프로파일에 대한 귀무가설이 만족이 되어 H_{01}: 평행성이 참인 경우 [그림 5.4.2]와 같다.

$$[2단계]\ H_{02}: \mu_1 = \mu_2 \Leftrightarrow H_{02}: \gamma = 0 \tag{5.4.3}$$

만약에 귀무가설 H_{01}와 H_{02}가 유의수준 5%에서 채택이 된다면 [그림 5.4.3]과 같은 경우이다. 이는 (3.3.4)의 호텔링 T^2-통계량의 변환된 (3.3.5)의 F-검정통계량에 의해 귀무가설 $H_0: \mu_1 = \mu_2$이 채택될 것이라는 것을 의미할 필요는 없다. 유사하게 호텔링 T^2-통계량에 의해 귀무가설 $H_0: \mu_1 = \mu_2$의 채택은 귀무가설 H_{01}와 H_{02} 중 하나를 채택할 수도 있고 하지 않을 수도 있다. 따라서 PA는 평행성 프로파일이 기대될 때만 실시하게 된다.

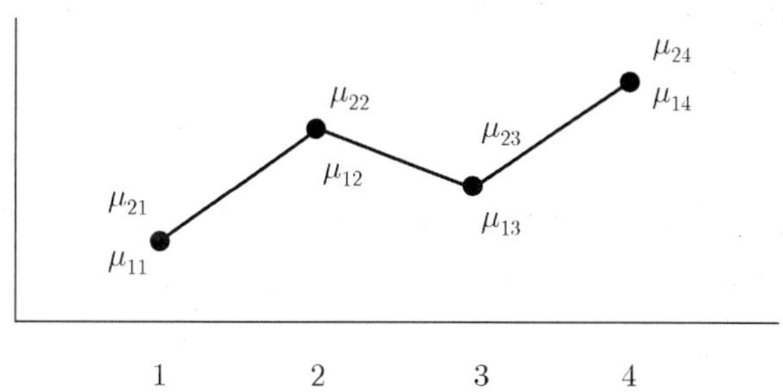

[그림 5.4.3] 두 집단의 프로파일의 H_{01}: 평행성이 참이고 H_{02}: 일치성이 참인 경우

$$[3단계]\ H_{03}: \mu_2 = \delta \mathbf{1}_p \quad \Leftrightarrow \quad H_{03}: C\mu = 0 \tag{5.4.4}$$

[3단계]에서 $H_{03}: \mu_2 = \delta \mathbf{1}_p$을 만족하면 두 군집의 프로파일의 모든 평균이 동일하게 되고 귀무가설 H_{01}와 H_{03}에서 공통 평균벡터를 다음과 같이 두자.

$$\mu = \frac{1}{n_1 + n_2}(n_1 \mu_1 + n_2 \mu_2)$$

그러면

$$H_{01}: (\mu_1 - \mu_2) = \gamma \mathbf{1}_p\text{: 참} \Rightarrow \mu_1 = \mu_2 + \gamma \mathbf{1}_p$$
$$\Rightarrow H_{03}: \mu_2 = \delta \mathbf{1}_p\text{: 참} \Rightarrow \mu_1 = \delta \mathbf{1}_p + \gamma \mathbf{1}_p = (\delta + \gamma)\mathbf{1}_p = \tau \mathbf{1}_p$$

이는 두 군집의 프로파일은 수평축에 평행하게 됨을 나타낸다. 따라서 귀무가설 H_{01}와 H_{03}에서 공통 평균벡터는

$$\boldsymbol{\mu} = \frac{1}{n_1 + n_2}(n_1\tau + n_2\delta)\mathbf{1}_p = \eta\mathbf{1}_p$$

이고 (5.4.2)의 대비행렬 C에 대하여 다음과 같은 귀무가설을 만족한다.

$$H_{03} : C(n_1\boldsymbol{\mu}_1 + n_2\boldsymbol{\mu}_2) = \mathbf{0} \Leftrightarrow H_{03} : C\boldsymbol{\mu} = \mathbf{0}$$

이 귀무가설 H_{03}를 조건변동(condition variation)에 대한 귀무가설이라고도 하며 프로파일의 형태(shape) 또는 평면성(flatness)에 대한 귀무가설이라고도 한다. 만약에 [그림 5.4.1]에서 $j = 1, 2$인 두 집단의 프로파일이 H_{01}(평행성)과 H_{03}(수준성)을 만족한다면 이들 프로파일 각각이 $\mu_{11} = \mu_{12} = \mu_{13} = \mu_{14}$와 $\mu_{21} = \mu_{22} = \mu_{23} = \mu_{24}$를 만족하게 된다. 더불어 H_{02}(일치성)가 만족되면 (5.4.3)으로부터 $\gamma = 0$이 되며 모든 평균이 동일한

$$\mu_{11} = \mu_{12} = \mu_{13} = \mu_{14} = \mu_{21} = \mu_{22} = \mu_{23} = \mu_{24}$$

가 되며, 두 집단의 프로파일의 경향이 [그림 5.4.4]와 같이 된다. 다만 세 가지 귀무가설 각각이 5% 유의수준에서 채택이 된다고 해서 두 집단의 모든 평균이 5% 유의수준에서 일치하지는 않는다.

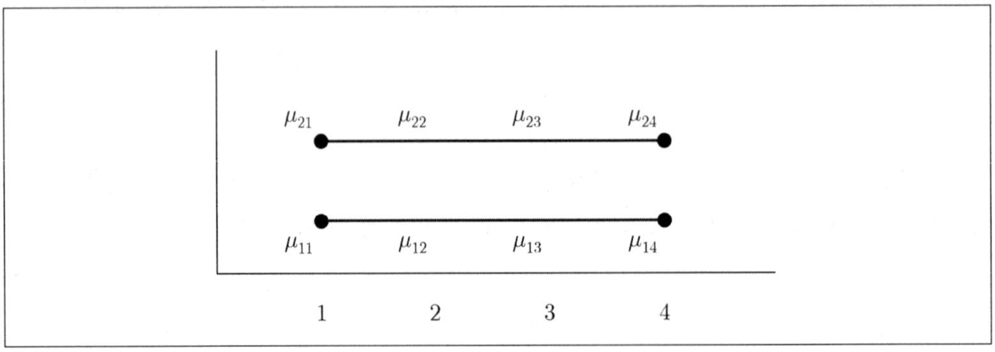

[그림 5.4.4] 두 집단의 프로파일의 H_{01}: 평행성이 참이고 H_{03} : 수준성이 참인 경우

이제 세 가지 귀무가설에 대한 검정을 위해 각각 $N_p(\boldsymbol{\mu}_1, \Sigma)$과 $N_p(\boldsymbol{\mu}_2, \Sigma)$를 따르는 표본 $\boldsymbol{x}_i = (x_{i1}, \cdots, x_{ip})^T$, $i = 1, \cdots, n_1$와 $\boldsymbol{y}_i = (x_{i1}, \cdots, x_{ip})^T$, $i = 1, \cdots, n_2$을 고려하

자. 평균벡터와 공분산행렬은 다음과 같다.

$$\overline{\boldsymbol{x}} = \frac{1}{n_1}\sum_{i=1}^{n_1}\boldsymbol{x}_i,\ \ \overline{\boldsymbol{y}} = \frac{1}{n_2}\sum_{i=1}^{n_2}\boldsymbol{y}_i$$

$$S_1 = \frac{1}{n_1-1}\sum_{i=1}^{n_1}(\boldsymbol{x}_i-\overline{\boldsymbol{x}})(\boldsymbol{x}_i-\overline{\boldsymbol{x}})^T,\ \ S_2 = \frac{1}{n_2-1}\sum_{i=1}^{n_2}(\boldsymbol{y}_i-\overline{\boldsymbol{y}})(\boldsymbol{y}_i-\overline{\boldsymbol{y}})^T$$

여기서 두 집단의 공분산행렬이 $\Sigma_1 = \Sigma_2$로 동일하며 모른다고 하면 두 집단의 공분산행렬에 의한 합동공분산행렬

$$S_p = \frac{(n_1-1)S_1+(n_2-1)S_2}{n_1+n_2-2} = \frac{f_1S_1+f_2S_2}{f_1+f_2}$$

을 고려해야 한다. 여기서 편의상 $f_1 = n_1-1$과 $f_2 = n_2-1$라 하면 $f = f_1+f_2 = n_1+n_2-2$가 된다. 더불어 $b^2 = n_1n_2/(n_1+n_2)$이라고 호텔링 T^2 통계량을 다음과 같다고 하자.

$$T^2 = b^2\boldsymbol{u}^TC^T(CS_pC^T)^{-1}C\boldsymbol{u}$$

하자. [1단계] 평행성 프로파일에 대한 귀무가설 (5.4.1)의 $H_{01}: C(\mu_1-\mu_2)=0$에 대한 F-검정은 다음과 같다.

$$F_{01} = \frac{f-(p-1)+1}{f(p-1)}T^2 > F_{p-1,\,f-p+2}(\alpha) \tag{5.4.5}$$

$\Rightarrow$ 귀무가설 $H_{01}: C(\mu_1-\mu_2)=0$를 유의수준 α에서 기각한다.

다음으로 [2단계] 일치성 프로파일에 대한 귀무가설 (5.4.3)의 $H_{02}: \gamma=0$에 대한 F-검정은 다음과 같다.

$$F_{02} = \left(\frac{f-p+1}{f}\right)b^2(1_p^TS_p^{-1}\boldsymbol{u})^2(1_p^TS_p^{-1}1_p)^{-1}\left(1+\frac{T^2}{f}\right) > F_{1,\,f-p+1}(\alpha) \tag{5.4.6}$$

$\Rightarrow$ 귀무가설 $H_{02}: \gamma=0$를 유의수준 α에서 기각한다.

끝으로 [3단계] 수준성 프로파일의 귀무가설 (5.4.4)의 $H_{03}: C\mu=0$에 대한 F-검정은 $V=fS_p$와 $\boldsymbol{z} = (n_1\overline{\boldsymbol{x}}+n_2\overline{\boldsymbol{y}})/(n_1+n_2)$라 하고 C를 대비행렬이라 하면 다음과 같다.

$$F_{03} = \frac{n(f-p+3)}{(p-1)} z^T C^T (CVC^T + b^2 Cuu C^T)^{-1} Cz > F_{p-1,\, f-p+3}(\alpha) \quad (5.4.7)$$

$\Rightarrow$ 귀무가설 H_{03} : $C\mu = 0$를 유의수준 α에서 기각한다.

전체적으로 (5.4.5), (5.4.6), (5.4.7)에서 각각의 F-검정통계량 F_{01}, F_{02}, F_{03}을 F_0라 하면 유의확률 p-값$= P[F \geq F_0]$을 이용할 수 있다.

[보기 5.4.1] 3번의 기억력 검사에 대한 PA

Example

소극적인 사람과 적극적인 사람 두 집단의 각각 10명의 대상에 대한 기억력 검사를 20점 만점으로 3번에 걸쳐 y_1 = 합리적 질문, y_2 = 다소 비합리적 질문, y_3 = 매우 비합리적 질문에 응답을 평가한 [자료 5.4.1]이 있다. 이에 대한 PA를 위한 [R-코드 5.4.1] (response-PAtest.R)의 실행 [결과 5.4.1]을 참고하자.

먼저 [1단계]~[3단계] 귀무가설을 검정하기 위해서 $p = 3$개 처리에 의한 대비행렬은 다음과 같다.

$$C = \begin{bmatrix} 1 & -1 & 0 \\ 0 & 1 & -1 \end{bmatrix}$$

다음으로 두 집단의 자료의 수는 동일하게 $n_1 = n_2 = 10$이고 따라서 $f = 10 + 10 - 2 = 18$이다. [결과 5.4.1]로부터 각 단계별 검정의 결과를 [표 5.4.1]에 요약하고 있다.

[자료 5.4.1] 3번의 기억력 검사

소극적인 사람			적극적인 사람		
y_1	y_2	y_3	y_1	y_2	y_3
11	16	23	12	13	24
12	11	18	6	10	13
16	15	22	12	18	22
11	14	19	21	21	24
6	12	16	9	10	22
12	8	20	8	18	24
8	11	14	7	13	24
19	8	9	14	20	24
11	9	21	10	20	22
10	12	21	21	24	24
11.6	11.6	18.3	12.0	16.7	22.3

[표 5.4.1] 3번의 기억력 검사에 대한 단계별 PA의 검정결과

단계	귀무가설	F	p-값	검정결과
[1단계]	H_{01}: 평행성	$F_{01}=2.832$	0.087	채택
[2단계]	H_{02}: 일치성	$F_{02}=3.271$	0.064	채택
[3단계]	H_{03}: 수준성	$F_{03}=28.928$	0.000	기각

[표 5.4.1]에서 H_{01}: 평행성이 기각되지 않아 두 집단의 프로파일이 유사함을 보여주고 있다. 실제로 [결과 5.4.1]의 두 집단(소극, 적극)의 프로파일 그림에도 평행성이 만족됨을 보여주고 있다. H_{02}: 일치성도 채택되어 두 집단이 유사함을 나타내고 있고 반면에 H_{03}: 수준성은 기각이 되어 질문 형태에 따라 응답에 차이가 있음을 보여준다.

[R-코드 5.4.1] 3번의 기억력 검사에 대한 PA(response-PAtest.R)

```
## Profile Analysis for Reponse Types
x1=c(11, 12, 16, 11, 6, 12, 8, 19, 11, 10)
x2=c(16, 11, 15, 14, 12, 8, 11, 8, 9, 12)
x3=c(23, 18, 22, 19, 16, 20, 14, 9, 21, 21)
y1=c(12, 6, 12, 21, 9, 8, 7, 14, 10, 21)
y2=c(13, 10, 18, 21, 10, 18, 13, 20, 20, 24)
y3=c(24, 13, 22, 24, 22, 24, 24, 24, 22, 24)
n1=n2=10; p=3; f1=n1-1;f2=n2-1;f=f1+f2; alpha=0.05

c=matrix(c(1, -1, 0, 0, 1, -1), 2, 3, byrow=T);c
x=cbind(x1, x2, x3)
y=cbind(y1, y2, y3)

xb <- matrix(1,n1,1)%*%rep(1/n1,n1)%*%x
yb <- matrix(1,n2,1)%*%rep(1/n2,n2)%*%y
s1 <- t(x-xb)%*%(x-xb)/(n1-1)
s2 <- t(y-yb)%*%(y-yb)/(n2-1)
sp <- ((n1-1)*s1+(n2-1)*s2)/(n1+n2-2)
u <- xb[1,]-yb[1,];u
l=matrix(1,3,1)
bsq=n1*n2/(n1+n2)

#Profiles Plot
x <- 1:3
plot(x, xb[1,],lty=1, type="b", ylim=c(11, 23), xlab="질문", ylab="응답",axes = FALSE)
axis(side = 1, at = c(1,2,3))
```

```
axis(side = 2, at = c(11,14,17,20, 23))
par(new=TRUE)
plot(x, yb[1,],lty=3, type="b",  ylim=c(11, 23), xlab="질문", ylab="응답", ,axes = FALSE)
axis(side = 1, at = c(1,2,3))
axis(side = 2, at = c(11,14,17,20, 23))
legend("bottomright", c("소극", "적극"), lty=c(1,3))

# H01:  Parallel Profiles
F01=(f-p+2)*bsq/(f*(p-1))*t(u)%*%t(c)%*%solve(c%*%sp%*%t(c))%*%c%*%u
Fa <- qf(1-alpha,p-1,f-p+2)
pv=1-pf(F01, p-1,f-p+2)
test <- function(F0,Fa, pv){
 values<-c(F01,Fa, pv); names(values)<-c("F01","Fa", "p-value")
 if(F01 > Fa) {result<-c("F01 > Fa : reject H01: Parallel Profiles")}
          if(F01 < Fa) {result<-c("F01 < Fa : accept H01: Parallel Profiles")}
          list(values=values, result=result)
}
test(F01,Fa, pv)# H01:  Parallel Profiles

# H02: Coincident Profiles
Tsq=bsq*t(u)%*%t(c)%*%solve(c%*%sp%*%t(c))%*%c%*%u
F02=(f-p+1)/f*bsq*(t(l)%*%solve(sp)%*%u)^2%*%solve(t(l)%*%solve(sp)%*%l)/(1+Tsq/f)
Fa <- qf(1-alpha,1,f-p+1)
pv=1-pf(F02, p-1,f-p+1)
test <- function(F02,Fa, pv){
 values<-c(F02,Fa, pv); names(values)<-c("F02","Fa", "p-value")
 if(F02 > Fa) {result<-c("F02 > Fa : reject H02:Coincident Profiles")}
          if(F02 < Fa) {result<-c("F02 < Fa : accept H02:Coincident Profiles")}
          list(values=values, result=result)
}
test(F02,Fa, pv)# H02: Coincident Profiles

# H03: Level Profiles
z=(n1*xb[1,]+n1*yb[1,])/(n1+n2)
F03=(n1+n2)*(f-p+3)/(p-1)*t(z)%*%t(c)%*%solve(c%*%(f*sp)%*%t(c) +
          bsq*c%*%u%*%t(u)%*%t(c))%*%c%*%z
Fa <- qf(1-alpha,p-1,n1+n2-p+1)
pv=1-pf(F03, p-1,n1+n2-p+1)
test <- function(F03,Fa, pv){
 values<-c(F03,Fa, pv); names(values)<-c("F03","Fa", "p-value")
 if(F03 > Fa) {result<-c("F03 > Fa : reject H03:Level Profiles")}
          if(F03 < Fa) {result<-c("F03 < Fa : accept H03:Level Profiles")}
          list(values=values, result=result)
}
test(F03,Fa, pv)# H03: Level Profiles
```

[결과 5.4.1] [R-코드 5.4.1]의 수행결과

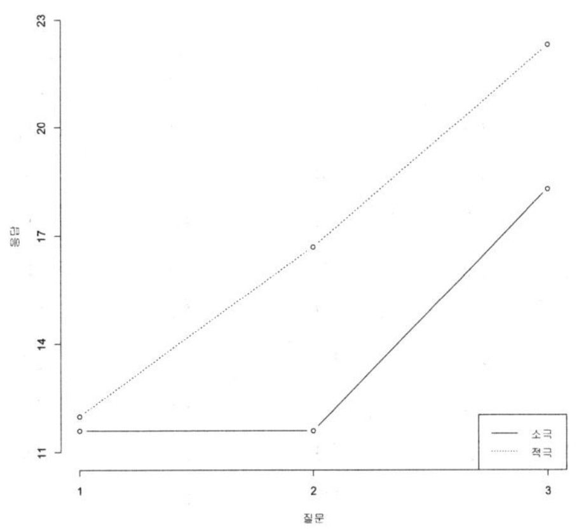


```
> test(F01,Fa, pv)# H01: Parallel Profiles
$values
      F01        Fa   p-value
2.8317278 3.5915306 0.0868048

$result
[1] "F01 < Fa : accept H01: Parallel Profiles"

> test(F02,Fa, pv)# H02: Coincident Profiles
$values
       F02         Fa     p-value
3.27053635 4.49399848 0.06444114

$result
[1] "F03<Fa : accept H02:Coincident Profiles"

> test(F03,Fa, pv)# H03: Level Profiles
$values
         F03           Fa       p-value
2.892770e+01 3.554557e+00 2.385470e-06

$result
[1] "F03 > Fa : reject H03:Level Profiles"
```

[보기 5.4.2] 남녀 네 가지 심리검사의 단계별 PA

Example

[자료 5.4.2](test.txt)는 32명의 남자와 32명의 여자에 대한 심리검사 점수이다. 측정변수 y_1 =그림모순, y_2 =도구인식, y_3 =문서양식, y_4 =단어에 대한 질문에 성공적으로 답한 수를 자료로 한 것이다(Rencher, 1995, pp. 140-141).

[자료 5.4.2]에 대한 PA를 위한 [R-코드 5.4.2](test-PAtest.R)의 실행 [결과 5.4.2]를 참고하면 먼저 [1단계]~[3단계] 귀무가설을 검정하기 위해서 $p=4$개 처리에 의한 대비행렬은 다음과 같다.

$$C=\begin{bmatrix} -1 & 1 & 0 & 0 \\ 0 & -1 & 1 & 0 \\ 0 & 0 & -1 & 1 \end{bmatrix}$$

다음으로 두 집단의 자료의 수는 동일하게 $n_1 = n_2 = 32$이고, 따라서 $f = 32+32-2 = 62$이다. [결과 5.4.2]로부터 각 단계별 검정의 결과를 [표 5.4.2]에 요약하고 있다.

[표 5.4.2] 남녀 4가지 심리검사의 단계별 PA의 검정결과

단계	귀무가설	F	p-값	검정결과
[1단계]	H_{01}: 평행성	$F_{01} = 23.949$	0.000	기각
[2단계]	H_{02}: 일치성	$F_{02} = 10.117$	0.000	기각
[3단계]	H_{03}: 수준성	$F_{03} = 82.741$	0.000	기각

[자료 5.4.2] 남녀 심리검사 점수(test.txt)

남자				여자			
y_1	y_2	y_3	y_4	y_1	y_2	y_3	y_4
15	17	24	14	13	14	12	21
17	15	32	26	14	12	14	26
15	14	29	23	12	19	21	21
13	12	10	16	12	13	10	16
20	17	26	28	11	20	16	16
15	21	26	21	12	9	14	18
15	13	26	22	10	13	18	24
13	5	22	22	10	8	13	23
14	7	30	17	12	20	19	23
17	15	30	27	11	10	11	27
17	17	26	20	12	18	25	25
17	20	28	24	14	18	13	26
15	15	29	24	14	10	25	28
18	19	32	28	13	16	8	14
18	18	31	27	14	8	13	25
15	14	26	21	13	16	23	28
18	17	33	26	16	21	26	26
10	14	19	17	14	17	14	14
18	21	30	29	16	16	15	23
18	21	34	26	13	16	23	24
13	17	30	24	2	6	16	21
16	16	16	16	14	16	22	26
11	15	25	23	17	17	22	28
16	13	26	16	16	13	16	14
16	13	23	21	15	14	20	26
18	18	34	24	12	10	12	9
16	15	28	27	14	17	24	23
15	16	29	24	13	15	18	20
18	19	32	23	11	16	18	28
18	16	33	23	7	7	19	18
17	20	21	21	12	15	7	28
19	19	30	28	6	5	6	13

[표 5.4.2]에서 H_{01}: 평행성이 기각되어 두 집단의 프로파일이 유사하지 않음을 보여주고 있다. 실제로 [결과 5.4.2]의 두 집단(남자, 여자)의 프로파일 그림에도 평행성이 어느

한 곳도 만족되지 않음을 보여주고 있다. H_{02}: 일치성도 기각되어 두 집단이 다름을 나타내고 있고 H_{03}: 수준성도 기각이 되어 남녀에 따라 응답에 차이가 있음을 보여준다.

[결과 5.4.2] [R-코드 5.4.2]의 수행결과

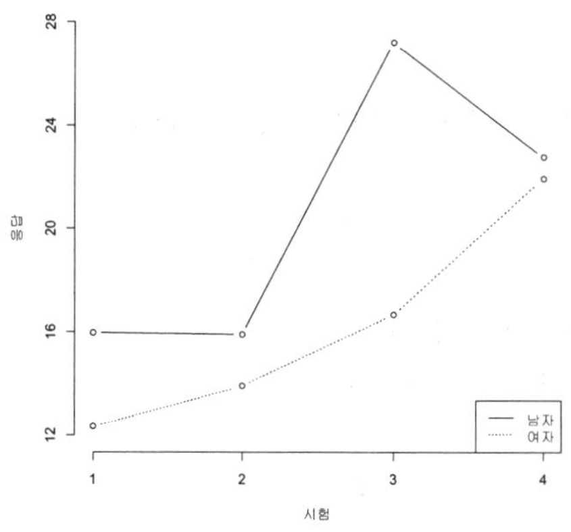


```
> test(F01,Fa, pv)# H01:  Parallel Profiles
$values
         F01            Fa        p-value
2.394851e+01 2.758078e+00 2.587417e-10

$result
[1] "F01 > Fa : reject H01: Parallel Profiles"

> test(F02,Fa, pv)# H02: Coincident Profiles
$values
         F02            Fa        p-value
1.011673e+01 4.003983e+00 1.796472e-05

$result
[1] "F02> Fa : reject H02:Coincident Profiles"

> test(F03,Fa, pv)# H03: Level Profiles
$values
      F03         Fa    p-value
82.741235   2.755481   0.000000

$result
[1] "F03 > Fa : reject H03:Level Profiles"
```

[R-코드 5.4.2] 심리검사점수의 성별 PA(test-PAtest.R)

```
## Profile Analysis for Psychological Tests
setwd("C:/R-codes-MET")
data<-read.table("test.txt")
x=as.matrix(data[,1:4])
y=as.matrix(data[, 5:8])
n1=n2=32; p=4; f1=n1-1;f2=n2-1;f=f1+f2; alpha=0.05
c=matrix(c(-1, 1, 0, 0, 0, -1, 1, 0, 0, 0, -1, 1), 3, 4, byrow=T);c
xb <- matrix(1,n1,1)%*%rep(1/n1,n1)%*%x;
yb <- matrix(1,n2,1)%*%rep(1/n2,n2)%*%y;
s1 <- t(x-xb)%*%(x-xb)/(n1-1)
s2 <- t(y-yb)%*%(y-yb)/(n2-1)
sp <- ((n1-1)*s1+(n2-1)*s2)/(n1+n2-2)
u <- xb[1,]-yb[1,];c%*%u
l=matrix(1,p,1)
bsq=n1*n2/(n1+n2)

# H01:  Parallel Profiles
F0=(f-p+2)*bsq/(f*(p-1))*t(u)%*%t(c)%*%solve(c%*%sp%*%t(c))%*%c%*%u
Fa <- qf(1-alpha,p-1,f-p+2)
```

```
pv=1-pf(F0, p-1,f-p+2)
test <- function(F0,Fa, pv){
 values<-c(F0,Fa, pv); names(values)<-c("F0","Fa", "p-value")
 if(F0 > Fa) {result<-c("F0 > Fa : reject H01: Parallel Profiles")}
          if(F0 < Fa) {result<-c("F0 < Fa : accept H01: Parallel Profiles")}
          list(values=values, result=result)
}
test(F0,Fa, pv)# H01:  Parallel Profiles

# H02: Coincident Profiles
Tsq=bsq*t(u)%*%t(c)%*%solve(c%*%sp%*%t(c))%*%c%*%u
F0=(f-p+1)/f*bsq*(t(l)%*%solve(sp)%*%u)^2%*%solve(t(l)%*%solve(sp)%*%l)/(1+Tsq/f)
Fa <- qf(1-alpha,1,f-p+1)
pv=1-pf(F0, p-1,f-p+1)
test <- function(F0,Fa, pv){
 values<-c(F0,Fa, pv); names(values)<-c("F0","Fa", "p-value")
 if(F0 > Fa) {result<-c("F0 > Fa : reject H02:Coincident Profiles")}
          if(F0 < Fa) {result<-c("F0 < Fa : accept H02:Coincident Profiles")}
          list(values=values, result=result)
}
test(F0,Fa, pv)# H02: Coincident Profiles


# H03: Level Profiles
z=(n1*xb[1,]+n1*yb[1,])/(n1+n2)
F0=(n1+n2)*(f-p+3)/(p-1)*t(z)%*%t(c)%*%solve(c%*%(f*sp)%*%t(c) +
          bsq*c%*%u%*%t(u)%*%t(c))%*%c%*%z
Fa <- qf(1-alpha,p-1,n1+n2-p+1)
pv=1-pf(F0, p-1,n1+n2-p+1)
test <- function(F0,Fa, pv){
 values<-c(F0,Fa, pv); names(values)<-c("F0","Fa", "p-value")
 if(F0 > Fa) {result<-c("F0 > Fa : reject H03:Level Profiles")}
          if(F0 < Fa) {result<-c("F0 < Fa : accept H03:Level Profiles")}
          list(values=values, result=result)
}
test(F0,Fa, pv)# H03: Level Profiles
```

5.5 일반화 프로파일 분석

Srivastava(2002, 7.3절)에 따르면 일반화 프로파일 분석(generalized PA)은 세 집단 이상의 PA로 4.1절의 MANOVA를 활용한다. 일반적으로 g개 처리와 p개의 반응변수로 구성된 $\boldsymbol{y}_{ij}$, $i=1, \cdots, n_j$; $j=1, \cdots, g$는 다변량 정규분포 $N_p(\boldsymbol{\mu}_j, \Sigma)$를 만족하며 다음과 같은 (4.1.5)의 일원 MANOVA 모형을 따른다.

$$\boldsymbol{y}_{ij} = \boldsymbol{\mu}_j + \boldsymbol{e}_{ij}, \quad i=1, \cdots, n_j;\ j=1, \cdots, g$$

전체제곱합(total sum of squares, TSS), 처리제곱합(treatment(between) sum of squares, SST)과 오차제곱합(error(within) sum of squares, SSE)은 각각 다음과 같이 정의된다.

$$TSS = \sum_{j=1}^{g}\sum_{i=1}^{n_j}(\boldsymbol{y}_{ij}-\overline{\boldsymbol{y}})(\boldsymbol{y}_{ij}-\overline{\boldsymbol{y}})^T$$

$$SST = \sum_{j=1}^{g} n_j(\overline{\boldsymbol{y}_j}-\overline{\boldsymbol{y}})(\overline{\boldsymbol{y}_j}-\overline{\boldsymbol{y}})^T$$

$$SSE = \sum_{j=1}^{g}\sum_{i=1}^{n_j}(\boldsymbol{y}_{ij}-\overline{\boldsymbol{y}_j})(\boldsymbol{y}_{ij}-\overline{\boldsymbol{y}_j})^T = TSS - SST$$

여기서

$$\overline{\boldsymbol{y}}_j = \frac{1}{n_j}\sum_{i=1}^{n_j}\boldsymbol{y}_{ij}, \quad \overline{\boldsymbol{y}} = \frac{1}{n}\sum_{j=1}^{g}\sum_{i=1}^{n_i}\boldsymbol{y}_{ij} \ \text{ 그리고 } \ n = \sum_{j=1}^{g} n_j$$

이며 특히, 합동공분산행렬은 $S_p = SSE/(n-g)$이다.

g개의 처리 간의 비교에 대한 귀무가설과 대립가설

$$H_0 : \boldsymbol{\mu}_1 = \boldsymbol{\mu}_2 = \cdots = \boldsymbol{\mu}_g, \quad H_1 : \boldsymbol{\mu}_j \neq \boldsymbol{\mu}_k,\ j \neq k$$

에 대한 검정을 위한 MANOVA 표는 [표 5.5.1]에 요약되어 있으며, 이는 [표 4.1.4]와 동일하다.

[표 5.5.1] MANOVA 표

요인	자유도	제곱합	검정통계량	p	m	f
처리	$g-1$	SST	$\Lambda = \dfrac{\lvert SSE \rvert}{\lvert SSE+SST \rvert}$	p	$g-1$	$n-g$
오차	$n-g$	SSE				
전체	$n-1$	TSS				

이번에는 프로파일 분석 PA를 위해서 단계별 귀무가설을 고려하자면 다음과 같다.

[1단계] H_{01}: Parallel Profiles(평행성 프로파일)

$$H_{01} : C(\mu_1 - \mu_g) = \cdots = C(\mu_{g-1} - \mu_g) = 0$$
$$\Leftrightarrow \quad H_{01} : \mu_1 - \mu_g = \gamma_1 \mathbf{1}_p, \; \cdots, \; \mu_{g-1} - \mu_g = \gamma_{g-1}\mathbf{1}_p$$

여기서 C는 $(p-1)\times p$인 대비행렬이고 γ_j는 j번째와 g번째 집단의 수준 차이를 나타낸다.

[2단계] H_{01}: 참 $\Rightarrow$ H_{02}: Coincident Profiles(일치성 프로파일)

$$H_{02} : \gamma = (\gamma_1, .., \gamma_{g-1})^T = 0$$
$$\Leftrightarrow \quad H_{02} : \mathbf{1}_p^T(\mu_1 - \mu_g) = \cdots = \mathbf{1}_p^T(\mu_{g-1} - \mu_g) = 0$$

[3단계] H_{02} :참 $\Rightarrow$ H_{03}: Level Profiles(수준성 프로파일)

$$H_{03} : \mu_g = \delta \mathbf{1}_p \;\Rightarrow\; H_{03} : C\mu = 0$$

여기서 $H_{01} : \mu_j - \mu_g = \gamma_j \mathbf{1}_p, \; j = 1, \cdots, g-1$: 참 $\Rightarrow$ $\mu_j = \mu_g + \gamma_j \mathbf{1}_p$

$\Rightarrow$ $H_{03} : \mu_g = \delta \mathbf{1}_p$: 참 $\Rightarrow$ $\mu_j = \delta \mathbf{1}_p + \gamma_j \mathbf{1}_p = (\delta + \gamma_j)\mathbf{1}_p = \tau_j \mathbf{1}_p$

따라서 귀무가설 H_{01}와 H_{03}에서 공통 평균벡터는

$$\mu = \frac{1}{n}\sum_{j=1}^{g} n_j \mu_j = \frac{1}{n}\left(\sum_{j=1}^{g-1} n_j \tau_j + n_g \delta\right)\mathbf{1}_p = \eta \mathbf{1}_p$$

대비행렬 C에 대하여 다음과 같은 귀무가설을 만족한다.

$$H_{03}: C(n_1\mu_1 + \cdots + n_g\mu_g) = 0 \Leftrightarrow H_{03}: C\mu = 0$$

먼저 [1단계] 평행성 귀무가설 $H_{01}: C(\mu_1 - \mu_g) = \cdots = C(\mu_{g-1} - \mu_g) = 0$에 대한 검정은

$$\Lambda_{01} = \frac{|C(SSE)C^T|}{|C(SSE+SST)C^T|} \sim U_{p-1,\, g-1,\, n-g}$$

에 의해서 $p-1$, $m = g-1$, $f = n-g$이므로 자료가 큰 경우 (4.1.11)에 의해서 다음과 같이 이루어진다.

$$\chi^2_{01} = -\left(n - g - \frac{p+1-g}{2}\right)\log\Lambda_{01} > \chi^2_{(p-1)(g-1)}(\alpha)$$

$\Rightarrow H_{01}$: 평행성을 유의수준 α에서 기각한다.

[2단계] 일치성 귀무가설 $H_{02}: 1_p^T(\mu_1 - \mu_g) = \cdots = 1_p^T(\mu_{g-1} - \mu_g) = 0$을 [표 5.5.1]의 검정통계량 Λ에 대하여 다음과 같이 검정한다.

$$\Lambda_{02} = \Lambda/\Lambda_{01} \sim U_{1,\, g-1,\, n-g-p+1}$$

$$F_{02} = \frac{n-g-p+1}{g-1}\left(\frac{1-\Lambda_{02}}{\Lambda_{02}}\right) > F_{g-1,\, n-g-p+1}(\alpha)$$

$\Rightarrow H_{02}$: 일치성을 유의수준 α에서 기각한다.

[3단계] 수준성 귀무가설 $H_{03}: C\mu = 0$은 $B = SST$이고 $W = SSE$라 하면 다음과 같이 이루어진다.

$$F_{03} = \frac{n(n-p+1)}{p-1}\bar{\boldsymbol{y}}^T C^T(CWC^T + CBC^T)C\bar{\boldsymbol{y}} > F_{p-1,\, n-p+1}(\alpha)$$

$\Rightarrow H_{03}$: 수준성을 유의수준 α에서 기각한다.

[보기 5.5.1] 수리능력 시험점수 일반화 PA

Example

[자료 5.5.1](math.txt)은 4개 학교(A, B, C, D)의 학생들을 대상으로 네 종류의 다른 수리능력을 살펴보기 위한 시험점수이다(Srivastava, 2002, Table 1.4.1). 학교 A는 10명, B는 15명, C는 14명, D는 12명 총 51명을 대상으로 하였다. 이 자료에 대한 일반화 PA를 위한 [R-코드 5.5.1](math-GeneralizedPAtest.R)의 실행 [결과 5.5.1]을 참고하자.

먼저 [1단계]~[3단계] 귀무가설을 검정하기 위해서 네 종류의 다른 수리 능력을 나타내는 $p=4$개 처리에 의한 대비행렬을 다음과 같이 선택하자.

$$C=\begin{bmatrix} 1 & -1 & 0 & 0 \\ 1 & -2 & 1 & 0 \\ 1 & -1 & 1 & -1 \end{bmatrix}$$

다음으로 네 집단의 자료의 수는 $n_1=10$, $n_2=15$, $n_3=14$, $n_4=14$로 총 $n=51$이다. [결과 5.5.1]로부터 각 단계별 검정의 결과를 [표 5.5.1]에 요약하고 있다.

[자료 5.5.1] 4개 학교의 수리능력 시험점수(math.txt)

학교	수리능력 시험점수
A	41.4 36.6 37.0 36.6 40.9 37.2 40.2 37.5 39.2 37.5
	53.7 45.0 50.8 48.2 48.3 51.1 47.5 41.8 47.0 44.7
	65.9 68.0 69.3 70.1 66.0 70.9 66.0 63.5 70.5 64.8
	57.4 52.3 54.9 54.1 55.9 53.3 55.7 52.4 53.3 53.8
B	23.7 20.7 20.3 20.1 19.0 19.9 20.3 22.1 21.1 23.1 21.8 19.3 19.3 22.9 22.5
	28.5 26.1 28.4 30.3 21.2 27.8 27.0 30.4 29.4 31.8 30.8 25.8 26.4 27.4 32.6
	48.9 44.8 47.5 52.8 47.1 49.0 49.7 49.1 47.5 50.6 48.7 50.1 50.5 48.0 52.3
	38.3 34.8 38.2 37.0 35.9 36.5 36.5 37.9 36.6 39.1 37.9 35.8 35.2 37.8 38.2
C	32.5 31.8 30.8 28.0 32.2 28.7 34.0 30.5 29.3 27.9 29.3 33.4 31.7 27.1
	39.8 40.9 37.7 36.3 40.6 35.1 41.0 34.5 37.5 36.2 41.3 36.4 39.2 36.2
	55.7 63.2 57.8 56.3 62.1 54.6 61.2 56.5 58.6 60.2 60.2 55.4 59.9 54.8
	47.9 47.1 46.4 44.0 47.3 45.3 48.2 45.9 46.0 45.5 46.3 48.2 47.4 44.2
D	18.7 19.5 18.8 19.7 13.4 20.0 18.9 17.7 23.1 18.1 18.4 16.0
	20.3 26.4 29.2 25.3 20.4 27.8 26.6 27.8 26.7 26.6 25.7 20.5
	44.1 50.7 48.0 48.0 42.3 45.4 50.5 47.8 47.6 45.4 50.6 43.4
	33.8 34.6 36.0 34.9 30.0 33.8 35.4 35.8 36.2 33.7 34.5 32.5

[표 5.5.2] 수리능력 시험점수의 단계별 일반화 PA의 검정결과

단계	귀무가설	검정통계량	p-값	검정결과
[1단계]	H_{01}: 평행성	$\chi_{01}^2 = 9.973$	0.353	채택
[2단계]	H_{02}: 일치성	$F_{02} = 414.201$	0.000	기각
[3단계]	H_{03}: 수준성	$F_{03} = 4327.734$	0.000	기각

[표 5.5.2]에서 H_{01}: 평행성이 기각되지 않아 4개 집단의 프로파일이 유사함을 보여주고 있다. 실제로 [결과 5.5.1]의 4개 집단(학교 A, 학교 B, 학교 C, 학교 D)의 프로파일 그림에도 평행성이 매우 만족됨을 보여주고 있다. 대신에 전반적으로 각 집단 간의 평균 시험점수 간에 차이를 보이고 있어 이는 H_{02}: 일치성은 기각됨을 뒷받침하여 네 집단이 유사하지 않음을 나타내고 있다. 더불어 H_{03}: 수준성도 기각이 되어 시험 종류에 따라 수리능력 시험점수에 차이가 있음을 보여준다.

[R-코드 5.5.1] 수리능력 시험점수의 단계별 일반화 PA(math-GeneralizedPAtest.R)

```
## Genralized PA for Math Problem-Solving Ability of  4 Groups
data<-read.table("C:/R-codes-MET/math.txt")
y1=as.matrix(data[1:10,])
y2=as.matrix(data[11:25,])
y3=as.matrix(data[26:39,])
y4=as.matrix(data[40:51,])
g=4;p=4;n1=nrow(y1);n2=nrow(y2);n3=nrow(y3);n4=nrow(y4);n=n1+n2+n3+n4;alpha=0.05
y <- cbind(t(y1),t(y2),t(y3), t(y4))

# 처리별 평균
yb1=t(y1)%*%matrix(1,n1,1)%*%rep(1/n1,n1);yb2=t(y2)%*%matrix(1,n2,1)%*%rep(1/n2,n2)
yb3=t(y3)%*%matrix(1,n3,1)%*%rep(1/n3,n3);yb4=t(y4)%*%matrix(1,n4,1)%*%rep(1/n4,n4)

#Profiles Plot
x <- 1:4
plot(x, yb1[,1],lty=1, type="b", ylim=c(18, 70), xlab="시험 종류", ylab="점수",axes = FALSE)
axis(side = 1, at = c(1,2,3, 4))
axis(side = 2, at =  c(20,40,60,80))
par(new=TRUE)
plot(x, yb2[,1],lty=2, type="b", ylim=c(18, 70),xlab="시험 종류", ylab="점수", ,axes = FALSE)
par(new=TRUE)
plot(x, yb3[,1],lty=3, type="b",  ylim=c(18, 70), xlab="시험 종류", ylab="점수", ,axes = FALSE)
par(new=TRUE)
```

```
plot(x, yb4[,1],lty=4, type="b",  ylim=c(18, 70), xlab="시험 종류", ylab="점수", ,axes = FALSE)
legend("bottomright", c("A학교", "B학교", "C학교", "D학교"), lty=c(1,2, 3, 4))


S1 <- (t(y1)-yb1)%*%t(t(y1)-yb1)/(n1-1);S2 <- (t(y2)-yb2)%*%t(t(y2)-yb2)/(n2-1)
S3 <- (t(y3)-yb3)%*%t(t(y3)-yb3)/(n3-1);S4 <- (t(y4)-yb4)%*%t(t(y4)-yb4)/(n4-1)
Sp <- ((n1-1)*S1+(n2-1)*S2+(n3-1)*S3+(n4-1)*S4)/(n-g)
SSE=(n-g)*Sp

yb=y%*%matrix(1,n,1)%*%rep(1/n,n)
TSS=(y-yb)%*%t(y-yb)
SST=TSS-SSE
SST;SSE;TSS

C=matrix(c(1, -1, 0, 0, 1, -2, 1, 0, 1, -1, 1, -1), 3, 4, byrow=T)
# H01:  Parallel Profiles
L01=det(C%*%SSE%*%t(C))/det(C%*%(SSE+SST)%*%t(C))
chi0=-(n-g-(p+1-g)/2)*log(L01)
chia <- qchisq(1-alpha,(p-1)*(g-1))
pv <- 1-pchisq(chi0,(p-1)*(g-1))
test <- function(L01,chi0,chia,pv,alpha){
        values<-c(L01,chi0,chia,pv); names(values)<-c("L01","chi0","chia","p-value")
        if(chi0 > chia) {result<-c("chi0 > chia : reject H01:Parallel Profiles")}
        if(chi0 < chia) {result<-c("chi0 < chia :accept H01:Parallel Profiles")}
        list(values=values, result=result)
}
test(L01,chi0,chia,pv,alpha)# H01: Parallel Profiles

# H02: Coincident Profiles
L=det(SSE)/det(SSE+SST)
L02=L/L01
F02=(n-g-p+1)/(g-1)*(1-L02)/L02
Fa <- qf(1-alpha,g-1,n-g-p+1)
pv=1-pf(F02, g-1,n-g-p+1)
test <- function(F02,Fa, pv){
 values<-c(F02,Fa, pv); names(values)<-c("F02","Fa", "p-value")
 if(F02 > Fa) {result<-c("F02 > Fa : reject H02:Coincident Profiles")}
        if(F02 < Fa) {result<-c("F02 < Fa : accept H02:Coincident Profiles")}
        list(values=values, result=result)
}
test(F02,Fa, pv)# H02: Coincident Profiles

# H03: Level Profiles
F03=n*(n-p+1)/(p-1)*t(yb[,1])%*%t(C)%*%solve(C%*%(SSE+SST)%*%t(C))%*%C%*%yb[,1]
Fa <- qf(1-alpha,p-1,n-p+1)
pv=1-pf(F03, p-1,n-p+1)
```

```
test <- function(F03,Fa, pv){
 values<-c(F03,Fa, pv); names(values)<-c("F03","Fa", "p-value")
 if(F03 > Fa) {result<-c("F03 > Fa : reject H03:Level Profiles")}
           if(F03 < Fa) {result<-c("F03 < Fa : accept H03:Level Profiles")}
           list(values=values, result=result)
}
test(F03,Fa, pv)# H03: Level Profiles
```

[결과 5.5.1] [R-코드 5.5.1]의 수행결과

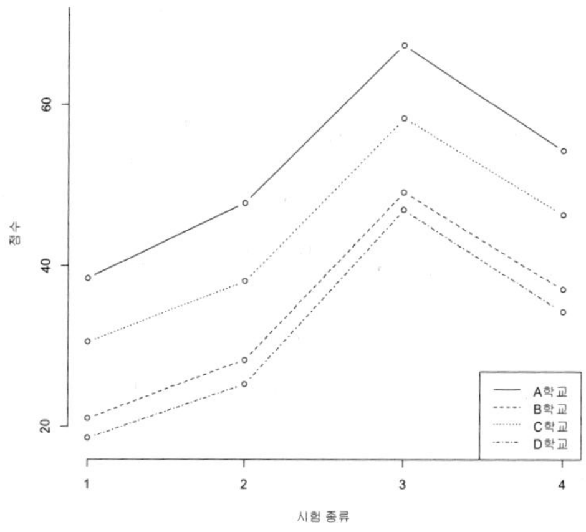


```
> test(L01,chi0,chia,pv,alpha)# H01: Parallel Profiles

$values
      L01        chi0       chia    p-value
 0.8069657  9.9730480 16.9189776  0.3526715

$result
[1] "chi0 < chia :accept H01:Parallel Profiles"

> test(F02,Fa, pv)# H02: Coincident Profiles
$values
        F02          Fa     p-value
414.200659    2.816466    0.000000

$result
[1] "F02 > Fa : reject H02:Coincident Profiles"

> test(F03,Fa, pv)# H03: Level Profiles
$$values
        F03          Fa     p-value
4327.734317    2.798061    0.000000

$result
[1] "F03 > Fa : reject H03:Level Profiles"
```

[보기 5.5.2] 방사선 강도 네 가지에 따른 정신운동점수의 단계별 PA Example

[보기 4.3.1]에서 방사선 강도(radiation strengths)의 네 가지 처리(대조, 25-50r, 75-100r, 125-250r)에 대해 각각 6명씩 방사선을 쬐는 네 가지의 시기(쬐기 전, 첫째 날, 둘째 날, 셋째 날)에 따른 평균 정신운동점수(psychomotor score)를 측정한 자료가 [자료 4.3.1]에 있다. 이에 대하여 일반화 PA를 위한 [R-코드 5.5.2](psychomotor-GenralizedPAtest.R)의 실행 [결과 5.4.2]를 참고하면 먼저 [1단계]~[3단계] 귀무가설을 검정하기 위해서 $p = 4$개 처리에 의한 대비행렬을 다음과 같이 선택하자.

$$C = \begin{bmatrix} -1 & 1 & 0 & 0 \\ 0 & -1 & 1 & 0 \\ 0 & 0 & -1 & 1 \end{bmatrix}$$

다음으로 네 집단의 자료의 수는 동일하게 $n_1 = n_2 = n_3 = n_4 = 6$이고, 따라서 $n = 24$이다. [결과 5.5.2]로부터 각 단계별 검정의 결과를 [표 5.5.3]에 요약하고 있다.

[표 5.5.3] 방사선 강도 4가지에 따른 정신운동점수의 단계별 PA의 검정결과

단계	귀무가설	검정통계량	p-값	검정결과
[1단계]	H_{01}: 평행성	$\chi^2_{01} = 5.948$	0.745	채택
[2단계]	H_{02}: 일치성	$F_{02} = 1.004$	0.415	채택
[3단계]	H_{03}: 수준성	$F_{03} = 21.735$	0.000	기각

[표 5.5.3]에서 H_{01}: 평행성이 채택되어 네 가지 처리에 따른 4개 집단의 프로파일이 유사함을 보여주고 있다. 실제로 [결과 5.5.2]의 4개 집단(대조, 25-50r, 75-100r, 125-250r)의 프로파일 그림은 평행성이 만족됨을 보여주고 있다. H_{02}: 일치성도 채택이 되어 네 집단이 전체적으로 유사함을 나타내고 있고 H_{03}: 수준성은 기각이 되어 집단 간에는 시기에 따라 개별적으로 차이가 있음을 보여준다.

[결과 5.5.2] [R-코드 5.5.2]의 수행결과

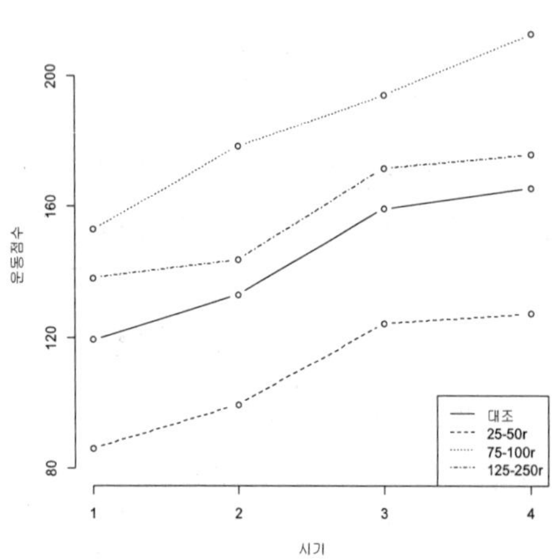


```
> test(F01,Fa, pv)# H01:  Parallel Profiles
$values
      L01       chi0       chia    p-value
 0.7371109  5.9478292 16.9189776  0.7451282

$result
[1] "chi0 < chia :accept H01:Parallel Profiles"

> test(F02,Fa, pv)# H02: Coincident Profiles
$values
      F02        Fa   p-value
1.0041364 3.1967768 0.4150293

$result
[1] "F02 < Fa : accept H02:Coincident Profiles"

> test(F03,Fa, pv)# H03: Level Profiles
$values
         F03           Fa      p-value
2.173538e+01 3.072467e+00 1.212204e-06

$result
[1] "F03 > Fa : reject H03:Level Profiles"
```

[R-코드 5.5.2] 심리검사점수의 성별 PA(psychomotor-GenralizedPAtest.R)

```
## Genralized PA for Psychomotor Scores of 4 Treatments(radiation strengths)
y1 <- matrix(c(191,223,242,248,64,72,81,66,206,172,214,239,155,171,191,203,85,138,204,213,
              15,22,24,24),6,4,T)
y2 <- matrix(c(53,53,102,104,33,45,50,54,16,47,45,34,121,167,188,209,179,193,206,210,114,91,
              154,152),6,4,T)
y3<- matrix(c(181,206,199,237,178,208,222,237,190,224,224,261,127,119,149,196,94,144,169,
              164,148,170,202,181),6,4,T)
y4 <- matrix(c(201,202,229,232,113,126,159,157,86,54,75,75,115,158,168,175,183,175,217,235,
              131,147,183,181),6,4,T)
g=4;p=4;n1=nrow(y1);n2=nrow(y2);n3=nrow(y3);n4=nrow(y4);n=n1+n2+n3+n4;alpha=0.05
y <- cbind(t(y1),t(y2),t(y3), t(y4))
# 처리별 평균
yb1=t(y1)%*%matrix(1,n1,1)%*%rep(1/n1,n1);yb2=t(y2)%*%matrix(1,n2,1)%*%rep(1/n2,n2)
yb3=t(y3)%*%matrix(1,n3,1)%*%rep(1/n3,n3);yb4=t(y4)%*%matrix(1,n4,1)%*%rep(1/n4,n4)

#Profiles Plot
x <- 1:4
plot(x, yb1[,1],lty=1, type="b", ylim=c(80, 210), xlab="시기", ylab="운동점수",axes = FALSE)
axis(side = 1, at = c(1,2,3,4))
axis(side = 2, at =  c(80, 120,160,200))
par(new=TRUE)
plot(x, yb2[,1],lty=2, type="b",ylim=c(80, 210),xlab="시기", ylab="운동점수", ,axes = FALSE)
par(new=TRUE)
plot(x, yb3[,1],lty=3, type="b", ylim=c(80, 210), xlab="시기", ylab="운동점수", ,axes = FALSE)
par(new=TRUE)
plot(x, yb4[,1],lty=4, type="b",ylim=c(80, 210), xlab="시기", ylab="운동점수", ,axes = FALSE)
legend("bottomright", c("대조", "25-50r", "75-100r", "125-250r"), lty=c(1,2, 3, 4))

S1 <- (t(y1)-yb1)%*%t(t(y1)-yb1)/(n1-1);S2 <- (t(y2)-yb2)%*%t(t(y2)-yb2)/(n2-1)
S3 <- (t(y3)-yb3)%*%t(t(y3)-yb3)/(n3-1);S4 <- (t(y4)-yb4)%*%t(t(y4)-yb4)/(n4-1)
Sp <- ((n1-1)*S1+(n2-1)*S2+(n3-1)*S3+(n4-1)*S4)/(n-g)
SSE=(n-g)*Sp
yb=y%*%matrix(1,n,1)%*%rep(1/n,n)
TSS=(y-yb)%*%t(y-yb)
SST=TSS-SSE
SST;SSE;TSS

C=matrix(c(1, -1, 0, 0, 0, 1, -1, 0, 0, 0, 1, -1), 3, 4, byrow=T)
# H01:  Parallel Profiles
L01=det(C%*%SSE%*%t(C))/det(C%*%(SSE+SST)%*%t(C))
chi0=-(n-g-(p+1-g)/2)*log(L01)
chia <- qchisq(1-alpha,(p-1)*(g-1))
pv <- 1-pchisq(chi0,(p-1)*(g-1))
test <- function(L01,chi0,chia,pv,alpha){
```

```
        values<-c(L01,chi0,chia,pv); names(values)<-c("L01","chi0","chia","p-value")
        if(chi0 > chia) {result<-c("chi0 > chia : reject H01:Parallel Profiles")}
        if(chi0 < chia) {result<-c("chi0 < chia :accept H01:Parallel Profiles")}
        list(values=values, result=result)
}
test(L01,chi0,chia,pv,alpha)# H01: Parallel Profiles

# H02: Coincident Profiles
L=det(SSE)/det(SSE+SST)
L02=L/L01
F02=(n-g-p+1)/(g-1)*(1-L02)/L02
Fa <- qf(1-alpha,g-1,n-g-p+1)
pv=1-pf(F02, g-1,n-g-p+1)
test <- function(F02,Fa, pv){
 values<-c(F02,Fa, pv); names(values)<-c("F02","Fa", "p-value")
 if(F02 > Fa) {result<-c("F02 > Fa : reject H02:Coincident Profiles")}
        if(F02 < Fa) {result<-c("F02 < Fa : accept H02:Coincident Profiles")}
        list(values=values, result=result)
}
test(F02,Fa, pv)# H02: Coincident Profiles

# H03: Level Profiles
F03=n*(n-p+1)/(p-1)*t(yb[,1])%*%t(C)%*%solve(C%*%(SSE+SST)%*%t(C))%*%C%*%yb[,1]
Fa <- qf(1-alpha,p-1,n-p+1)
pv=1-pf(F03, p-1,n-p+1)
test <- function(F03,Fa, pv){
 values<-c(F03,Fa, pv); names(values)<-c("F03","Fa", "p-value")
 if(F03 > Fa) {result<-c("F03 > Fa : reject H03:Level Profiles")}
        if(F03 < Fa) {result<-c("F03 < Fa : accept H03:Level Profiles")}
        list(values=values, result=result)
}
test(F0,Fa, pv)# H03: Level Profiles
```

5.6 연습문제

5.6.1 일원과 이원 MANOVA의 차이에 대하여 설명하라.

5.6.2 이원 MANOVA와 확률화 완전블록 설계가 유사한 점은 무엇인지를 설명하라.

5.6.3 라틴방격 설계의 장점에 대하여 설명하라.

5.6.4 프로파일 분석과 MANOVA의 연관성을 설명하라.

5.6.5 프로파일 분석에서 집단의 프로파일에 대한 평행성, 일치성, 수준성에 대해서 설명하라.

5.6.6 [보기 4.3.2]의 [자료 4.3.2](student.txt)에는 사회경제적 지위가 높은 부모(Group 1)의 유치원 자녀 32명과 지위가 낮은 부모(Group 2)의 유치원 자녀 37명에 대해 종속변인으로 세 가지 표준화 검사(PPVT, RPMT, SAT) 결과가 포함되어 있다. 그리고 이들에게 영향을 미칠 수 있는 공변량으로 5개 영역(N, S, NS, NA, SS)에 대해 검사를 실시한 점수를 고려하였다.

(1) 두 집단(Group 1, Group 2)에 대한 공변량을 제외한 MANOVA의 결과를 요약하라.

(2) 프로파일 그림을 통해 두 집단의 프로파일의 평행성, 일치성, 수준성을 검토하라.

(3) 프로파일 분석을 실시하라.

(3) (1)의 결과와 (3)의 결과를 서로 비교하라.

5.6.7 [연습문제 4.5.7]의 [자료 4.5.2](drug.txt)는 신생아 가사에 대한 예방약 네 종류(G1-G4)의 효과를 측정하기 위해서 쌍둥이를 가진 산모를 8명씩 4개의 집단으로 분류하고, 서로 다른 4개의 가사 예방약을 출산직전 각 집단의 산모들에게 투여하여 얻은 자료이다. 이렇게 출생한 쌍둥이들에 대해 아프가 점수 Apgar1과 Apgar2를 각각 채점하고 산몸의 몸무게를 고려한 것이다.

(1) [자료 4.5.2]에서 산모의 몸무게를 제외하고 4개 집단에 대한 MANOVA를 유

의수준 5%에서 실시하라.

(2) (1)에서 고려한 자료에 대하여 일반화 PA를 유의수준 5%에서 실시하라.

(3) 대비행렬의 선택에 따른 PA를 서로 비교하여 보라.

5.6.8 [보기 5.2.2]의 [자료 5.2.1]은 세 가지 요구 사항에 대한 내성적인 사람들의 네 가지 상황에 대한 반응을 측정한 것이다. 각 사람을 블록으로 처리하지 않기로 하자.

(1) 세 가지 요구 사항에 대한 유의수준 5%에서 MANOVA를 실시하라.

(2) 일반화 프로파일 분석을 유의수준 5%에서 실시하고 (1)의 결과와 비교하라.

5.6.9 [보기 5.4.1]에는 소극적인 사람과 적극적인 사람 두 집단의 각각 10명의 대상에 대한 기억력 검사를 20점 만점으로 3번에 걸쳐 y_1 =합리적 질문, y_2 =다소 비합리적 질문, y_3 =매우 비합리적 질문에 응답을 평가한 [자료 5.4.1]이 있다.

(1) 각각의 사람들을 블록으로 하고 확률화 완전블록 설계를 실시하라.

(2) 일원 MANOVA를 실시하라.

(3) [보기 5.4.1]의 PA의 결과와 비교하라.

5.6.10 [자료 5.6.1](pig.txt)에는 기니피그(guinea pig) 성장에 미치는 비타민 E 보충제의 3수준에 따른 집단의 6주간 몸무게를 측정한 자료이다.

(1) 각 집단의 평균벡터와 전체 평균벡터를 구하라.

(2) 프로파일 그림을 통해 세 집단의 프로파일의 평행성, 일치성, 수준성을 살펴보라.

(3) 다음의 대비행렬에 대해 일반화 PA를 실시하라.

$$C = \begin{bmatrix} 1 & -1 & 0 & 0 & 0 & 0 \\ 0 & 1 & -1 & 0 & 0 & 0 \\ 0 & 0 & 1 & -1 & 0 & 0 \\ 0 & 0 & 0 & 1 & -1 & 0 \\ 0 & 0 & 0 & 0 & 1 & -1 \end{bmatrix}$$

[자료 5.6.1] 기니피그 성장에 미치는 비티민 E 보충제의 3수준에 따른 몸무게(pig.txt)

집단	1주	2주	3주	4주	5주	6주
1	455	460	510	504	436	466
1	467	565	610	596	542	587
1	445	530	580	597	582	619
1	485	542	594	583	611	612
1	480	500	550	528	562	576
2	514	560	565	524	552	597
2	440	480	536	484	567	569
2	495	570	569	585	576	677
2	520	590	610	637	671	702
2	503	555	591	605	649	675
3	496	560	622	622	632	670
3	498	540	589	557	568	609
3	478	510	568	555	576	605
3	545	565	580	601	633	649
3	472	498	540	524	532	583

참고문헌

Reference

김용일, 최용석(2018). 《치의학을 위한 통계적 방법과 응용-R과 함께하는 의학 통계-》, 교우사.

최용석 (2018). 《R과 함께하는 다변량 자료분석》, 경문사.

최용석, 신상민 (2013). 《R을 활용한 행렬도 분석의 이해》, 자유아카데미.

최태훈, 최용석 (2008). 정준상관 행렬도와 군집분석을 응용한 KLPGA 선수의 기술과 경기 성적요인에 대한 연관성 분석, 《응용통계연구》, 21(3), 429-439.

최태훈, 최용석 (2010). 일반화 정준상관행렬도와 프로크러스티즈 분석을 응용한 대한 테니스협회 등록선수의 체격요인, 체력요인 및 기초기술요인에 대한 분석연구, 《한국통계학회논문집》, 17(6), 917-925.

허명회(1999). 《사회과학을 위한 통계적 방법론》, 자유아카데미.

Anderson, T.W.(1984). *An Introduction to Multivariate Statistical Analysis, 2nd Edition,* John Wiley, New York.

Jobson, J. D.(1992). *Applied Multivariate Data Analysis*, Springer-Verlag, New York.

Johnson, R.A. and Wichern, D.W.(2007). *Applied Multivariate Statistical Analysis, 6th Edition*, Prentice Hall Inc, London.

Mardia, K.V.(1970). Measures of multivariate skewness and kurtosis with applications, *Biometrika,* 57(3), 519-530.

Mardia, K.V., Kent, J.T. and Bibby, J.M. (1979). *Multivariate Analysis*, London Academic Press.

Muirhead, R.J.(1982). *Aspects of Multivariate Statistical Theory,* John Wiley & Sons, INC. New Jersey.

Rencher, A. V.(1995). *Methods of Multivariate Analysis.* John Wiley & Sons, Inc., New York.

Seber, G.AF.(1984). *Multivariate Observations*, John Wiley & Sons, Inc., New York.

Srivastava, M.S.(2002). *Methods of Multivariate Statistics*, John Wiley & Sons, Inc., New York.

Yao, Y.(1965). An approximate degree of freedom solution to the multivariate Behrens-Fisher problem, *Biometrika,* 52, 139-147.

R-코드 및 자료 목록

Reference

R-코드와 자료는 저자의 홈페이지(http://yschoi.pusan.ac.kr)에서 받아갈 수 있으며 R-codes-MET.zip로 압축되어 있다. 이 책의 R-코드 작업 디렉터리 지정은 다음과 같다.

setwd("C:/R-codes-MET")

[R-코드]

제2장 다변량 정규성 및 이상치 평가

radiation-QQplot.R	[R-코드 2.1.1]	[그림 2.2.1] 세 가지 방법에 의한 Q-Q 그림과 상관계수
iris-QQplot.R	[R-코드 2.1.2]	[그림 2.1.2] 피셔의 붓꽃자료의 꽃잎 길이의 Q-Q 그림과 상관계수
radiation-KS-SWtest.R	[R-코드 2.2.1]	[결과 2.2.1] 방사선(radiation)의 양의 $K-S$ 검정과 $S-W$ 검정
iris-KS-SWtest.R	[R-코드 2.2.2]	[결과 2.2.2] 피셔의 붓꽃자료의 $K-S$ 검정과 $S-W$ 검정
iris-chisqplot.R	[R-코드 2.3.1]	[그림 2.3.1] 피셔의 붓꽃자료의 카이제곱그림과 상관계수
cork-chisqplot.R	[R-코드 2.3.2]	[그림 2.3.2] 코르크 무게의 카이제곱그림과 상관계수
iris-Srivastavaplot.R	[R-코드 2.3.3]	[그림 2.3.3] 피셔의 붓꽃자료의 주성분점수의 Q-Q 그림과 상관계수
cork-Srivastavaplot.R	[R-코드 2.3.4]	[그림 2.3.4] 코르크 무게의 주성분점수의 Q-Q 그림과 상관계수
iris-generalizedS-Wtest.R	[R-코드 2.4.1]	[결과 2.4.1] 피셔의 붓꽃자료의 M_1과 M_2 방법에 의한 정규성 검토
cork-generalizedS-Wtest.R	[R-코드 2.4.2]	[결과 2.4.2] 나무줄기의 코르크 무게에 대한 M_1과 M_2 방법에 의한 정규성 검토
iris-SkewnessKurtosis.R	[R-코드 2.4.3]	[결과 2.4.3] 붓꽃자료의 왜도와 첨도에 의한 다변량 정규성 검정

cork-SkewnessKurtosis-PCs.R	[R-코드 2.4.4]	[결과 2.4.4] 나무줄기의 코르크 무게에 대한 왜도와 첨도에 의한 다변량 정규성 검정
traveltime-Outlier-Test.R	[R-코드 2.5.1]	[결과 2.5.1] 시카고시의 이동시간의 이상치 검토
wine-Outlier-Test.R	[R-코드 2.5.1]	[결과 2.5.2] 세 종류 와인의 두 번째 군집 자료의 이상치 검토

제3장 다변량 평균벡터의 검정

blood-onegroup-HotellingT2.R	[R-코드 3.1.1]	8명 남자 환자들의 혈당, 수축기 혈압과 이완기 혈압의 평균벡터 검정
cork-onegroup-HotellingT2.	[R-코드 3.1.2]	나무줄기의 네 방향에 따른 코르크 무게
mower-twogroups -HotellingT2.R	[R-코드 3.3.1]	예초기 소유 자료의 공분산행렬의 동질성 검정
iris-twogroups-HotellingT2.R	[R-코드 3.3.2]	두 종류 붓꽃자료의 공분산행렬의 동질성
iris-twogroups-UnequalCovT2.R	[R-코드 3.4.1]	공분산 행렬이 다른 두 종류의 붓꽃(setosa, versicolor)의 평균벡터 검정
haltica-twogroups-UnequalCovT2.R	[R-코드 3.4.2]	두 종류 벼룩의 평균벡터 검정
traffic-pairedgroups-F.R	[R-코드 3.5.1]	도시 외곽 순환도로 교통자료의 대응표본 검정
essay-pairedgroups-F.R	[R-코드 3.5.2]	두 종류의 에세이 자료의 대응표본 검정

제4장 다변량 분산분석

rice-onewayMANOVA.R	[R-코드 4.1.1]	4종류의 벼의 평균벡터 검정
iris-onewayMANOVA.R	[R-코드 4.1.2]	피셔의 3종류 붓꽃자료의 비교검정
rice-onewayMANOVA-4Tetsts.R	[R-코드 4.2.1]	4종류의 벼 평균벡터의 4가지 다변량 검정
iris-onewayMANOVA-4Tests.R	[R-코드 4.2.2]	피셔의 3종류 붓꽃자료의 4가지 다변량 검정
psychomotor-MANCOVA-MANOVA.R	[R-코드 4.3.1]	방사선 강도 4가지에 따른 정신운동점수의 공분산분석
student-MANCOVA-MANOVA.R	[R-코드 4.3.2]	유치원 아동들의 표준화 검사점수에 대한 부모 직위에 따른 비교 공분산분석
memory-RMANOVA.R	[R-코드 4.4.1]	3번의 기억력 검사에 대한 RMANOVA
maxillary-RMANOVA.R	[R-코드 4.4.2]	나이별 턱뼈의 자라는 정도의 RMANOVA

제5장 다변량 평균벡터의 검정

film-2way-MANOVA.R	[R-코드 5.1.1]	플라스틱 필름 압출성형을 위한 최적 조건의 이원 MANOVA
peanut-2way-MANOVA.R	[R-코드 5.1.2]	땅콩 종자 개량을 위한 지역과 종자에 대한 이원 MANOVA
rice-RCBD.R	[R-코드 5.2.1]	4종류의 벼의 RCBD
request-RCBD.R	[R-코드 5.2.2]	3가지 요구사항에 대한 내성적 사람들 반응의 RCBD
corn-LatinSquareD.R	[R-코드 5.3.1]	4종류의 옥수수의 LSD
diet-LatinSquareD.R	[R-코드 5.3.2]	3가지 식단에 따른 쥐의 간 콜레스톨의 LSD
response-PAtest.R	[R-코드 5.4.1]	3번의 기억력 검사에 대한 PA
test-PAtest.R	[R-코드 5.4.2]	남녀 4가지 심리검사의 단계별 PA
math-GeneralizedPAtest.R	[R-코드 5.5.1]	수리능력 시험점수 일반화 PA
psychomotor-GenralizedPAtest.R	[R-코드 5.5.2]	방사선 강도 4가지에 따른 정신운동점수의 단계별 PA

[자료]

각 장별 처음 나타나는 자료만 언급하였다.

제2장 다변량 정규성 및 이상치 평가

5subjects.txt	[자료 2.5.1]	두 가지 방식의 시험성적
klpga.txt	[자료 2.5.2]	KLPGA 선수 성적
admission.txt	[자료 2.5.3]	경영대학원 입학성적 자료

제3장 다변량 평균벡터의 검정

mower.txt	[자료 3.3.1]	예초기 소유 자료
blood.txt	[자료 3.6.1]	적혈구 자료
salmon.txt	[자료 3.6.2]	연어의 생장고리 자료
effluent.txt	[자료 3.6.3]	폐수 자료
skull.txt	[자료 3.6.4]	두개골 자료
tennis.txt	[자료 3.6.5]	우리나라 남자 테니스선수 기록자료

제4장 다변량 분산분석

student.txt	[자료 4.3.2]	유치원 자녀의 표준화 검사 자료
maxillary.txt	[자료 4.4.2]	나이별 턱뼈의 자라는 정도
ear.tx	[자료 4.5.1]	범죄자의 양쪽 귀의 길
drug.txt	[자료 4.5.2]	신생아 가사 예방약의 효능

제5장 다변량 실험계획

film.tx	[보기 5.1.1]	플라스틱 필름 압출성형의 최적조건
peanut.txt	[자료 5.1.2]	땅콩 종자 개량을 위한 실험
test.txt	[자료 5.4.2]	남녀 심리검사 점수
math.txt	[자료 5.5.1]	4개 학교의 수리능력 시험점수
pig.txt	[자료 5.6.1]	기니피그 성장에 미치는 비티민 E 보충제의 3수준에 따른 몸무게

찾아보기

Index

ㅈ

R과 함께하는
다변량 자료분석을 위한 추정과 검정

지은이 최용석
펴낸이 조경희
펴낸곳 경문사
펴낸날 2019년 11월 1일 1판 1쇄
등 록 1979년 11월 9일 제1979-000023호
주 소 04057, 서울특별시 마포구 와우산로 174
전 화 (02)332-2004 팩스 (02)336-5193
이메일 kyungmoon@kyungmoon.com
facebook facebook.com/kyungmoonsa

값 19,000원

ISBN 979-11-6073-290-0